北京市信访矛盾分析研究中心（www.bjrcsc.gov.cn）是全国信访系统中第一个分析和研究通过信访渠道反映社会矛盾和社会问题的专业机构，也是政府机关中唯一一个利用信访资源专门从事社会矛盾和社会问题分析的研究机构。

　　研究中心以理论研究和对策研究为主要任务，组织社会科研机构和专家学者，通过客观理性的研究方法并运用统计分析等技术手段，努力研究信访理论，积极创新信访理念，大力开展对外交流合作，主动参与国内外学术研讨，定期发布社会热点问题快速调查和理论研究成果，以此搭建了解社会动态、掌握社会矛盾、完善各项政策、调节发展速度、调整发展模式、推动和谐社会建设的重要平台。

ZHONGGUO XINFANG LILUN DE XINFAZHAN

中国信访理论的新发展

2005—2014

张宗林 章志远 张立荣 黄 娟等 著

人民出版社

序一

　　信访是一项具有浓郁中国本土特色的制度，在中华人民共和国的不同发展时期，信访制度承载了不同的历史使命。改革开放以来，特别是进入 21 世纪之后，随着社会整体转型的加速，各类社会矛盾不断涌现，信访在社会矛盾纠纷化解中日益扮演着重要的角色，并因此而引发了广泛的社会争议，诸如"信访取消论"、"信访弱化论"、"信访强化论"、"信访改造论"等各种不同的观点形成了激烈交锋之势。党的十八届四中全会提出了"把信访纳入法治化轨道"的战略目标，为信访制度改革指明了方向。2015 年 9 月，国务院办公厅印发《国务院 2015年立法工作计划》，作为深化行政体制改革、加强政府自身建设的 8 个立法项目之一，《信访法》正式列入"研究项目"之中，标志着信访法治化业已提上国家议事日程。

　　在新的时代背景之下，我国信访界的智库——北京市信访矛盾分析研究中心（以下简称"研究中心"）与著名青年行政法学者章志远教授研究团队经过两年时间的密切协作和艰辛努力，终于完成了国内首部信访问题研究综述《中国信访理论的新发展（2005—2014）》。该书的出版，是信访理论与实务界的一件大事，标志着我国信访研究的深化。通读全书，读者能够明显感受到如下三个特点：

　　第一，资料的翔实性。全书以 2005—2014 年为时间节点，广泛收集整理了国内信访研究的理论成果，涵盖著作百余部、论文千余篇。这些成果出自法学、政治学、社会学、管理学等诸多学科学者之手，可以说"一卷在手、胸怀全局"。可以预见的是，该书将成为国内学者研究信访问题的必读工具书，具有极为重要的资料价值。

第二，评述的确当性。全书将信访研究十年来的成果分为信访存在正当性研究、信访制度权利属性、信访制度功能研究、信访制度区域性研究、信访制度类型化研究、信访制度关联性研究、信访制度比较研究、信访立法基本问题研究等九个部分加以分门别类的整理和评述，系统、精确地回顾了信访研究的发展历程，指出了各部分研究的得失，对信访的后续深入研究具有重要的参考价值。

第三，研究的前瞻性。全书不仅立足现有的研究文献加以评述，而且还在各章"展望"篇中提出了作者的独到见解，为信访各专题的深入研究提供了极具启发性的观点。综观全书，诸如"从信访的权利属性到权力属性"、"信访立法的二元结构"等全新观点俯拾皆是，充分体现了学术研究的继承与创新。

近年来，北京市信访矛盾分析研究中心在张宗林主任的坚强领导下，各项事业都取得了长足的发展，不仅成为国家信访理论研究的智库，而且成为团结法学界、社会学界、政治学界同仁的平台，可喜可贺。《中国信访理论的新发展（2005—2014）》一书的出版，既是张宗林主任与章志远教授双方团队愉快合作的结晶，也是实务部门与高校学者协同研究的典范。衷心祝愿北京市信访矛盾分析研究中心蒸蒸日上，祝愿信访法治化的梦想早日实现！

杨海坤

中国行政法学研究会副会长

第九、十、十一届全国政协委员

2015 年 11 月

序二

　　本书是北京市信访矛盾分析研究中心 2015 年计划公开出版的七部著作之一。

　　在我很小的时候就知道中国的铁路有两条重要的大动脉，一条是从北京到广州的京广线，一条是从北京到上海、福州的津浦线，在这两条大动脉上有许多的分支，织成了那时人们流动的一张网。我想当今的中国社会也有两条大动脉，一条是经济发展这条大动脉，一条是社会矛盾化解这条大动脉，我以为当今中国社会是围绕着这两条大动脉织成了社会发展的一张网。信访矛盾是社会矛盾的一部分，是显性的社会矛盾，因此说信访矛盾不是孤立存在的。

　　在社会科学理论研究领域，信访理论研究兴起较晚，信访理论研究落后于信访实践、信访实践长期得不到信访理论指导的现状尤为严重。长期以来，人们只是把信访工作当成一项传统的、原始的事务性工作，包括许多信访工作者也把这项工作看得很简单。因为没有深入的研究，因为人们从来也没有把它当作一门学问来看待，所以人们就很难看到它的真正价值，这是我们多少年来很遗憾的一件事。可以说，2005 年国务院《信访条例》的颁布才启发更多的人开始对信访理论重视和研究，但那时的思考和研究还比较肤浅，因为没有一个完好的研究平台，人们的研究是自发的、碎片化的，那时理论界的研究和信访工作实际相脱节的现象异常突出，因此很难发挥理论指导实践的作用。北京市信访矛盾分析研究中心的成立为全国信访理论研究搭建了一个平台，它的重要作用是把理论界和实务界共同吸引到这个平台上来，使信访理论研究更有针对性。

从成立的那天起，北京市信访矛盾分析研究中心始终行进在推进和创新信访理论研究这一使命的路上。也许，那个时候我们对信访理论研究的认识还不像今天这样深刻；也许那个时候我们还不确定这个研究中心今后能发挥多大的作用；也许我们的努力可能也改变不了什么，但是，我们始终把尊重职业作为最基本的准则，我们也始终坚信我们的努力一定能够推动信访制度的建设和发展。转眼研究中心已走过六年岁月，从信访概念功能的厘清到信访立法的推进，从信访学科的建设到信访硕博人才的培养，从信访类课题、专题、年度报告等研究成果的累积到信访类著作的丰硕，从决策咨询作用的发挥到新型智库建设的推进，从单个分中心的成立到理论研究基地、国际性论坛、信访法治化专业委员会平台的搭建，其间的每一步都刻上了信访理论研究丰富与发展的历史性印记。新时期，随着信访成为国家治理体系下的重要制度设计和组成部分，随着信访功能定位的逐步转变，信访理论研究将迎来新的发展契机，研究中心见证并感同身受这一重要历程，并将予以积极回应，通过信访理论研究的逐步深入、智库建设的不断推进、信访国际交流的日益丰富、法治信访评比及信访立法工作的有序开展等，为推进国家治理体系下的信访制度的完善与发展贡献自身力量。

近年来，我们愈益发现，信访理论研究领域缺乏对基础理论研究材料的收集和梳理，已成为信访理论研究工作的一大掣肘因素和缺憾。对于信访这项新兴理论研究来说，已有研究材料的整理既能清晰呈现先前研究成果，又为研究的进一步发展奠定基础，特别是近十年来，伴随着信访理论研究的日益丰富，研究成果的综述工作日益重要且必须。作为一个始终致力于信访理论研究的专业机构，我们清楚地认识到，尽管任务繁杂且艰巨，但我们有责任承担起这项工作，《中国信访理论的新发展（2005—2014）》正是基于这样的考量而诞生。

《中国信访理论的新发展（2005—2014）》是国内第一本系统梳理国务院《信访条例》颁布以来信访理论研究脉络的专门著作。全书通过对2005年至2014年间具有重要学术影响的70多本著作、近500篇文章按照信访问题领域进行分类的基础上，对十年来信访已有理论研究成果进行了概括和整理，主要从信访制度存在正当性、信访制度权利属性、信访制度功能、信访制度区域性、信访制度类型化、信访制度关联性、信访制度比较、信访制度改革、信访立法基本问题九个方面进行了系统、全面、深入的归纳整理，并对这些领域的下一步研究进行了展望。

　　本书的主要特点体现在以下三个方面：一是系统性。本书从十年来信访理论研究成果中挑选出代表性成果，并根据信访理论研究探讨和关注的主要领域，从信访的属性、定位、区域、比较、改革等方面系统性呈现出十年来信访理论研究的全貌。二是客观性。作为一本综述类图书，本书秉承客观呈现原著观点的理念，对原著作者的观点进行梳理和列举，方便读者从海量信息中获取自身所需，为读者提供客观了解和评判信访制度的机会。三是指导性。本书力图"跳出信访看信访"，从实际出发，从现状出发，注重从理论角度探讨信访实践问题，这也是对研究中心提出的"当前信访工作亟须理论指导"命题的积极回应，是对理论来源于实践又指导实践的有力证明。

　　继承中发展是事物发展必须遵循的规律，众所周知，作为一门新兴研究领域，信访理论研究起步较晚，但经过十多年的酝酿积累，当前信访理论研究日渐活跃和深入，回顾总结成为必须。本书的及时问世意义重大。一是有利于信访理论研究的进一步丰富和发展。十年来，随着《信访条例》的颁布，特别是众多学者关于信访理论研究兴趣的日益浓厚，一大批信访理论研究成果相继问世并呈现纷繁复杂的状态。但相较于其他社会学科，关于信访的理论研究著作匮乏，成果多散见于报纸杂志，缺乏系统性，读者易于陷入材料海洋中而无法窥得已有信访理论研究全貌。本书向读者清晰展现了当前信访理论研究的领域范围、争论焦点、研究进展、未来发展等，为信访理论研究的进一步发展奠定了坚实的基础。二是有利于更好地树立信访制度自信。信访制度是我国特色的本土制度资源，与其他国家类信访制度既有相似性，又有特殊性，是我国制度优势的特色体现。更重要的是，信访制度正在成为我国国家治理体系下的重要制度设计，在国家治理过程中发挥重要作用。同时，本书也为信访制度的国际交流提供了有力工具，成为信访制度国际交流中必不可少的材料之一，有利于我们更好地树立制度自信。三是有利于促进信访学科的建立和发展。信访学科是近年来在研究中心的推动下设立的新兴学科。

自 2011 年以来，研究中心已在中国政法大学、中南财经政法大学、北京城市学院、北京联合大学等高校不同程度推动信访学本科、硕士、博士层次的培养工作，特别是研究中心推动全国 11 所高校成立的"全国信访高等教育联盟"对信访学科发展和人才培养意义重大。但应该清楚地认识到，作为一门新兴学科，信访学的发展任重而道远，学科基础尚薄弱，本书从社会学、政治学、管理学、法学等多学科视角开展的信访理论研究，对信访学科的建立和发展意义深远，也是对信访是一门学问的积极回应。

当前，在法治中国建设背景下，在国家治理体系和治理能力现代化推进过程中，信访制度所发挥的作用日益凸显，因此，信访理论研究就显得格外重要。尽管还有一些人，甚至是从事信访工作的一些人，对信访工作的理论研究认知还很肤浅，我们依然会不忘自身使命，本着尊重职业的精神，致力于信访理论研究的丰富和创新。可喜的是，我们的职业追求得到越来越多人的关注和支持，一些相关学科领域的专家学者更是将研究目光投向信访领域，全国政协委员、著名行政法学家杨海坤教授在信访理论研究及信访法治化建设方面做出了不懈的努力，令我们深为感动和敬佩。希冀本书可以起到抛砖引玉的作用，吸引更多学界和实务界同仁加入信访理论研究队伍中来，共同推进信访领域的法治化进程，并推动信访机构成为国家重要的特色智库。

张宗林

2015 年 11 月

目　录

导　论

一、本书出版的背景

信访制度是一项独具中国特色的政治制度设计，在新中国成立以来的 60 多年里，发挥了不可替代的作用。随着信访实践的不断发展，对信访理论问题的研究也逐步兴起，大致可分为五个阶段：第一个是实践积累阶段（1949 年新中国成立至 1982 年第三次全国信访会议召开），这一阶段主要是信访制度的创设与实践以及相关工作经验总结。第二个是理论积淀阶段（1982 年至 1991 年全国首届信访工作研讨会召开），此阶段信访理论研究得到重视，很多地方先后成立信访学会、协会和理论研究会，并陆续出版了一些信访理论专著和信访知识书籍。① 其中全国首届信访工作理论研讨会的召开，推动了信访理论研究的进一步深入。第三个是研究拓展阶段（1991 年至 2002 年），此阶段主要表现为信访形势的逐步严峻和信访制度的调整创新，相关学者也认识到信访理论研究的重要性并积极展开研究，产生了一批代表性著作②，相关学科诸如政治学、法学、社会学也开始对信访问题有所论述。第四个是深化提高阶段（2003 年至 2009 年），此阶段信访制度存废开始成为争论焦点，这一争论使得信访理论取得长足发展，研究成果的理论性增强，多学科研究也逐

---

① 代表性著作有侯磊：《信访工作》，档案出版社 1990 年版；任振凯：《信访学知识》，湖南人民出版社 1988 年版；等等。

② 代表性著作有中央办公厅信访局、国务院办公厅信访局：《信访学概论》，华夏出版社 1991 年版；蔡燕：《信访心理学》，中国卓越出版公司 1989 年版；李慕洁：《应用信访学》，华龄出版社 1991 年版；刁杰成：《人民信访史略》，北京经济学院出版社 1996 年版；等等。

步显现，研究范围主要集中在信访制度的合理性以及改革路径和方向等领域。① 第五个是创新发展阶段（2009 年至今）。此阶段信访理论研究开始进入创新阶段，关于信访理论问题的研究不再局限于对信访制度优劣和改革的研究，而是从战略高度对信访进行了全方位、多角度剖析，并探索信访制度完善和发展的新路径。此阶段的重要标志是全国信访系统首家专业性研究机构——北京市信访矛盾分析研究中心（以下简称"研究中心"）的成立。其成立进一步拓展了信访研究领域，信访本体论、认识论以及信访矛盾研究齐头并进，学科设置、人才培养、协同创新深入结合，学科交叉、综合研究、比较研究全面开展，推进信访真正迈入科学化、学科化进程，产生一大批有深度、有影响的优秀理论成果，② 在深度和广度上取得了前所未有的成绩。

但是，我们必须深刻认识到，尽管关于信访理论的研究已逐步兴起，但相较于其他学科的研究，信访理论研究存在起步晚、发展慢的问题，造成系统性、前瞻性、创新性不足，这一问题很大程度上与信访理论研究基础性材料的缺乏不无关系。因此，在当前形势下，开展关于信访基础理论的研究显得尤为必要和迫切。

二、本书出版的理论价值

继承中发展，是事物发展的重要规律。对现有研究资料进行搜集和整理，从中发现研究的旨趣和方向、缺陷和不足，可以对现有和未来的研究提供正反两方面的素材。信访理论研究比其他学科研究起步晚，进程也显缓慢。我们必须正视并直面这一现实，对信访理论研究投入更多的热情和关注，加大对信访基础理论问题的研究。《中国信访理论的新发展（2005—2014）》一书的设置是信访实践和信访理论发展到一定阶段的产物，符合当下信访和社会矛盾问题领域研究需求，其设置的必要性主要体现在如下三个方面：

首先，信访学科建设亟须对相关理论问题进行梳理。早在 2007 年，北京市信访矛盾分析研究中心创始人张宗林教授就提出了"信访是一门学问，甚

---

① 代表性著作有李秋学的《中国古代信访制度的法律文化分析》（中国社会科学院法学所博士后出站报告，2004 年），李宏勃的《法制现代化进程中的人民信访》（清华大学出版社 2007 年版），等等。
② 代表性著作可参见本书附录二"北京市信访矛盾分析研究中心六年出版成果简介"。

至说是一门很深的学问"的理念，随着研究中心在信访理论研究方面成果的不断丰富，关于信访学科建设思路逐渐明晰，取得突破性成果，信访学硕士专业人才培养工作已取得明显成效，博士人才培养工作也步入正轨，引起社会广泛关注。但是，我们必须认识到，基础研究材料的梳理和分析对于任何学科的建设而言都是一项必要的、基础性的工作，特别是对于信访学这样一个新兴的学科而言更是如此，只有对已有信访理论研究成果进行细致的梳理，探寻已有研究的方向和得失，进而发现基础性的研究规律，才能为理论创新奠定基础。

其次，信访工作需要信访基础理论研究的支撑。长期以来，我国信访制度始终处于争论的焦点，甚至一度出现取消信访的言论，直接影响到信访工作制度的稳固。近些年来，关于信访制度存废之争已逐渐淡出，取而代之的是信访制度如何发挥功能，如何在新的历史条件下进行改革，这种转变很大程度上与信访理论研究的深入有关，也是信访理论研究对于信访工作的直接有效支撑。但是，当前，信访工作领域尚有诸多问题有待理论研究的界定，如信访的概念、信访工作的范围、信访与法治的关系、信访机构的转型等，对这些问题的深入研究将给信访工作注入更为强劲的实践活力，对这些问题的明确界定也将为信访工作的推进打下坚实的基础。因此，信访基础理论问题研究对于信访工作实践意义重大。

最后，信访基础理论问题研究符合国家信访局对于信访理论研究工作的新定位。长期以来，国家信访局充分重视信访理论研究的重要意义，特别是国家信访局在研究中心挂牌设立了"国家信访局信访理论研究基地"，这是国家信访局在全国设立的第一个理论研究基地，充分显示了国家信访局对信访理论研究工作的高度重视。同时，国家信访局2015年首次设立信访理论研究项目，围绕"以信访工作制度改革为主线，推进信访法治化建设"主题，设置10个参考选题方向，内容涉及政治、经济、法律、社会等多个学科，鼓励社会力量参与课题研究，共同探索经济发展新常态下信访工作的规律和特点，为信访事业创新发展提供理论支持。这些都为信访基础理论研究提供了动力，也显示了信访基础理论研究在当下所具有的重要性和必要性。

对信访基础理论问题的研究既需要微观上的细致梳理，又需要宏观上的高屋建瓴，因此单凭个别专家学者的学术热情尚不够。当前关于信访的研究散见于各种文献中，对信访的研究也是出于少数专家学者的研究旨趣，尚未形成真正意义上的学术研究热潮。在这种情况下，由一个在信访学科领域已有一定研究基础且能调动多方学者参与的机构统领这项工作才能确保工作的顺利开展。北京市信访矛盾分析研究中心凭借自身所积累的理论和学术资源，适时并勇敢担起了信访理论研究成果综述的重任。

研究中心是全国信访系统中第一个专门分析和研究通过信访渠道反映出来的社会矛盾和社会问题的机构，是全国党政机关中唯一一个利用信访资源从事信访矛盾和社会问题研究的专门机构。研究中心成立以来，首先明确信访所涉及的学术领域以及开展信访研究的界限范围。一是信访基础理论研究，主要解决"信访是什么"的问题，主要涉及信访的概念、属性和功能；二是信访认识论研究，主要解决"信访为什么"的问题，主要涉及信访的价值观念和未来走向；三是信访矛盾理论研究，主要解决"信访干什么"的问题，主要涉及信访的工作实践。六年来，研究中心从这三个方面深入开展研究，取得了一定的成果，一些理论成果的学术水平走在全国前列，具有思想观念上的引领力和影响力，推动和带领了全社会对信访工作的关注和对信访理论的研究，一些工作成果具有突破性，填补了国内相关领域空白。

六年来，研究中心始终在信访理论研究的道路上前行，担负起推动和引领信访理论研究的重任，做了大量有关信访理论研究基础材料方面的搜集、整理、分析工作，已具备信访基础理论研究的充足能力，同时出于对信访理论研究的学术责任和担当，研究中心设立了本书出版项目，以期进一步推进信访理论研究向纵深方向发展，为信访工作实践提供更为切实有益的指导。

三、本书出版的意义和目的

作为一项具有浓郁本土特色的制度，信访与共和国一起走过了 60 多个春秋。在共和国的不同发展阶段，信访制度也承载了不同的历史使命。改革开放以来，特别是进入 21 世纪之后，随着社会整体转型的加速，各类社会矛盾不断涌现，信访在社会矛盾纠纷化解中日益扮演着重要的角色，并因此而引发广泛的社会争议。在激烈的争论中，新的《信访条例》于 2005 年 5 月 1 日正式实施。此后的 10 年，恰逢中国国家治理体系不断健全和修正之际，信访制度运作本身及相关的学术研究均呈现相当热闹的场景。党的十八届三中全会吹响了全面深化改革的号角，提出了"改革信访工作制度，实现网上受理信访制度，健全及时就地解决群众合理诉求机制"和"把涉法涉诉信访纳入法治轨道解决，建立涉法涉诉信访依法终结制度"的双重任务；党的十八届四中全会则发出了全面推进依法治国的召唤，提出了"把信访制度纳入法治化轨道，保障合理合法诉求依照法律规定和程序就能得到合理合法的结果"的战略任务。有理由相信，一个信访理论研究的"黄金时代"正在走来。正如张宗林分析指出的，"传统信访暴露出其固有的缺点和不足，以及新时期信访工作的要求，都使得新时期信访工作不仅要强调办信接访的基础性作用，还应该充分发挥信访部门研究社会矛盾和社会问题的优势，把分析社会矛盾、研究社会问题作为新时期信访工作的重中之重。同时，搭建分析社会矛盾、研究社会问题的平台，把办信接访获取的社会信息资源加以整合、优化，形成研究社会问题的理论、理念和研究语言也成为当前信访工作的重要内容"①。

站在 2014 年的时间节点，系统回顾梳理近 10 年我国信访理论研究的成果，具有重要的理论意义和实践价值。首先，这项研究有助于促进国家治理理论的发展。信访制度是我国国家治理体系的重要组成部分，也是极具中国本土特色的制度。回顾近 10 年信访理论的新发展，能够适时总结我国社科界有关信访制度的新观点、新理念、新思维，进而增强信访理论和治理理论的自信。其次，这项研究有助于促进信访法治化的提升。信访法治化是党的十八届四中全会提出的新命题，也是我国信访制度改革的基本方向。系统梳理我国理论界特别是法学界近 10 年有关信访理论的研究成果，能够管窥信访法治化改革的基本路径，为信访制度在新时代的改革和发展提供巨大的理论支撑。再次，这项研究有助于信访实践乱象的妥善消解。新《信访条例》实施的 10 年，恰逢我国社会急速转型时期。"信访潮"的涌现，既折射出社会转型之难，也映衬出社会变革之亟。全面回顾近 10 年的信访理论研究成果，能够从多个方面寻求信访实践困境的解决之道。最后，这项研究有助于信访统一立法的理性展开。当前，制定统一《信访法》的主张开始出现，并得到了国家有关部门的关注。《信访法》的制定关系到信访制度的功能定位和程序安

---

① 张宗林：《中国信访：新视角 新思维 新理念》，中国民主法制出版社 2013 年版，第 37—38 页。

排，需要有关各方形成广泛的社会共识。对近 10 年信访理论研究的成果进行系统而深入的解读，有助于全方位地了解国内信访理论研究的动态，进而为《信访法》的制定提供充分的理论支撑。

正是出于上述多方面的考虑，本书拟在全面收集整理 2005—2014 年间公开出版的具有重要学术影响的信访著作和论文的基础上，对这些成果的学术观点、研究方法和理论贡献进行述评，希冀为信访研究者勾勒出当下中国信访理论研究的河川地貌。具体而言，本书的研究旨在回答三个方面的问题：一是近 10 年的信访理论研究究竟产出了哪些富有价值的成果？这些成果覆盖了信访制度的哪些领域？二是近 10 年的信访理论研究提出了哪些富有价值的学术观点？这些成果对今后的信访研究具有何种启示？三是近 10 年的信访理论研究还存在哪些缺憾和不足？未来的信访研究还有哪些方法和观点上的提升空间？

四、信访理论研究的整体概观

纵观信访理论研究历程，更多的是从新《信访条例》颁布后兴起的。2005 年《信访条例》颁布后，理论界掀起了关于信访问题研究的热潮，将理论研究的重点放在了信访制度合理性研究以及改革路径和方向的讨论上，出现了一大批系统理论研究成果。[①] 其代表是国务院原副秘书长、国家信访局原局长王学军 2012 年主编的《中国当代信访工作制度》。至 2014 年十多年间，

---

① 如王学军：《中国当代信访工作制度》，人民出版社 2012 年版；王学军：《学习贯彻〈中共中央国务院关于进一步加强新时期信访工作的意见〉百题解读》，人民出版社 2008 年版；张宗林：《中国信访史研究》，中国民主法制出版社 2012 年版；李秋学：《中国信访史论》，中国社会科学出版社 2009 年版；陈小君等：《涉农信访与社会稳定研究》，中国政法大学出版社 2011 年版；金国华、汤啸天：《信访制度改革研究》，法律出版社 2007 年版；李微：《涉诉信访：成因及解决》，中国法制出版社 2009 年版；张永和、张炜：《临潼信访：中国基层信访问题研究报告》，人民出版社 2009 年版；张炜：《公民的权利表达及其机制建构：来自基层信访状况的研究报告》，人民出版社 2009 年版；李宏勃：《法制现代化进程中的人民信访》，清华大学出版社 2007 年版；赵威：《信访学》，辽宁大学出版社 2010 年版；朱应平：《行政信访若干问题研究》，上海人民出版社 2007 年版；张丽霞：《民事涉诉信访制度研究》，法律出版社 2010 年版；田先红：《治理基层中国：桥镇信访博弈叙事（1995—2009）》，社会科学文献出版社 2012 年版；蒋冰晶：《重复信访行动研究》，知识产权出版社 2012 年版；张铎：《中国信访制度研究》，华夏出版社 2012 年版；薄钢：《信访学概论》，中国民主法制出版社 2012 年版；刘树年：《高级信访工作实务》，中国民主法制出版社 2012 年版；陈小君：《信访法制》（上、下），中国民主法制出版社 2012 年版；宋协娜：《信访和谐问题研究》，人民出版社 2013 年版；等等。

信访理论研究呈现出"异彩纷呈、成果丰硕"的可喜状态。在中国期刊网上以"信访"为主题词进行检索，论文发表数量高达 8949 篇，其中 CSSCI 刊物上刊发的论文有 556 篇。以信访为研究主题的硕士学位论文有 500 余篇，博士学位论文有 20 余篇。此外，公开出版的信访研究著作也多达 70 余部。

就形式而言，这些信访理论研究成果总体上表现出如下三个方面的特色：

第一，学科分布的广泛性。近 10 年的信访研究成果，主要出自法学、政治学、管理学、社会学等学科。就法学学科而言，既包括法理学、宪法学等法学基础学科，也包括行政法学、民法学等部门法学科。法学学科的研究重在回答信访制度的法律属性及其法治化路径，在信访制度的理论研究中一直占据重要地位。政治学和管理学的研究重在回答信访在国家治理体系中的定位，为信访制度改革提供整体性视角。社会学的研究重在分析信访制度在社会生活中的现实运作，为信访制度改革提供微观的具体视角。不同学科程度不同的参与，使信访研究呈现日益繁荣的景象。

第二，研究力量的多元性。从研究主体上看，信访理论研究力量既包括纯粹的学者，也包括信访实务界的官员；既包括德高望重的老一辈学者，也包括年富力强的中青年学者。在学者群体中，著名政治学家王浦劬教授、著名社会学家应星教授、知名青年法理学者陈柏峰教授、青年社会学者田先红博士等都对信访问题进行过长期不懈的研究；在实务群体中，一些信访部门领导及张炜等基层政府官员也对信访问题有过长期的观察与思考。特别是研究中心六年来在信访理论研究领域所投入的极大精力和所取得的丰硕成果，更是激起和带动了众多专家和学者关于信访理论研究的高度热情。理论界与实务界的共同参与，老中青三代的相互砥砺，共同推进了信访理论研究向纵深方向发展。

第三，分析方法的多样性。就研究方法而言，近 10 年的信访研究呈现多样化的发展态势。既有从历史发展变迁角度研究信访制度的，也有从学理论辩角度研究信访制度功能定位的，还有从制度变革角度研究信访制度发展的，更有从实证角度观察信访制度具体运作的。这些研究成果立足不同的分析视角，对信访制度进行了立体式、全方位的透视，共同描绘了我国信访制度的昨天、今天和明天。

就内容而言，这些信访理论研究成果大体涉及如下八个部分：

第一，信访制度存在正当性之辩。近10年，信访制度的强势运作引起了广泛的争议，"信访取消论"逐渐泛起。为此，信访制度存在正当性论证就成为信访理论研究的前提和基础。很多研究成果从历史发展角度系统、深入回顾了我国信访制度的起源、发展和演变，并从中国特色社会主义政治制度出发，论证了信访制度存在的合理性及其在国家治理体系中的正当性。

第二，信访的权利属性之争。在信访基础理论研究中，信访的权利属性问题是学者议论的焦点。在公民权利谱系中，是否存在独立的"信访权"、"信访权"究竟是何种性质的权利，都是颇具争议的话题。能否适时从信访权利之争走向信访权利研究，关系到信访理论研究范式的转换。

第三，信访制度功能定位之争。信访制度的政治功能和法律功能在人民共和国的不同发展阶段呈现不同的格局，如何评价信访的政治功能、如何看待信访制度的法律功能，事关信访制度的变革取向。在国家治理体系和能力现代化的改革目标指引下，充分发挥信访制度的民意表达、政治监督和化解纠纷功能，使其与其他制度之间相互匹配，注定会是信访研究的永续课题。

第四，信访制度类型化研究。面对海量的信访案件，如何通过类型化的分析方法加以提炼整理，已经成为衡量信访研究成果质量的重要标尺。除了按照信访主体和所属领域进行分类研究外，无理上访和有理上访、涉诉涉法信访和重复信访等分类引人瞩目。信访制度的类型化研究，有助于推动信访实证研究的精细化。

第五，信访制度区域性研究。在中国这样一个经济社会发展水平参差不齐的国家，不同区域的信访呈现不同的诱因和趋势。为此，立足县域、镇域、村域乃至个体信访户的持续观察，就能够描绘特定区域或个体信访局面的概况，为信访制度的改革提供第一手鲜活的素材。

第六，信访制度关联性研究。在国家治理体系中，信访与行政复议、行政诉讼等法内矛盾化解制度具有重要的关联性。尤其是在新《行政诉讼法》开始实施、《行政复议法》修改即将完成之际，探讨信访制度与二者之间的联系和区别，对于信访制度的改革及其在维护社会稳定、促进社会和谐、实现社会共治中作用的发挥都能够提供理论参考。

第七，信访制度比较研究。尽管信访是一项具有中国特色的民主政治制度，但域外的陈情制度、申诉专员制度、苦情处理制度及议会监察专员制度都与信访存在一定的功能相似性，都具有比较借鉴的意义。为此，深入观察域外相关制度的实际运作和所处环境，无疑会对信访制度的改革产生积极的影响。

第八，信访制度改革之争。在新《信访条例》实施10年之际，如何实现"信访法治化"是摆在理论界和实务界面前的首要课题。无论从历史还是现实角度看，简单的信访强化和弱化乃至取消之争，都有些意气之嫌。在社会急速转型和国家治理应对之中，信访无疑拥有现实的存在空间。如何通过法治实现信访的善治，无疑考验着信访研究者的智慧和胆识。

五、信访理论研究的发展展望

对近10年信访研究成果的评述，目的主要在于反思当下和展望未来。无论既往的研究有多少贡献，还存在哪些不足，都需要在未来的学术征程中加以继承或矫正。就研究进路而言，今后的信访研究当继续朝着"顶天"和"立地"的方向努力。所谓"顶天"，需要研究者站在国家治理体系现代化的视角，从国家战略全局审视信访制度，探索时代变迁中信访制度的功能定位；所谓"立地"，需要研究者站在民间和基层的立场审视信访，研究信访个案的流转，探索行动中的信访与治理中的信访有何差异。就研究内容而言，在全面深化改革和依法治国进程不断推进的时代背景下，信访理论研究亟须在如下五个领域展开：

第一，信访基础理论研究。信访基础理论研究是信访领域正在兴起并需不断深入的研究课题，以此课题为起点，将会带动更多学术资源加入此类研究中。围绕信访制度本身的准确定位及信访制度功能的不断发挥，特别是信访在社会风险领域所具有的特殊预见功能，理论界还需要在历史、现实的多重语境中加以剖析，充分研究社会矛盾指数和信访指数的风险评判意义，为信访制度的有效运行构建坚实的理论基础，进而为信访制度改革探寻切实可行的路径和方向。

第二，信访实践问题研究。对信访工作实践的总结和研究历来是信访理论构建的基础和源泉，必须高度重视。对信访实践问题的研究要突破传统的个案、叙事性研究，而是要具备全局和发展的视野，从历史和现实的角度充分研究一些宏观性、趋势性问题，如信访历史遗留问题、首都信访现状及规律、新常态下信访及社会矛盾发展趋势等。通过对信访实践问题的探索和分析，总结发现信访实践问题背后隐藏的政治、社会、经济机理，对于推动信访工作的发展、信访理论的丰富具有不可低估的重要意义。

第三，信访治理功能研究。当今的社会矛盾纷繁复杂，传统的矛盾治理方式已然不能完全有效应对，特别是在司法功能尚不能充分有效发挥的社会背景下，探索矛盾的多元治理具有非常重要而现实的意义。在国家治理体系和治理能力建设背景下，信访制度作为一种现实而有效的治理方式，探索如何进一步发挥其自身治理功能，并积极利用自身治理机制和治理优势，推进国家治理体系的完善和治理能力的提升将是非常有意义的课题之一。

第四，《信访法》的立法调研和起草论证。有法可依是法治化实现的前提，一部科学、规范、先进的法律是推动相关领域法治化的重要抓手。当前，我国信访工作的法律依据主要是《信访条例》，但《信访条例》存在宪法依据不足、法律位阶较低、适用范围较窄等问题，直接影响到信访工作的有效开展，因此，制定一部科学规范和指导信访工作的《信访法》势在必行，是推进信访工作法治化的深刻要求，也是信访法治化进程中具有里程碑意义的一项重大举措。当前，信访立法已成为国家意志，关于信访立法的工作正在有序推动，关于《信访法》制定的必要性和可行性分析、《信访法》框架设计和章节布局及《信访法》与相关法律衔接研究等《信访法》制定过程中的重大问题仍需要不断加以研究。

第五，信访纠纷解决功能研究。传统上，信访的政治功能受到高度重视，其纠纷解决功能相对被弱化，这与现实中信访在社会矛盾纠纷处理领域所发挥的作用不符，也与信访本身能够承担和应该承担的重任不符，加强信访纠纷解决功能的研究尤为必要。在新《行政诉讼法》开始实施、《行政复议法》修改提速的新形势下，必须花大气力研究信访在多元化行政纠纷解决体系中的应有地位和可能空间，使之成为非正式的行政救济方式，弥补行政复议和行政诉讼救济机制的不足。为此，深入的比较研究和扎实的实证研究都需要及时展开。

第六，信访机构功能转型研究。信访机构传统上更多被定位为"二传手"、"收发室"，其在收集社情民意过程中更多处于被动状态，对信息的分析和利用未得到应有重视，浪费了党和政府收集社会矛盾和问题一手信息的有利机会，更遑论利用收集到的信息为党和政府科学决策提供有益参考。中共中央办公厅、国务院办公厅印发的《关于加强中国特色新型智库建设的意见》为信访机构的功能转型提供了契机。信访机构长期服务于全面深化改革一线，与现实社会问题高度契合、深度关联，对经济社会发展面临的问题有充分的感受和直观的认知，更是掌握了大量的信访和社会矛盾问题研究素材，这些都为党和政府的科学决策提供了最翔实的一手材料，也为信访机构的特色智库建设提供了可能，对这一问题的深入研究将为信访机构提供持续的发展动力和生机。

第 一 章
信访制度存在正当性研究述评

一、引言

就规范意义而言，"信访"在 2005 年国务院通过并施行的《信访条例》中被界定为"公民、法人或者其他组织采用书信、电子邮件、传真、电话、走访等形式，向各级人民政府、县级以上人民政府工作部门反映情况，提出建议、意见或者投诉请求，依法由有关行政机关处理的活动"。当然，这仅是该行政法规所规范的"信访"，实际意义上的信访远不止于此。实践中的信访处理机构包括各级党政机关、各级人民代表大会、各级人民法院和人民检察院、军队、社会团体以及企事业单位等。

无论按照现行法律规定，还是根据实践中公民的信访活动，都无法断言信访是某一种单一性质的公民行为。从功能角度上看，实际生活中的信访是民众颇为青睐的权利救济手段，是国家一直认同的权力监督方式。① 对此，有学者将信访认定为是一种有效的纠纷解决机制，一种具有中国特色的民主协商机制。但与此同时，也有学者并不认同信访这种功能转向具有积极意义。当前的现实状况是，信访体制已经确立，并且是在法律规范的指导下进行运作。在 2005 年《信访条例》施行之前，在信访的存废问题上就存在着激烈的争论，随后这一法律规范的施行并没有终止信访存废上的论辩。原因在于，

---

① "文化大革命"结束之后，信访在解决历史问题、权益救济方面发挥了积极作用。在当前的社会转型期，单纯的司法救济尚无法完全解决不断涌现的各类矛盾，信访逐渐成为民众颇为推崇的救济手段。同时，信访一直以来被视为是社会稳定的晴雨表，作为权力监督机制是信访创建时的初衷之一。

《信访条例》实施之后的信访运作并没有得到很大改观，信访与司法权威、法治建设之间的紧张关系仍然没有消除，信访"何去何从"仍是一个众说纷纭的话题。正如有学者所言："当实践中出现对实在法本身或其执行结果的异议时，创制或运用实在法的政府行为就面临着可接受性的考验。而富有意义的反思过程，可以使这样的考验和针对政府行为可接受性的辩论充分展开，可以让在实在法建制或执行过程中未被注意或重视的事实和价值，再次引起必要的关注。"① 为此，首先需要解决的基础性问题就是信访制度是否真的具有存在的正当性。当下信访制度的运行不畅及其衍生的负面效果是否从根本上否定了信访制度存在的必要性，抑或仅仅是显露出现行信访在制度设计上的缺陷？我国现行信访制度相较于其确立之时已经经历过调整和革新，对信访制度正当性的分析也必须立足于社会变迁的整体过程加以把握。

二、有关信访存在正当性的基础性研究

进入 21 世纪之后，信访逐渐成为一门显学，政治学、行政管理学、法学等多个学科的学者围绕信访制度的本体问题进行了多视角、多层次的研究。其中，不乏对信访演化过程的历史素材的细致整理。有的学者单纯地以陈列信访的历史背景为主旨，② 另有学者以历史素材为基础旨在辨识信访的本质属性，还有的学者试图从中挖掘现行信访与历史中的信访的断裂之处，③ 更有学者进一步借此谈论信访制度的改革问题。④ 这些研究都夹杂着有关信访制度存在正当性问题的论述。可以说，信访存在正当性的争论构成了我们探讨信访理论发展的起点，也是回应"取消信访论"不可绕开的问题之一，正如张宗林在《中国信访史研究》一书中指出的："回顾我国信访历史的发展历程，特

---

① 沈岿：《因开放、反思而合法——探索中国公法变迁的规范性基础》，《中国社会科学》2004年第 4 期。

② 一般有关信访制度研究的书籍中会专设"信访的发展历程"这一章节进行陈述。例如，张恩玺著述的《大变革大发展时代的人民信访》（人民出版社 2012 年版）一书中，设有"第二章　人民信访制度的演进历程"和"第三章　人民信访制度的创新发展"这两章进行说明；另可参见徐艳阳：《中国信访制度历史源流考评》，《学术界》2011 年第 12 期。

③ 参见冯仕政：《国家政权建设与新中国信访制度的形成及演变》，《社会学研究》2012 年第 4 期。

④ 参见吴超：《当代中国社会转型与信访治理》，《毛泽东邓小平理论研究》2011 年第 11 期。

别是从新中国的信访发展史来看，信访量大幅上升往往出现在社会转型、利益重新分配、社会矛盾相对集中的特殊时期。因此，正视我国信访总量的攀升，接受信访人对制度的批评甚至指责，可以给我们造就一种客观理性精神和负责任的态度。"① 下文将以信访的历史研究为基本素材，试图从中探寻学者关于信访存在正当性的讨论，并希冀以此为基础对信访存在正当性问题形成较为系统的认识。

（一）有关信访制度演变历史分期的讨论

现行信访制度的基本框架是其在建立后经历过不断调整和逐步充实的结果。为了再现信访制度从确立到现今的转变过程，不少学者借助相关历史素材整理出了信访制度的发展脉络，并进行了相应的历史分期，以展现信访制度所经历的阶段及每一阶段的特质。不过，在具体阶段的划分上，学者们的观点并非全然一致。

薄钢主编的著作将信访制度的发展分为六个阶段：从 1949 年至 1957 年，信访制度初步形成；从 1957 年至 1966 年，信访制度处于调整期；1966 年至 1976 年，信访制度遭遇挫折；1976 年至 1982 年，信访制度逐步恢复和重建；1982 年至 2005 年，信访制度受调整并得以进一步发展；2005 年至今，信访面临新形势，需要融于和谐社会建设中，处于转型期。② 黄灵辉等编著的著作将当代中国信访制度的形成分为四个时期：一是 1949 年至 1957 年的创建时期；二是 1958 年至 1978 年的曲折与停滞时期；三是 1979 年至 2002 年的重建与发展时期；四是 2002 年至今的转型与创新时期。作者如此划分信访的历史发展的原因在于"不同历史时期社会政治、经济状况和国家中心工作不同，社会矛盾的特点不同，每个阶段的信访形势、主要任务和职能偏重也都有所不同，它的发展在很大程度上是和政治发展史紧密相随的。信访治理作为一种高度灵活的政治机制，适应了不同历史时期国家治理的特殊要求"。③ 据此不难看出，此分期的划分标准可归于国家当时的政治与经济情势以及国家的工作中心。张恩玺的著作分四个阶段展现了信访制度的发展历程：1949 年至

---

① 张宗林：《中国信访史研究》，中国民主法制出版社 2012 年版，第 8 页。
② 参见薄钢主编：《信访学概论》，中国民主法制出版社 2012 年版，第 49—71 页。
③ 参见黄灵辉、聂军编著：《当代中国信访制度》，知识产权出版社 2014 年版，第 15—19 页。

1956 年信访制度初现雏形；1957 年至 1982 年信访制度建立，并在曲折中走向成熟；1982 年到党的十六大召开，中国特色人民信访制度逐步形成；直至 2005 年《信访条例》的修订，信访制度又有了创新发展。① 冯仕政同样对信访发展进行了分期讨论，但他是通过对史料的提炼从国家信访工作观念演变的角度将信访发展分为两个阶段，一是 1951 年至 1978 年，是一种主要以社会动员为取向的信访；二是 1978 年至今，已经演变成主要以冲突化解为取向的信访。②

历史分期无疑是信访史研究中的重要课题，有人指出这是一项动态性的研究工作，因为当代中国信访史还是一部没有时间界限、仍在发展中的历史。③ 这项史学课题更为现实的意义在于明确不同时期的信访的特质以及形成此种特质的背景环境等因素，由此探知当时信访存在的正当性基础。

（二）有关信访创立的时代背景的讨论

从学者对信访发展脉络的梳理来看，现有的研究并未太多地直接对信访制度存在正当性进行探讨，而更多的是借助对信访制度发展过程的描述来展现它的正当化过程。其中，学者们认为信访制度被赋予正当化的标志性文件主要有三个：一是毛泽东的重要批示。1951 年 5 月，中共中央办公厅秘书室给毛泽东写了一份《关于处理群众来信问题的报告》。1951 年 5 月 16 日，毛泽东在该报告上作出重要批示："必须重视人民的通信，要给人民来信来访以恰当的处理，满足群众的正当要求，要把这件事情看成是共产党和人民政府加强和人民联系的一种方法。"二是为了贯彻毛泽东 5 月 16 日的批示，1951 年 6 月 7 日，政务院发布了《关于处理人民来信和接见人民工作的决定》，对处理群众来信来访的原则、机构设置等予以规定，学者大多认为这是新中国历史上第一部规范信访活动和信访工作的行政法规。三是 1957 年 5 月全国第一次信访工作会议召开之后，国务院于 11 月发布了《关于加强处理人民来信和接待人民来访工作的指示》，首次规定各级国家机关"必须有一位领导人亲

---

① 参见张恩玺：《大变革大发展时代的人民信访》，人民出版社 2012 年版，第 78、106 页。

② 参见冯仕政：《国家政权建设与新中国信访制度的形成及演变》，《社会学研究》2012 年第 4 期。文中的"社会动员"取向，是指国家在信访工作上热衷于围绕国家工作部署去调动民对相关公共事务的参与。

③ 参见吴超：《中国当代信访史基本问题探讨》，《当代中国史研究》2011 年第 1 期。

自掌管机关的处理人民来信和接待人民来访的工作"，并要求"县以上人民委员会一定要有专职人员或者专职机构"，标志着当代信访治理制度的正式形成，① 标志着信访制度作为一项国家制度的政治地位正式宣告确立。

关于信访制度确立初期的背景，有学者指明，在共和国成立之初，"信访工作主要面对政权建设和经济建设中存在的新老问题，通过信访动员极大地调动了群众的政治热情，团结和凝聚了各界力量，对党和政府的工作形成了有力的监督和帮助"。② 对于这一背景到底如何影响着信访制度的确立或者造就了信访制度的何种特质，有学者认为信访制度的建立过程，始终"渗透着中国传统政治文化中所没有的群众路线精神"，并指出，信访主要是中国共产党在建政过程中自觉贯彻群众路线的产物。③ 另有学者从更深层次考证信访制度得以确立的原因，即"从一定意义上说，同民国时期资本主义的政法文化相比，新中国政法文化与中国传统政法文化在技术层面（而非价值层面）上靠得更近，传承关系更明显，更易于被普通中国百姓所接受"。④ 在认同上述判断的基础上，该学者进一步指出，"新中国是共产党领导的国家，党的一大通过《中国共产党纲领》，从党的二大产生第一部真正意义上的党章开始已有十六部党章。在这些党章的发展中，对'为人民'的内涵有所不同，但无不强调党和国家的人民性。在这样的政治文化和政策导向下，人民信访制度加以建立和强调"。⑤ 另外，学者们普遍认同 1951 年至 1978 年间的信访制度基本上是伴随连绵不断的政治运动而不断发展的。

（三）有关信访制度存续与否的讨论

一个公认的事实是，"文化大革命"的结束是信访制度发展的新起点。在"文化大革命"结束后，来信来访数量成倍增长，迫切要求平反冤假错案、落实政策。1978 年 9 月，第二次全国信访工作会议召开，会议上的政策文件为以后三年的大规模平反运动确立了标准和政策依据。改革开放以来，一方面要解决历史问题，另一方面社会转型不断加快，各种矛盾和冲突大量涌现，

① 参见黄灵辉、聂军编著：《当代中国信访制度》，知识产权出版社 2014 年版，第 16 页。
② 吴超：《中国当代信访史基本问题探讨》，《当代中国史研究》2011 年第 1 期。
③ 参见冯仕政：《国家政权建设与新中国信访制度的形成及演变》，《社会学研究》2012 年第 4 期。
④ 张丽霞：《民事涉诉信访制度研究》，法律出版社 2010 年版，第 58 页。
⑤ 徐艳阳：《中国信访制度历史源流考评》，《学术界》2011 年第 12 期。

信访量急剧上升，集体上访、越级上访不断增多。信访制度建设步入迅速恢复发展的轨道，信访工作被重新定位为"为经济建设和改革开放服务"，信访制度建设进入一个依法治理与制度创新的新时期。① 信访在这一时期的转变不仅是对自身实际功能的一个转向，而且还成为信访存废之争的一个起点。也就是说，直到这一时期，才真正出现对信访制度存在正当性的质疑。

信访制度存续乃至强化论是官方和信访论争中的主流观点。论者认为，信访具有存在正当性的依据主要来自以下几个方面的判断：一是信访是公民固有的权利。② 有宪法学者认为，虽然目前并没有明确的规范表述及引导，但信访权具有更接近于宪法权利的属性。据考证，"信访权"一词早已出现于官方的正式文件之中。例如，2002 年 7 月中共中央办公厅、国务院办公厅发布的《关于进一步做好村民委员会换届选举工作的通知》中首次出现了"信访权"的表述。该词进一步得到官方确认是在 2006 年 2 月，时任中共中央办公厅主任王刚在全国信访局长会议上明确提出"依法保障群众的信访权利"。③ 二是信访是一种不可或缺的纠纷解决方式。转型期社会矛盾多发而纠纷解决机制供给不足的现实矛盾使信访制度具有存在的现实必要性。总之，从对信访的现实依赖性上和现实功效上看，它都足以继续保留，并被认为在适当的规范下能够充分发挥其应有的积极效用。

三、信访制度存在的正当性论析

综观对信访问题的现有研究发现，目前少有直接、系统地对信访存在的正当性的讨论，但又多有在研究信访发展的脉络、信访革新的方向时有意无意地显露出对信访存在正当性问题的关照。例如，对信访历史脉络的梳理，其实是对信访正当性基础的一个探究，试图从中寻找信访的渊源；又如，对信访革新方向的讨论，其实是对信访继续存在必要性的一个证成。由于"正当性概念只有在其流变的脉络中，从而在反思性、批判性的层面上理解、阐

---

① 参见黄灵辉、聂军编著：《当代中国信访制度》，知识产权出版社 2014 年版，第 17—18 页。

② 参见林来梵、余净植：《论信访权利与信访制度——从比较法视角的一种考察》，《浙江大学学报（人文社会科学版）》2008 年第 3 期。

③ 参见任喜荣：《作为"新兴"权利的信访权》，《法商研究》2011 年第 4 期；张普一：《信访权与请愿权之比较研究》，《西部法学评论》2010 年第 3 期。

释和说明，才能发挥独特而不可替代的理论和实践功能"。[1] 因此，如果对信访存在的正当性仅仅进行一个纯粹概括性的说明还难以称得上周全，转而进行分阶段的阐述可能更具意义。

（一）随时代流变的信访存在正当性

学者对信访发展历程所进行的阶段性分期实际上潜藏了一个共识，即信访在不断地变化，并在跟随背景环境的变化做出相应的调整。如果信访不能适应新的"环境"，或者说迎合新的需求，就意味着它失去了存在的必要性。可以说，信访的正当性随社会情势变动而变化。

早有学者归纳并整理出信访在其创制时期的积极效用，以及国家不断通过法律文件将其合法化的过程。有论者指出："1949 年共产党通过武装革命取得国家政权之后，出于国家意识形态合法化和制度合法化的需要，因势利导，建立了信访制度；并在其后的几十年内，通过种种方式塑造并最终驯服了这一制度。被驯服后的信访制度作为一种成熟的权力技术装置，服务于国家对社会的治理。"[2] 在此需要注意的是，信访当时是作为社会动员机制、政治参与机制才具有存在的正当性，信访一度被认为是反映社会稳定及和谐程度的"晴雨表"。而这对于证明当前信访具有存在的合理性却并不充分，更确切地说，是不合时宜。原因在于，当前国家意图实现社会转型，而转型的法治目标与当下的信访建制已然表现得有些格格不入，两者之间存在着悖论和张力。在这一现状下，信访的历史正当性基础是否还能成为信访存续的依据就不无疑虑。对此，现有研究其实已经表现出两种背反的思考方向：一是不管国家背景、时代情境如何变化，信访始终只在其能够发挥积极作用的范围运作就好；[3] 二是以现实需求来证明其存在的正当性，而对于负面的外部效应则通过制度设计来予以避免。至此可以看出，不管是哪种解读，其实就包含了一种价值或制度选择，即信访被作为什么才得以正当化。既然如此，信访存废之

---

① 刘杨：《正当性与合法性概念辨析》，《法制与社会发展》2008 年第 3 期。

② 陈柏峰：《缠讼、信访与新中国法律传统——法律转型时期的缠讼问题》，《中外法学》2004年第 2 期。

③ 前文已提及，废除论者认为目前信访应只作为公民政治参与渠道发挥作用。此外，其实还原论者也表现出类似的观点，认为信访应恢复到建立之初时的状态，将其还原为一个下情上达的信息传递机构。参见周永坤：《信访潮与中国纠纷解决机制的路径选择》，《暨南学报》2006 年第 1 期。

争其实就是信访存在正当性基础上的争论，而此争论最终可归于对信访这一制度的目标定位上的选择问题。

"从功能上说，正当性概念是一个反思性、批判性甚至否定性的概念。任何对正当性概念内涵的界定，都只具有相对的和暂时的意义。正当性概念只能在发展中给予动态的理解。"① 以动态的眼光观察信访存在正当性的问题，重点需要解决的问题是：从哪个时间节点开始其正当性基础发生了变化？学者冯仕政从国家政权建设角度对信访形成与演变历史的研究结论提供了解答的基础。论者认为，信访工作向来具有社会动员和冲突化解两个基本内容，只不过以 1978 年为节点，在之前的历史时期国家更偏重社会动员，之后则更加偏重于冲突化解。② 目前，信访遭受质疑的原因就在于其冲突化解的实践不利于司法权威的确立和法治国家目标的实现。

（二）试图以法制化实现正当化的信访

信访作为一项国家制度，它的发展无不受到国家意志的影响。从这一角度来看，信访存在的正当性问题其实就是国家不断将其正当化的问题。按照正当性的狭义性内涵，信访存在的正当性可归结为信访的合法性问题。根据近年来国家着力确立法制体系的思路，结合国家在信访运作上的各项举措，不难发现目前对作为纠纷解决机制的信访的正当化过程其实是提升其法制化程度的过程。改革开放之后，面对社会转型中大量涌现的矛盾与冲突，国家试图通过提升信访机构的处理能力来应对急剧增长的信访量，以提升信访工作的规范度来应对不断增多的集体上访、越级上访等非正常上访。1982 年 2 月，第三次全国信访工作会议举行。这次会议通过了《当前信访工作形势和今后的任务》、《党政机关信访工作暂行条例（草案）》等两个文件，信访部门由此成为党政机关的一个常设性机构。直至 1995 年 10 月 28 日，中华人民共和国第一部严格意义上的信访行政法规——《信访条例》正式颁布，信访治理才实现了由政策规定向法制化轨道的转变。为了应对信访实践中出现的新情况和新问题，2005 年 1 月 5 日国务院通过了新修订的《信访条例》。在此期间，各省级政府也相继颁布和修订了本地区的《信访条例》。国务院这一立

---

① 刘杨：《正当性与合法性概念辨析》，《法制与社会发展》2008 年第 3 期。
② 参见冯仕政：《国家政权建设与新中国信访制度的形成及演变》，《社会学研究》2012 年第 4 期。

法举措被认为是信访制度改革迈出的重要一步，并被寄予厚望。2007 年 3 月，中共中央、国务院颁布了《关于进一步加强新时期信访工作的意见》，并召开第六次全国信访工作会议，强调"要妥善处理人民内部矛盾，完善信访制度，健全党和政府主导的维护群众权益机制"，县级及以上党政机关的信访工作机构从同级党政部门的办公厅（室）独立出来，信访体制的专职化程度进一步提高。信访法制化程度的提升、运作规则的细化与规范化进一步凸显了信访的正当化。

综上可知，"信访制度出现于新中国法律传统，是新中国法律制度合法化中的一个环节，有着深厚的社会基础和意识形态基础"。① 从目前信访制度的实践状况来看，国家在信访法制化方向上的努力远远不够，尚未得到学界和公众的广泛认可。由此可知，作为法律制度存在的信访并不直接表明其本身具有正当性。实践中的信访活动对法律制度的运作形成了冲击，且这一冲击在一定程度上引起了对信访存在合法性的反思和正当性的质疑。既然信访历史发展中所呈现出来的制度调整是其不断正当化的过程，那么要确证信访是否还具有正当性，其实就是信访制度本身能否经过调适从而破除目前所处的困境。

（三）信访存续的正当性基础

一方面，目前的现实是我国信访制度的能力不足导致了其正当性困境，而司法状况及其他救济方式的不尽如人意又使得信访的重要性不断被强调。当然，"信访不信法"的现实不能成为信访具有存在正当性的理由，可接受性也不能成为一种当然的判断标准。然而，"一种制度得以长期且普遍地坚持，必定有其存在的理由，即具有语境化的合理性；因此首先应当得到后来者或外来者的尊重和理解"。② 同这一价值取向相关联的认识是，"信访洪峰"表达了信访作为道德权利、习惯权利的社会共识。③ 那么，就信访本身而言，它的优越特质是什么呢？其一，与信访文化有关。根据信访渊源的历史性考察，信访是一种对抗性较低的纠纷解决方式，具有"亲民"、"接地气"的特质。

① 陈柏峰：《缠讼、信访与新中国法律传统——法律转型时期的缠讼问题》，《中外法学》2004年第 2 期。
② 苏力：《送法下乡》，中国政法大学出版社 2000 年版，第 90 页。
③ 参见任喜荣：《作为"新兴"权利的信访权》，《法商研究》2011 年第 4 期。

其二，与威权传统有关。与信访关联的行政权威和政治权威使得公民认为通过信访更具有实现"结果正义"的可能。基于这种认识，信访获得了作为纠纷解决机制的正当性，这一正当性与当前我国公民意识水平和法治状况是相暗合的。当然，信访制度能否在法治框架内实现与其他纠纷解决机制的衔接进而与社会主义宪政建设相匹配，还需要加以深入观察。

　　另一方面，目前的信访尚处道德可取和理性不足的状态。信访具有存在的正当性，需要结合我国当前所特有的文化背景和政治传统从信访自身的特质上去观察。问题的关键在于，对于冲击信访存在正当性的因素，如何将其纳入信访制度设计中加以考量，以使信访成为既符合主观认同性又不违背法治标准的一种制度存在。可以说，未来信访能否正当存在的根本就在于法治框架下是否还有信访存在的空间及其明确的适用范围。如果仍然将信访定位为一种政治参与方式，实则已经难以回应当下的政治生态。原因在于，1982年《宪法》有关申诉、控告权的规定，完全可以达成保障公民政治参与权的目标，并无必要刻意凸显信访的这一功能。过去依靠信访获取公众意见或者监督政府的功能可以置换为一种倡导性的民主活动，而作为补充性的权利救济机制才应是信访制度未来的核心目标所在。进一步言之，消除信访与法治、信访与司法权威之间的紧张关系是信访制度设计努力的方向。我国正处于法治国家建设的过程之中，当政策和法律的缺失导致人们的权利无法获得有效救济时，当配套性政策和法律阙如导致实体正义失落时，当用尽司法救济仍无法获得权利保障时，当行政部门相互推诿拒绝保证私权时，信访制度具有其存在的合理性与必要性。① 对此有学者提出，信访之于法治其实是一种"亦敌亦友"的特殊关系："从现代法治追求普遍正义和程序正义的角度上看，信访因追求个案正义和实质正义而成为法治的敌人；从法制框架内预设法院再审程序和行政程序重启等例外制度弥补法治的局限角度来看，信访这种法制之外的纠偏机制同样能够成为法治的朋友。"②

---

① 参见应星：《作为特殊行政救济的信访救济》，《法学研究》2004 年第 3 期。
② 章志远：《行政法学总论》，北京大学出版社 2014 年版，第 359 页。

四、展望

对信访存在正当性的研究不仅关乎信访制度本身的存废之争，而且还是信访制度改革的基础性工作。原本作为民意收集机制和政治参与制度的信访，在社会转型中却承担了权利救济的功能。这种功能的转变虽然是信访实践发展的真实生态，却引发了与法治、司法权威之间异常的紧张关系。作为解纷机制被对待却又在实现公民权益救济上日渐捉襟见肘，且逐渐衍生出更多"缠访"、"闹访"的异化行动，这些无情的事实无疑进一步加剧了信访制度存在的合法性危机。

信访实践运作不断显露的问题，在一定程度上使信访成为我国社会稳定的风险源。不过，这种现状并不能构成消灭信访的充分理由，信访的消失也不会导致社会矛盾的彻底消解。就功能意义而言，信访自身所具有的"案结事了"的解纷特质是其正当性的依据之一。至于对其反法治、冲击司法权威的质疑并非完全不能通过制度设计加以化解。因此，当下信访制度存在的正当性虽不完满，但其正当化也可以通过改革实现。实践中，北京市信访工作通过"三个转变"积极应对新形势，探索新路径，也为信访制度存续正当性提供了有力论证。① 具体而言，未来首先需要做的就是逐渐打破信访中存在的恶性循环的怪圈——"一方面，通过比法律中'上诉'更广泛、更有'玄机'的制度性安排，法律正义的目标可以部分地得到实现；但另一方面，这一过程恰好是以牺牲法律的自主性和现代法律赖以取得合法性基础的程序性价值为代价的。"② ——以一种渐进式改革的姿态不断提升司法能力与司法权威，并努力确立与之发展程度相衔接的有限度的信访。

---

① "三个转变"即"从表层汇总型信访向深层剖析型信访转变、从实务操作型信访向理论研究型信访转变、从参与保障型信访向服务决策型信访转变"。参见张宗林：《中国信访：新视角 新思维 新理念》，中国民主法制出版社2013年版，第55—61页。

② 陈柏峰：《缠讼、信访与新中国法律传统——法律转型时期的缠讼问题》，《中外法学》2004年第2期。

第 二 章
信访制度权利属性研究述评

一、引言

信访属性的认定是信访研究中的基础性问题。在研究信访时，如果无法判定信访的属性，即信访是不是一项权利、是何种类型的权利，那么后续对信访事实的解读和信访改革方案的讨论就会沦为"无根之木"、"无源之水"。

综观现有的信访研究成果，显然已有不少学者注意到对信访加以定性的重要性。通过文献梳理，可以发现有关信访属性的认知目前学界存在两种截然不同的观点：一种观点认为，信访是公民的一项权利。该观点的持有者认为，当今信访制度存在的价值，首先就是承认信访权的存在。也就是说，正因为公民具有信访权，所以作为这一权利的法律保障制度，即信访制度本身才具有合法性和正当性。[①] 另一种则认为，信访根本不是一项权利，它只是公民所享有的《宪法》第41条规定的基本权利的一种行使方式，将信访称为"权利"的做法有不适当地拔高信访和受访行为的法律地位的嫌疑。[②] 从这一理论争辩中，不难发现对信访属性的判定关系到信访制度存在的正当性，关系到对信访人权益的实质型保护，因而是未来信访改革方案择取的理论根基。有鉴于此，本章拟结合关于信访属性认定的学术成果，从历史和现实两个层面分析信访权利属性问题，希冀为信访制度的改革提供适切的建议。

---

① 参见林喆：《信访制度的功能、属性及其发展趋势》，《中共中央党校学报》2009年第1期。
② 参见童之伟：《信访体制在中国宪法框架中的合理定位》，《现代法学》2011年第1期。

二、信访的属性认定

（一）学界对信访的属性之争

通过整理信访研究文献，可以发现目前对信访属性的认定大体可归为两种趋向。大部分学者认为信访是公民的一项权利，少数学者则认为信访是公民实现相关权利的行为方式。其中，权利论者主要是从以下四个进路论证公民信访权利存在的。

第一，基于法律规范文本的推论。林喆从信访的功能角度出发，分类说明了不同信访的宪法依据。例如，政治参与类信访的权源来自《宪法》第27条第2款和第41条，而权利救济的权源应是《宪法》第33条第3款和《宪法》第45条。[①] 林来梵等人从比较宪法的角度出发，认为作为信访权依据的现行《宪法》第41条所列举的各项权利，基本上均属于或近似于传统宪法学所说的"请愿权"，即人们对国家或其他公共机关就一定事项而提出希望、不满与要求的一种权利。[②] 据此，周作翰、张英洪进一步指出，信访权的宪法渊源来自现行《宪法》第27条、第35条和第41条，信访权包括两层含义：一是通过信访渠道行使宪法规定的各项权利，即形式信访权；二是通过信访渠道所行使的各项宪法规定的基本权利和自由，即实质信访权。[③] 此外，孙大雄还从法律与现实的角度出发，认为信访权是公民不可缺少的一项基本权利，它不仅是国务院信访条例和地方性信访条例所确认的法定权利（他总结信访权包括了四项子权利，即监督权、救济权、知情权和申请回避权），也是我国公民反复行使的一项现实权利，并且有《宪法》第41条作为其根本的依据。[④]

第二，从公民权益保障的角度推论。胡元梓认为，民众的需要和认同大多通过意见表达的形式显现出来，信访作为民众的基本权利，其核心就是民

---

① 参见林喆：《信访制度的功能、属性及其发展趋势》，《中共中央党校学报》2009年第1期。

② 参见林来梵、余净植：《论信访权与信访制度——从比较法视角的一种考察》，《浙江大学学报（人文社会科学版）》2008年第3期。

③ 参见周作翰、张英洪：《当代中国农民的信访权》，《当代世界与社会主义》2006年第1期。

④ 参见孙大雄：《论信访权的权利属性》，《社会主义研究》2006年第1期。

意表达。① 应星从保障公民"底线救济"的角度出发，认为当司法救济拒绝保证私权时，当司法腐败导致人们丧失对司法的信心时，仍然需要为人们保留将信访作为"底线救济"的权利，需要认真对待这种权利。② 贺海仁甚至认为，如果说中国人有什么天赋权利的话，那么上访则是那种至少在程序意义上不可也不能剥夺的权利。③

第三，基于宪法与行政法基本原理的推论。朱最新、朱孔武认为，现代国家由于国民之生活对行政机关依赖与日俱增，给付行政已成为国家作用之重要机能，但在具体事件上，人民如欲请求国家为一定之作为或不作为，则非有公法上的权利不可。信访既然在法规当中加以规范，那么，无论这种规范的形式是法律还是行政法规，其主要功能均是使信访人可以对国家行使信访权。此外，论者还从德国宪法理论的角度加以论证，认为公法权利的成立至少有两个特征：有公法规范加诸政府而令之为特定行为之义务；人民具有要求政府为行为（包括作为、不作为、忍受），并以法定方法（如经法律救济程序）促使政府为行为之力。结合《信访条例》的规定来看，信访已经具备了一般通则性的法令规范，课予国家行政机关受理信访之义务。另外，信访的提起书面、言辞均可。受理机关认为信访人信访有理由者，应采取适当措施；认为无理由者，应通知信访人，并说明理由。对重大、复杂、疑难的信访事项，可以举行听证。这些规定在无形中贯彻了"正当法律程序"，都证明了信访已具备了主观公权利的要件。④

第四，从新兴权利的角度出发的推断。任喜荣认为信访权利是一项新兴权利，⑤ 原因在于，一方面，对信访权利的理论认识和官方确认是近年来的新发展。不仅学界将信访作为一种权利的学术共识初步达成，而且官方也在不

① 参见胡元梓：《中国民众何以偏好信访——以冲突解决理论为视角》，《华中师范大学学报（人文社会科学版）》2011 年第 2 期。

② 参见应星：《作为特殊行政救济的信访救济》，《法学研究》2004 年第 3 期。

③ 参见贺海仁：《上访救济的功能转化及其命运》，《法律适用》2006 年第 6 期。

④ 参见朱最新、朱孔武：《权利的迷思：法秩序中的信访制度》，《法商研究》2006 年第 2 期。

⑤ 新兴权利之"新"既可以从以时间和空间为核心的形式标准来判定，又可以从以权利的主体、客体、内容和情景为核心的实质标准来判定。新兴权利的产生在根本上乃是因应社会的发展而在法律制度需求上的"自然"反应。所谓的"新兴"，并不是指在实证法的意义上权利刚刚被确认或被保障，而是指其作为一种"权利形态"正在被理论证成、被普通公民实践并开始达成一种普遍的权利共识。参见姚建宗：《新兴权利论纲》，《法制与社会发展》2010 年第 2 期。

同的文件中一再强调依法保障群众的信访权利。另一方面，"信访洪峰"表达了信访作为道德权利、习惯权利的社会共识。"信访洪峰"的屡次出现，表明信访不是某个人或某些人的自觉意识，而是关于信访权利的普遍性社会共识的达成。信访不再是一种单纯的、可替代的行为方式，而是"特定社会的人们基于一定的社会物质生活条件和文化传统而产生出来的权利需要和权利要求，是主体认为或被承认应当享有的权利"以及"人们在长期的社会生活过程中形成的或从先前的社会传承下来的，或由人们约定俗成的、存在于人们的意识和社会惯常中，并表现为群体性、重复性自由行动的一种权利"。论者还认为，信访不仅仅是一项普通的权利，更是一项基本权利。信访权是一项在宪法文本中没有明确规定但可以由宪法条文直接推定的默示宪法权利，信访权利的客体和内容都具有独特性。①

与上述学者观点所不同的是，以童之伟为代表的一批学者认为信访不是一项权利，它仅是公民行使相关权利的方式。他们的论据可归为两点：其一，从《宪法》和《信访条例》并不能推出公民信访权的存在。他们认为有的学者将《宪法》第 41 条赋予公民的权利概括为或从中推定出"信访权"，此说缺乏宪法依据，也没有法律依据。即使从学理上看，也尚未见有学者提出和证明信访是某种基本权利的具体存在形式。② 此外，2005 年颁布的《信访条例》尽管是专门规范信访工作的行政法规，但是如果我们仔细研读就会发现其对信访工作的法律规范仅局限于"信访渠道——信访事项的提出——信访事项的受理——信访事项的办理和督办"等程序性规定，而它对信访的性质、功能等基本"元问题"的规定却语焉不详，从中无法证明信访权的存在，信访仅仅是批评权、建议权、申诉权、控告权和检举权这些宪法所规定的公民基本权利的形式或者说是这些公民基本权利的行为方式而已。③ 其二，如果认为信访是公民的一项权利，那么现有法规等规范性文件均有违宪之虞。他们认为按照宪法的法律保留原则，国家对公民基本权利的限制只能由立法机关通过制定法律的形式进行，行政法规、地方性法规无权作出规定。而现实情

---

① 参见任喜荣：《作为"新兴"权利的信访权》，《法商研究》2011 年第 4 期。
② 参见童之伟：《信访体制在中国宪法框架中的合理定位》，《现代法学》2011 年第 1 期。
③ 参见张红、李栋：《中国信访制度：困境与变革》，《华中科技大学学报（社会科学版）》2012 年第 6 期。

况是，信访在法规和实践中受到种种限制，而这种限制大多与法律保留原则相悖，即对信访的限制缺乏法律层面的规范，只有一个规范行政信访的条例，还有各省的地方性法规以及各级政法机关的内部规定，如中央政法委《涉法涉诉信访案件终结办法》、《最高人民法院信访处接待来访工作细则》、《人民检察院控告、申诉首办责任制实施办法（试行）》等。以此观之，如果认定信访是一种由基本权利派生出来的权利，《信访条例》以及其他地方性法规和内部规定都有违宪之虞。① 此外，目前学界还存在一种将信访看作法律"反射利益"的观点。作为信访权利与信访制度最直接、最主要的规范依据，国务院的《信访条例》本意并不在于直接赋予信访人某种权利。"信访权"实质上并非一种可以由当事人单方行使的请求权，对某一事项受理或者不受理皆取决于信访机构的酌情判断。加之在实践中信访行为的权利面向颇为模糊，致使公法上的"反射利益理论"似乎为解读信访的属性提供了一种理据。②

　　通过文献梳理可以看出，有关信访属性之争的出现主要源于我国目前的法律规范对此问题尚未予以明确。暂不断言信访的性质归属，仅就非权利论者的观点来说，其中的论据似乎存在偏颇之处。首先，对于《宪法》没有直接规定就当然不存在信访权的观点，从实践中和官方文件对信访权利的认可和保护来看，仅就《宪法》未规定就表明信访权无宪法依据的论断是草率的。法律文本作为一种抽象的行为规范本身是无法事无巨细地对现实生活予以一一规范的，机械地从文本上认定信访权利的存在与否并不符合法规范本身的运作规律。以生命权为例，生命权应当是公民最基本的权利，但我国宪法文本中却没有相关的明文规定，如依信访非权利论者的推论逻辑，岂非生命权也无法被看作公民的基本权利。同理，如果仅就《宪法》未明确提及"信访权利"而不考虑其他因素就认为其不存在，那么该结论的得出也是草率的。其次，对于《信访条例》没有规定信访权而仅规定了信访工作的程序性事宜的论点，同样是片面解读《信访条例》的结果。《信访条例》的规范体例是以信访机构的工作流程来安排的，信访人的权利实际包含在各个流程之中。

---

　　① 　参见王天林：《中国信访救济与司法最终解决原则的冲突》，《学术月刊》2010 年第 10 期。
　　② 　参见林来梵、余净植：《论信访权利与信访制度——从比较法视角的一种考察》，《浙江大学学报（人文社会科学版）》2008 年第 3 期。

例如，国家信访局原局长王学军曾撰文指出，根据《信访条例》的规定，信访人有依法提出信访事项的权利（第 14 条）、获知相关信息的权利（第 19 条）、查询信访事项办理情况的权利（第 12 条）、得到书面答复的权利（第 22 条、第 32 条、第 34 条、第 35 条）、要求复查复核的权利（第 34 条、第 35 条）等。① 据此可知，《信访条例》不仅规定了信访机构运作的程序性事宜，也一并赋予了信访人相关权利，所以上述推论也难以让人信服。再次，对于将信访看作是一项由基本权利派生的权利会致使现有信访规范违宪的观点，实际上存在倒果为因的弊病。依循上述推论逻辑，现存的都不应该是违宪的，那么因为违宪而已被废除的收容遣送和劳动教养制度实际上是合宪的，这显然无法自圆其说。最后，对于信访是"反射利益"一说的观点，实际上间接论证了信访作为一种权利的现实存在。原因在于，关于反射利益与权利目前尚无明确的区分标准，新近修订通过的《行政诉讼法》第 12 条规定，行政相对人认为行政机关侵犯其他人身权、财产权等合法权益而提起的诉讼，人民法院应当受理。从理论上来说，这里的"等"也应包含了信访人的信访权益。所以，将信访的属性界定为一种"反射利益"于理于法不合。

（二）信访权利的证成

除了上述支持信访作为权利存在的理据之外，其实还可回溯信访的发展进程，以历史的眼光审视信访的性质归属。

1. 信访发展史上的表现

1951 年 5 月 16 日，毛泽东在《必须重视人民的通信》的批示中指出："必须重视人民的通信，要给人民来信以恰当的处理，满足群众的正当要求，要把这件事看成是共产党和人民政府加强和人民联系的一种方法，不要采取掉以轻心置之不理的官僚主义态度。"② 从中可以看出毛泽东把信访看成是一种方法，也就是人民群众表达自己意愿的一种路径。毛泽东所言似乎可作为信访非权利论的一个注脚。但是，随着时间的推移，民众越来越多地通过信访表达自己的诉求及实现权益的保障，这促使政府相应地调整了对信访的定

① 参见王学军：《正确认识信访形势 认真贯彻〈信访条例〉》，《国家行政学院学报》2005 年第 3 期。

② 《毛泽东文集》第六卷，人民日报出版社 1999 年版，第 16 页。

位及其制度设计。1957 年 5 月，在第一次全国信访工作会议之后，国务院通过了《中国共产党各级党委机关处理人民来信、接待群众来访工作暂行办法》和《关于加强处理人民来信和接待人民来访工作的指示（草案）》两个重要文件。这次会议的重要成果就是把信访工作正式纳入法制建设体系，这被认为是第一次把信访看作人民群众的民主权利。时任中共中央办公厅主任杨尚昆提及："群众经过来信、来访，向中央机关或者向省市机关提出意见，提出要求，不仅仅应该认为是领导机关同群众联系的一种方法，而且应该认为是群众的一种民主权利。"① 至此，信访被正式看作我国公民的一项民主权利。此后，在 1982 年的《关于党政机关信访工作的暂行条例（草案）》中，第 2 条直接表明：人民群众通过来信来访向各级党委和政府提出要求、建议、批评和揭发、控告、申诉，是宪法规定的民主权利，也是人民群众参与管理和监督国家各项工作、监督国家工作人员的一种方式。各级党委和政府要保障人民群众行使这项民主权利。2002 年，正式文件更是首次提出群众"信访权"这一概念。中共中央办公厅、国务院办公厅发布的《关于进一步做好村民委员会换届选举工作的通知》指出：各地、各有关部门特别是信访、民政、司法行政部门一定要尊重农民群众的申诉权、信访权，高度重视并正确对待群众的来信来访，切实有效地解决农民群众反映的问题，依法维护农民群众的民主权利。中共中央办公厅原主任王刚 2006 年在全国信访局长会议上也明确提出"依法保障群众的信访权利"。可见，后续的官方文件与领导人讲话其实都表现出了对作为权利的信访的认可。国务院各部门以及地方出台的相关文件也是对此的有力例证。② 对上述历史文件的梳理结果表明，如果说官方使用"信访权"或"信访权利"用语在上个世纪还是个别现象的话，那么进入

---

① 《杨尚昆同志在全国来信来访工作会议上的报告（1957 年 5 月 28 日）》，编号 B－26－2－493，上海档案馆开放档案。

② 以"信访权"和"信访权利"为关键词在北大法宝数据库中进行检索，发现明确使用上述用语的部门规章及其他规范性文件共有 6 个，它们按时间顺序分别是：1990 年《土地管理信访暂行办法》（已失效）、1991 年《人事部门信访工作暂行办法》、2005 年《国家信访局关于印发〈《信访条例》宣传提纲〉和〈贯彻实施《信访条例》指导要点〉的通知》、2007 年《劳动和社会保障部关于进一步加强劳动保障信访工作的通知》、2007 年《司法部关于认真贯彻落实中发 5 号文件精神进一步加强司法行政信访工作的意见》、2010 年《公安部关于深入推进依法行政工作的通知》；地方性法规规章及其他规范性文件的共有 68 篇，其中用"信访权"一词的共 19 篇，用"信访权利"一词的共 49 篇入

21世纪后信访作为一种权利已经成了法律事实。

2. 对《宪法》文本的解读

信访权利论者大多通过对相关宪法条文的文义解读判定公民信访权的存在，这种解释方式始终受到部分学者的质疑。解读的关键在于还需要周全地对《宪法》相关条文进行系统分析。目前较为一致的看法是，我国《宪法》文本中至少有4个条文与信访权利相关。

首先，《宪法》第2条规定："中华人民共和国的一切权力属于人民。人民行使国家权力的机关是全国人民代表大会和地方各级人民代表大会。人民依照法律规定，通过各种途径和形式，管理国家事务，管理经济和文化事业，管理社会事务。"这条规定体现了"主权在民"的宪政思想，它表明表达自己的诉求和愿望是宪法赋予公民的基本民主权利，是人民自己当家作主的体现，信访作为其中一种途径应该得到宪法的保障；人民通过各种途径管理国家事务，这种"管理"在信访上的体现就是参与权和监督权；当公民权益受到侵犯时，其有权利要求国家提供救济以保护自己的合法权益，即信访可体现为一种救济权。

其次，《宪法》第27条第2款规定："一切国家机关和国家工作人员必须依靠人民的支持，经常保持同人民的密切联系，倾听人民的意见和建议，接受人民的监督，努力为人民服务。"按照现代宪政思想，国家机关及其工作人员听取民众意见、接受民众监督是其不言自明的义务。我国宪法在总纲中也对此予以强调，这突出体现了我国作为社会主义国家人民当家作主的性质。同时，它还表明，信访可作为一种监督机制而存在。

再次，《宪法》35条规定："中华人民共和国公民有言论、出版、集会、结社、游行、示威的自由。"同时，我国已正式签署的《世界人权宣言》和《公民权利和政治权利国际公约》中也规定"人人有权享有主张和表达自由"。这都表明言论自由是每个作为个体的人所应享有的基本权利，将信访作为我国公民实现表达自由的重要途径更是对言论自由的体现，尤其是在当下公民表达渠道不畅的现状下，信访理应涵摄于言论自由权的保障之下。

最后，《宪法》第41条规定："中华人民共和国公民对于任何国家机关和国家工作人员，有提出批评和建议的权利；对于任何国家机关和国家工作人员的违法失职行为，有向有关国家机关提出申诉、控告或者检举的权利，但是不得捏造或者歪曲事实进行诬告陷害。对于公民的申诉、控告或者检举，有关国家机关必须查清事实，负责处理。任何人不得压制和打击报复。"这一条被不少学者认定为信访权利存在的重要依据。相较于上述条文，该规定更加直接地体现出信访的权利属性。其中，该条第1款所规定的批评权、建议权、申诉权、控告权和检举权与信访的行为显示极为相符。可以说，信访的实体内容就是公民在行使宪法赋予的上述权利。该条第2款规定了对公民的申诉、控告或者检举国家机关负有处理的义务，同时衍生出国家机关的另外两项义务，即对公民的申诉、控告和检举，负有"不得压制"和不得"打击报复"的义务。这正是对公民行使上述权利的有力保障，表明国家机关不仅负有一定的处理义务，而且还需确保不得干扰任何人行使这些权利。

综上所述，我们认为，公民的信访权利不仅是官方已经认可的权利，更是我国宪法保障的权利。信访权是指公民以信访的方式向各级国家机关及其工作人员反映情况，提出建议、意见或者投诉请求，并要求有关部门给予答复的权利，它是每个公民具有的基本权利。

三、信访的权利属性

客观而言，信访作为公民的一项基本权利已被民众乃至国家践行。至于信访权利属性的具体讨论，则呈现百家争鸣的态势。

（一）众说纷纭的信访权利观

总体上看，目前学界在信访权利属性问题上形成了七种不同的观点。

第一种观点认为，信访权实际上是一种诉愿权。信访权和请愿权在概念内涵、理论基础、权利属性以及现实功能等方面都具有相似性。[1] 公民信访权利背后涉及的内容包括公民的政治权利、经济权利、文化权利和社会权利等，这些权利的实现都以诉愿权——信访权利的实现为前提。[2] 有学者建议应将信访纳入《请愿法》中，并进一步建立、健全专门的请愿受理机构，取代现有

---

① 参见张普一：《信访权与请愿权的比较研究》，《西部法学评论》2010年第3期。
② 参见张示明：《信访终结机制研究》，《中共中央党校学报》2009年第1期。

的各级各类信访机构。①

第二种观点认为，信访权属于参政权和救济权两项母权利下的子权利。首先，信访权是一种较为特殊的政治权利。从严格的意义上讲，它是由批评、建议、申诉、控告和检举的参政权延伸出的一种权利。其次，信访权是救济权的一项子权利。在实践中，公民自治所遇到的问题之一是公民的权利受侵犯后无处诉求时怎么办。信访权的设立便是对此维权渠道堵塞现象的一种补救措施。②

第三种观点认为，信访权实质上是宪法学上政治性权利的监督权和非政治性权利的救济权。③ 因为不论何种信访都是以"反映情况，提出建议、意见或者投诉请求"为内容的，体现出了政治参与和监督、请求权利救济这两种属性。信访在具体特性上，存在着政治性的权利与非政治性的权利、实体性的权利与程序性的权利等多种权利的性质与成分复杂交织的结构状况。④

第四种观点认为，信访权利是公民的一项政治权利与自由权利。一方面，《信访条例》规定的无论是"反映情况"，还是"提出建议、意见或者投诉请求"，其主观上绝大多数无疑是申明冤屈、获得救济，但客观上却是一种事实的政治参与和监督。另一方面，信访人通过选择"书信、电子邮件、传真、电话、走访"等方式，向特定政府机关及其工作部门表达其意愿与要求的行为。这正是《信访条例》对公民宪法的表达自由权利在一定范围与一定程度上的落实与细化。⑤

第五种观点认为，信访权属于其他自由权。从《宪法》第41条导出"信访权"的逻辑是不清晰的，因为我国宪法理论中的"监督权"概念也是由此条概括而来的。"监督权"的内涵至今仍然模糊，且信访权和监督权明显是两

---

① 参见杨海坤主编：《宪法基本权利新论》，北京大学出版社2004年版，第213页。

② 参见林喆：《信访制度的功能、属性及其发展趋势》，《中共中央党校学报》2009年第1期。

③ 参见孙大雄：《论信访权利的权利属性》，《社会主义研究》2006年第1期。

④ 参见林来梵、余净植：《论信访权利与信访制度——从比较法视角的一种考察》，《浙江大学学报（人文社会科学版）》2008年第3期。周永坤在此基础上从更宽广的角度出发，认为信访权既是公民民主管理国家的公权利，又具有保障私权的性质，公民通过信访权的行使主张私权利的存在并寻求司法救济。参见周永坤：《信访潮与中国纠纷解决机制的路径选择》，《暨南学报（哲学社会科学版）》2006年第1期。

⑤ 参见董鑫：《从信访权利的性质看其制度定位》，《理论学刊》2006年第6期。

个交叉的概念。从国家尊重和保障人权的角度出发，虽然信访规定仅见之于行政法，而宪法中却始终没有明文规定，但凡属公民其他自由及权利，只要不妨害社会秩序和公共利益，均受宪法保障。因此，信访权至少属于宪法上之其他自由权，可以称之为未名权或无名人权。①

第六种观点认为，信访权利就是宪法第 41 条规定的申诉、控告、检举及批评建议权的总称。信访是我们社会主义国家公民的基本民主权利，信访权就是受宪法保障的申诉、控告、检举及批评建议权的总称。②

第七观点认为，信访权在性质上具有实体内容和程序性权利的双重特性。一方面，它是宪法赋予公民的一项基本权利，具有实体内容；另一方面，它又是一项信访人寻求救济的程序性权利。③

此外，田文利从多角度出发，认为信访权利首先是一种寻求救济的权利。在宏观层面上，它属于一类诉权，与民事诉权、刑事诉权和行政诉权、行政复议申请权、民事仲裁申请权等程序性权利有着相同的属性。其次，信访权利具有一种复式的包容结构。从表面上看，信访权利是程序性权利，但它却以实现实体权利为根本目标。再次，信访权利是一种动态的民主权利，公民除了通过选举制、代议制、复决制等方式参与国家的生活之外，还可以通过这种权利来保持日常当中对于国家生活的参与。最后，信访权利从结果上说，具有双重性，一是直接实现了对私人权益的救济，二是通过这种争取权利恢复正义的过程间接地实现了对国家公权力机关的监督和制约。④

（二）对信访权本质属性的探寻

通过上述梳理发现，在信访权利属性上的莫衷一是根源于学者对信访权利属性的认识深度和定性前提的参差不齐。有的学者仅仅指出了信访权利的表面特征，而没有深入探究信访权利的本质属性。此外，由于学者对基本权利的类型体系认识不一，因此学者对信访权的具体定位不同。至此，对信访权利属性的准确定位需首先明确宪法中的基本权利的类型及其体系架构，随

① 参见朱最新、朱孔武：《权利的迷思：法秩序中的信访制度》，《法商研究》2006 年第 2 期。

② 参见张曙光：《信访制度存在的基础及其功能定位》，《经济研究导刊》2011 年第 2 期。

③ 参见沈乔林、李洁：《论信访权的宪法地位》，《江汉大学学报（社会科学版）》2009 年第 2 期。

④ 参见田文利：《信访制度改革的理论分析和模式选择》，《社会科学前沿》2005 年第 2 期。

后才能在此基础上将信访权利归于某一类权利中，以明确其特殊之处。

目前关于宪法基本权利的类型体系有学理分类和规范意义上的分类两种。在学理上，宪法基本权利的类型最早由洛克提出，具体表现为生命权、自由权和财产权三分法。此后，有很多学者陆续提出了不同的权利类型体系。其中，较为经典的分类包括耶利内克的三分法、柏林的二分法和芦部信喜的三分法等。在宪法规范意义上，以我国现行宪法为分类基础，最早产生的权威学说是由著名宪法学家吴家麟教授提出的"十大分类法"。在此之后，学者进行了相应的精简，具体表现为"四大分类法"或"五大分类法"。"四大分类法"就是把基本权利分为参政权、人身自由和信仰自由、经济和文化教育权以及特定人的权利；"五大分类法"就是在四类法的基础上再添加有一类"平等权"。由于上述分类被认为存在一个明显的不足之处，即将一般主体享有的权利与特殊主体享有的权利相混杂，后来又有学者提出了新的分类方法，如林来梵教授提出的"八分法"等。

虽然上述学理上的分类对于宪法权利的辨识具有重要意义，但是探讨我国信访权利的属性还是应当立足于我国的宪法文本。通过比较规范意义上的分类理论，笔者认为林来梵教授的分类法更为周全且清晰地展现了我国公民所享有的基本权利内容与体系。其具体内容是：（1）人格权；（2）平等权；（3）人身自由权；（4）精神自由权；（5）经济自由权；（6）参政权；（7）社会权；（8）权利救济权。[①]

在"八分法"的基本权利体系下，信访权究竟应定位于何处是需要予以明确的。由于现实中的一项具体权利的行使可能呈现出多项权利勾连的状态，所以首先需要厘清信访人在行使信访权时具体关涉哪些公民的基本权利。在信访实践中，信访人通过选择书信、电子邮件、传真、电话、走访等方式，向信访机构反映情况，提出诉求，是行使表达自由的体现；信访人行使批评、建议、申诉、控告和检举权，实际上就是我国《宪法》第2条规定的"人民依照法律规定，通过各种途径和形式，管理国家事务，管理经济和文化事业，管理社会事务"的体现，亦即公民参政权的体现；信访人向信访部门提出诉求请求救济自己的合法权益，实际上就是我国宪法中获得救济权的体现。概

---

① 参见林来梵：《宪法学讲义》，法律出版社2011年版，第227页。

而论之，信访行为实际上牵涉了我国宪法中规定的表达自由、参政权和获得救济权三种权利类型。那么，这是否意味着信访的权利属性兼具上述三种呢？笔者认为，并非如此。原因在于，一项权利的权利属性是这项权利区别于其他权利的最本质的东西，不能机械地根据一项权利的行使涉及哪些权利就认定其具有哪些权利的属性。那么，究竟应如何判断一种涉及多种权利类型的本质属性呢？关键之处在于，选择其中居于主导地位的权利类型。信访涉及的表达自由显然不属于其本质属性。因为信访人行使信访权利是为了特定的目的，表达自由权的行使只是作为一种方式存在，不具有主导性。行使参政权和救济权正是公民积极行使信访权的最终目的，因而信访权利的本质属性应归结为参政权和救济权。

四、展望

对于信访人的信访权利，无论是实务部门还是学界形成的基本共识是，信访已成为公民表达诉求、寻求救济的重要方式。与此同时，信访机关责重权轻的现状也是信访人信访权利得不到有效保障的重要原因。目前，理论界对此尚缺乏系统的研究。通过中国知网检索发现，在 2005 年至 2014 年间有关信访机关权力问题的学术论文只有 3 篇。[①] 因此，为了更加有效地保障信访人的信访权利，未来信访研究应着力于信访机构权力的权责配置问题，以切实回应信访的现实困境。具体而言，后续研究可从以下四个方面展开。

第一，信访权力的性质。信访事项涉及三方主体，即信访人、被信访机关和信访机关。信访机关处理信访事项的权力更大程度上体现为对被信访机关的监督和制约，而这种监督和制约与我国目前立法权、司法权和行政权的权力体系是属于同层次的权力还是不同层次的权力，是直接约束性的权力还是间接约束性的权力等。信访权力的性质研究属于信访基础理论范畴，是信访后续制度设计的理论前提。

第二，信访机关与被信访机关的权力界分。权力的界分是权力能够有效

---

① 参见田文利：《信访机关权力的理论探索及实证分析》，《国家行政学院学报》2005 年第 6 期；李绍章：《信访权力配置及其对信访权利的规范功能》，《新疆社会科学》2011 年第 4 期；杨景涛：《法治化进程中我国信访工作权力关系的重构》，《理论学刊》2013 年第 7 期。

行使的前提，职权不清或者职权交叉都会导致权力冲突。信访机关究竟有权直接处理被信访机关职责之内的事宜还是有权纠正被信访机关的违法不当行为，都需要科学配置。特别是针对现实中信访机关作为被信访机关的"传声筒"问题，必须在未来的信访立法中加以妥善解决。

第三，信访机关的权限范围。信访机关的权限问题是信访权力研究的核心。目前，我国《信访条例》规定的信访机关的职权主要有受理、交办、转送、协调、督促检查等权力。从中可以看出，信访机关的权力主要还是程序性权力，唯一具有威慑作用的督促检查权则因缺乏对其他部门的制约性措施而止于条文规定。因此，信访权力的配置与其担负的重大责任之间呈现出不协调的状态。未来究竟是加强信访权力的配置以满足民众的需求还是给信访机关减负以适应目前的信访权力配置，都是必须深入探讨的问题。

第四，信访权力的行使主体。按照《信访条例》的规定，各级人民政府信访工作机构以外的行政机关也可以成为信访受理机关，从而享有管辖权。事实上，只要设有信访机构的单位基本上都具有信访受理权。这种主体多元、权力分散的构造看似便利了信访人信访权的行使，但也造成了信访机构对信访事项相互推诿、久拖不决的制度漏洞。因此，信访权力的行使主体究竟是一元还是多元的配置急需加以明确。

第 三 章
信访制度功能研究述评

一、引言

从一般意义上来说，功能是指事物或方法所发挥的有利作用。在社会学家眼中，社会事实之所以存在是由于它们以某种方式维持着社会存在，或者说，它们之所以存在是因为它们具有功能。[①] 据此而言，明确一项制度的功能所在是全面理解该制度的重要途径。综观 2005 年至 2014 年间的信访研究成果，对信访功能的讨论始终是信访研究的重心之一。相应地，功能研究也成为审视我国当下信访制度的重要视角。信访功能研究的重要意义体现在四个方面：一是信访的功能研究是信访理论研究的基础。功能研究之于信访研究犹如地基之于大厦，发挥着基础性的作用。信访的功能关涉着信访的发生机理、运作模式等问题。二是信访的功能关联信访制度的运作机理。纵览现有的信访研究，将近一半的学者在进行信访制度改革研究时，都对信访的功能进行了探讨。这在一定意义上表明，明确信访的功能取向是以权利救济为主还是以政治参与为主关系着信访的现实解读乃至制度设计等方面。三是信访的功能研究有助于厘清信访制度目前的困境。[②] 大多数学者认为，目前信访制

[①] 参见付子堂：《法律功能论》，中国政法大学出版社 1999 年版，第 15 页。

[②] 对于信访的困境，学者李宏勃有过形象的分析，他认为在信访博弈中出现的国家常常会处在一个左右为难的困境中：作为游戏规则的制定者与仲裁者，国家既要保证言论的畅通并以此抵制基层政府的官僚主义，但又无力应付有时汹涌而来的大规模的进京上访和集体上访以及因此对社会造成的冲击；国家既要为民作主保持其美好的形象，又要防止有人借机滋事无理取闹；既要对某些基层政府的违法现象进行严厉弹压，又不得不在一定程度上维护基层官员的既得利益以激励其执行中央政令的积极性。参见李宏勃：《法制现代化进程中的人民信访》，清华大学出版社 2007 年版，第 206 页。

度最大的问题就是功能错位。之前信访的功能定位于以政治参与为主、权利救济为辅，而时下信访的主要功能已转向权利救济。信访救济甚至超过了其他的纠纷解决机制成为公民首选的救济方式。第四，信访的功能研究决定信访改革的走向。信访制度的存废之争、信访制度权利救济功能的剥离与保留之争、信访部门的扩权与缩权之争，都与信访的功能定位密切相关。只有准确定位信访的功能，信访改革的方向才能得以明晰。基于此，本章拟从多个角度对信访功能研究的理论成果加以述评，希冀为信访功能研究的深化提供新的思路。

二、多样化视角下的信访功能研究

综观当下有关信访功能的研究成果，大体上包括如下六种研究视角。

（一）从信访制度的性质出发研究信访功能

田文利认为，信访的性质是确定信访功能的前提和基础。论者指出，信访制度具有四种属性，即重要的民主机制、三位一体的"免疫"机制、[①]"反思—改错"的"再处理"机制和国家伦理的重要检验标尺。据此，论者将信访的功能判定为在现实中实现民主的功能、理性反思、高度整合的功能、保障制度安全、防范风险的功能、保守国家伦理价值的功能。[②] 对此予以认同的还有黄灵辉和聂军，他们认为，信访制度是一种民主政治制度、补充性的权利救济制度以及三位一体的"免疫"机制，因此推导出信访具有以下五项功能：政治参与功能、权力监督功能、汇集民意功能、权利救济功能和化解矛盾稳定社会功能。[③]

李宏勃认为，信访制度是一种中国式的特殊民主实现机制和人权救济机制，它具有重要的政治功能和法律功能。在政治上，信访具有政治动员和政治参与功能、信息搜集和信息反馈功能、发泄民怨的社会安全阀功能；在法

---

① 这里的三位一体的"免疫"机制是指，从信访解决问题的功能来看，信访制度可以兼具救济、监督和修复三种功能：对于信访人来说，信访是一种救济手段；对于被信访机关来说，是一种具有监督功用的制度设计；而对国家而言，信访等于一种问题修复机制。

② 参见田文利：《信访制度的性质、功能、结构及原则的承接性研究》，《行政法学研究》2011年第1期。

③ 参见黄灵辉、聂军编者：《当代中国信访制度》，知识产权出版社2014年版，第5—11页。

律上，信访具有自下而上的权利监督功能，中国式的替代性纠纷解决功能。①湛中乐、苏宇也认为，我国信访制度同时具有政治属性和法律/准法律属性，因而相应地也应当具备双重功能。信访的政治功能有监督功能、信息汇集功能、民主参与功能，它应该受到更充分的重视和更有力的保障，因为信访制度是人民民主模式下增强政治合法性的重要机制。信访的法律功能主要是纠纷解决功能。由于信访的两种属性联系密切且相互作用，所以信访的功能定位是将信访的政治功能融合到信访的法律功能中，它一方面需要将典型纠纷解决机制的部分辅助功能予以放大，以发挥其必要的政治功能；另一方面还要求建立兼容纠纷解决功能和政治参与功能的程序。②

王彦智从信访制度建立的深层次理论根源即人民民主理论出发，认为信访制度的政治属性决定了它的核心功能应当是利益表达和民主监督，借此也发挥着为党和政府决策提供信息的功能。应当让信访制度回归自己的政治属性，而不是为了解决一时的问题，达到一时的"和谐"目标而延误了社会主义基层民主制度的现代化建设大业。③

张铎将我国信访制度定位为公民主权制度，他认为作为公民主权制度的信访应具备六大功能：互动制衡功能、信息传输功能、社会监督功能、社会管理功能、权益救济功能和社会控制功能。④

此外，还有学者根据行政信访具有的宪法权利的属性，得出了行政信访具备宪法基本权利功能的结论。⑤

（二）从信访制度的实际运作出发研究信访功能

学者基于信访制度的运作现实，聚焦于信访的权利救济功能和社会稳定功能展开讨论，其讨论的基础一致但结论却往往相反。

1. 围绕信访权利救济功能的争论

杨小军认为，现代社会中的信访若以权利救济功能为主，是不恰当的。除了历史因素和现代社会已经拥有专业的救济渠道外，信访在实际生活中无

---

① 李宏勃：《法制现代化进程中的人民信访》，清华大学出版社 2007 版，第 217—233 页。
② 参见湛中乐、苏宇：《论我国信访制度的功能定位》，《中共中央党校学报》2009 年第 2 期。
③ 参见王彦智：《我国信访制度改革的理性思考》，《甘肃社会科学》2010 年第 4 期。
④ 参见张铎：《中国信访制度研究》，华夏出版社 2012 年版，第 211—246 页。
⑤ 参见朱应平：《行政信访若干问题研究》，上海人民出版社 2007 年版，第 7—14 页。

法有效完成权利救济和解决纠纷的任务也是重要原因。这就使其实际功能与人们期待的权利救济功能存在内在的结构性矛盾。他认为，目前的信访制度在功能定位上的模糊，使其表面淡化了原有的意见表达的作用，也不可能承担起解决纠纷和救济权利的重任。①

王宝明指出，信访机构最终能够解决的案件实际上很少，必须重新审视信访机构的功能所在。信访机构应当负责的是：当公民或组织来信来访后根据他们的陈述和单方面的证据，向他们作出国家权威的咨询，指导他们通过法律规定的途径去解决他们的纠纷。当一个时期发生某些种类的上访案件群体性的、多发性的、数量大的、性质相同的、领域集中的等有规律的情形，根据分析和调查研究向有决策权的机构和领导提出重大问题解决的咨询意见，以及早作政策调整。②

对于上述见解，康晓光等学者并不认同，他们认为信访是公民的基本政治权利，只能强化，不能弱化。康晓光指出，信访部门的功能无非有两个：信息反馈和解决问题。一个朴素的认识是，"如果不是为了解决问题，谁愿意劳民伤财甚至倾家荡产地来北京"。如果信访部门没有足够的权力解决问题，那该部门就形同虚设。因此，他支持以扩充信访部门的权力来增强信访制度的权利救济功能。③

田文利认为，对公民而言，信访意味着一项简便、经济、有效而全面的救济方式，具有保障和维护公民权利和自由的功能，它可以成为行政复议和行政诉讼的前置程序，也可以受理行政复议和行政诉讼不受理的案件，法律的合理性问题和国家权力行为的合理性问题亦可以成为信访的对象。同时，司法程序所不能实现的正义仍然可以在信访的制度中继续探讨。可见，正是在法律所不及或法律不能发挥理想效果的地方，信访起到一种补充的权利救济功能。④ 同样持这一观点的吴镝鸣也认为，从信访制度的立案方式上看，它不像行政复议与行政诉讼制度那样有着严格的受理制度。信访制度的受理事项颇为广泛，凡是以公主体（包括公务员和公共组织）的行为为对象的事项，

---

① 参见杨小军：《信访法治化改革与完善研究》，《中国法学》2013 年第 5 期。
② 参见王宝明：《用信访激活国家监督机制的运作》，《国家行政学院学报》2005 年增刊。
③ 参见赵凌：《信访改革引发争议》，《南方周末》2004 年 11 月 18 日。
④ 参见田文利：《信访制度改革的理论分析和模式选择》，《社会科学前沿》2005 年第 2 期。

都可以向有关信访机关要求处理，从而为公民权利的救济提供了一个良好的制度渠道，解决了司法系统所不能解决的大量现实问题。①

陈红梅认为，为了加强信访制度的效力，就有必要对之进行"精兵简政"，弱化其"信息反馈"的功能，而突出其"权利救济"的功能。原因在于，现实中的信访大多表现为权利救济的需求。她甚至将信访直接定义为公民在自身的合法权利遭到公权力（立法、司法和行政）侵害时采用书信、电子邮件、传真、电话、走访等形式向相应的机构反映情况要求救济的一种行使民主权利的方式。②

刘克毅则提出了不同于以上见解的第三种认识。他认为，当前司法并不能很好地解决信访纠纷，加之公民的政治参与、意见表达功能以及权利救济功能不能分离，所以那种将信访的权利救济功能从信访制度中分离出来交予司法的观点值得商榷，而强化信访的功能又与法治社会的目标相冲突。鉴于信访制度目前的困境与其纠纷解决的实现机制密切相关，而与其制度功能本身关联不大，对其纠纷解决功能的实现机制进行法治化改造或许是改良信访制度的可能路径。基本思路是中央和省（市）级信访工作应以公民意见表达为中心，基层信访应以纠纷解决为中心，同时舒缓信访工作压力，规范信访救济程序。③

2. 围绕信访社会稳定功能的争论

王雪莲认为，在群体性上访事件的数量急剧增加，并已经成为影响社会稳定的突出问题的背景下，信访工作能够及时发现社会矛盾和影响社会稳定的不安定因素，有效化解人民内部矛盾，并且可以在处置群体性事件中发挥提供情报信息的作用，因此，它在维护社会稳定方面的意义也更加突出。④

金国华、汤啸天认为，信访制度是执政党联系群众的重要纽带，社会稳定的大局能否得到维护，一定程度上取决于具体信访事项的处理能否有效地

---

① 参见吴镝鸣：《当代中国信访与社会建设》，中国民主法制出版社2013年版，第27页。

② 参见陈红梅：《解读信访制度》，《学术界》2005年第6期。

③ 参见刘克毅：《简论信访制度功能的改进路径——以信访制度纠纷解决功能为讨论中心》，《河南财经政法大学学报》2013年第5期。

④ 参见王雪莲：《从维护社会稳定看信访制度创新》，《中国人民公安大学学报》2004年第4期。

化解矛盾。①

黎晓武、王淑芳则对信访制度进行了法理学反思，指出信访制度为中国的秩序和稳定需要提供了最大限度的供给和满足，以国家的策略性退让或妥协来疏通对抗和冲突可能的破坏性，从而维持既有的政治社会秩序。②

石发勇认为，作为市民维权主要方式的信访，尽管在大多数情况下不能直接解决信访人所诉求的问题，却为社会稳定发挥了一定的安全阀作用。由于目前我国的司法运作不可避免地受到行政权力的影响，信访体系在维护基层社会秩序和群众权益上，仍具有不可替代的重要作用。在很多遭遇地方当局侵权的百姓看来，信访渠道是他们唯一的得以表达冤屈和诉诸国家权威的垂直网络，并让其抱有解决问题的一线希望。这条垂直制约机制的存在使公民在遭受行政侵权时，不至于对整个政治体制丧失信心，从而有利于基层社会的稳定。③

与上述观点不同的是，傅恩来认为，信访不仅不能带来社会稳定，反而还会破坏社会稳定。他指出，在信访活动中，一些人为同一诉求跨地区、跨部门串联和网上串联赴省进京上访，甚至有的人采取一些极端方式，制造、扩大社会影响，并为更多的信访人所效仿，带来了社会负面效应从而影响了社会稳定。④

张炜也认为，群众信访反映的问题大部分涉及群众的切身利益，如果处理不好就会导致矛盾激化，对于维护社会和政治稳定极为不利，甚至严重影响党和政府在群众心目中的形象。⑤

陈丰则提出了第三种意见。他认为，信访制度的社会稳定功能是一个悖论。一方面信访有利于维护社会稳定，保持安定团结的政治局面，另一方面，由于转型时期社会矛盾大量增加，加之信访制度本身的缺陷，使得这一制度对社会稳定造成一定的负面影响。信访制度的这一悖论有其社会、政治等多方面的根源，要真正发挥信访制度的政治功能，必须根据加强民主法制建设

---

① 参见金国华、汤啸天：《信访制度改革研究》，法律出版社 2007 年版，第 89 页。
② 参见黎晓武、王淑芳：《对我国信访制度本质的法理学思考》，《求实》2012 年第 1 期。
③ 参见石发勇：《关系网络与当代中国基层社会运动》，《学海》2005 年第 3 期。
④ 参见傅恩来：《论我国信访制度的缺陷及其改革方向》，《天津行政学院学报》2011 年第 2 期。
⑤ 参见张炜：《公民权利表达及其机制建构》，人民出版社 2009 年版，第 229 页。

的社会目标从根本上改革并完善信访制度。[①]

（三）从信访制度与法治及宪政建设的契合出发研究信访功能

1. 宪政理念下的信访功能定位

杨福忠基于宪政理念从比较法的角度出发，认为我国信访权更接近于国外宪法所普遍确认的"请愿权"，而请愿权在现代成熟的宪政国家中的发展图景为思考我国信访如何进行功能转换提供了思路。就请愿权的发展轨迹来看，早期的请愿权兼具政治参与和权利救济的双重功能，之后随着司法救济制度的完善，大量的私人纠纷主要诉诸司法程序解决，请愿权的权利救济功能日渐式微甚至消失，当下的请愿主要作为一种直接政治参与的方式而存在。因此，我国应通过完善司法救济制度逐步把权利救济功能从信访中剥离出来，使信访回归原初的政治参与和权力监督的功能。[②]

余净植认为，在宪政理念下，信访制度的设置应以信访人的权利为依归，它的规范运作应有利于保障和实现公民的基本权利，特别是政治意见上的少数和社会生活中的弱势群体的权益。相对于人民代表大会制度和司法制度这些常规的民主监督与救济制度，信访制度在政治表达、民主监督、纠纷解决和权利救济中的角色应当是补充和辅助性的，它应当以灵活便捷、人性化的方式解决不能被常规的主体制度所覆盖的问题。因此，信访制度的功能定位应当是：（1）信访首先应是公民参与民主政治、社会管理及权力监督的机制和途径。（2）信访还应是公民实现权利救济的一种补充性机制。（3）在迈向法治的过渡阶段，承担分流案件和咨询宣传的职能。（4）化解、缓和社会矛盾与冲突，释放社会不满情绪。[③]

王天林认为，要走出目前涉诉信访的困局，必须转变观念，不纠结于信访制度本身，而是在宪政建设的大视野下审视并明晰这一制度设计的取舍之道。对于信访功能来说，应该弱化信访的权利救济功能，强化其监督和利益表达功能。因为信访的救济能力十分有限，与其救济能力极其有限性紧密关

[①]　参见陈丰：《信访制度的社会稳定功能：一个悖论及其解释》，《南昌大学学报（人文社会科学版）》2013 年第 1 期。

[②]　参见杨福忠：《论法治视野下信访功能的定位》，《云南行政学院学报》2012 年第 1 期。

[③]　参见余净植：《信访脱困的可能思路——基于权利保障维度的讨论》，《福建论坛（人文社会科学版）》2009 年第 12 期。

联的却是，信访在实践中造成了诸如截访等许多新的更为严重的问题。与此相比，信访在汲取民意、反对腐败和促进稳定等方面的政治功能却非常突出，而且，相较于权利救济功能来说，信访在利益表达和政治参与方面还有着独特的优势，这种优势突出表现在程序方面。①

史全增、查志刚也认为，当前信访制度功能的错位有着错综复杂的原因，既有救济途径的不畅达，更有宪政制度运行中的调适不当。在宪政框架下，法律救济途径应是公民权利救济的最重要渠道。信访偏重于救济的制度模式不仅不符合宪政的要旨，也不利于对公权力监督的实现。信访制度应回归到其本位职能上来，明确信访主要是一种民主监督和政民沟通的制度，而权利救济仅是其辅助性功能。②

此外，史嵩宇从社会和谐的角度出发，认为当前应以信访制度所面临的最突出问题为基础定位信访的主要功能，如此突出重点，方能更好地带动其他功能，以使信访制度更好地发挥实效。信访的实践现状反映了社会利益失衡的现实，因而促进群体利益均衡成为信访制度的特有使命。针对我国当前存在的利益纠葛及相关矛盾，同时以构建社会和谐机制、加强监督为重点，信访制度应具备四项功能：诉求表达、民主监督、矛盾协调和权益保障。其中，诉求表达功能是信访制度的基础功能，民主监督是提升信访制度有效性的重要功能，矛盾协调是信访制度大有可为的重要功能，权益保障是信访制度必不可少的间接功能。③

2. 国家法治化视野中的信访功能定位

吴京典从宪政理论出发，认为信访干预司法而进行的权益保障与国家推进法治化进程的要求存在矛盾，因此他认为信访的主要功能应定位于公民政治参与、为政府决策提供信息、政治监督以及非诉讼救济等方面，其救济功能将逐步减弱。尤其是在现阶段，应当将信访定位为补充司法救济的权益保障机制，使大量的信访案件进入司法程序，而避免涉诉纠纷信访化，如此才

---

① 参见王天林：《中国信访救济与司法最终解决原则的冲突——以涉诉信访为中心》，《学术月刊》2010年第10期。
② 参见史全增、查志刚：《论宪政视野下信访制度的功能》，《学术界》2011年第12期。
③ 参见史嵩宇：《社会利益和谐与信访制度功能的完善》，《理论学刊》2009年第2期。

能实现和谐信访。①

易虹也认为，要彻底走出信访困境，就必须在法治的框架下对信访制度进行渐进式的改革。这也是指从权利救济和权力监督两个角度重新定位信访制度。从权利救济的角度看，信访是一项简便、经济、有效而全面的救济方式。对公共权力而言，信访是一项温和、高效的制度更新机制，具有助推社会稳定和促进民主与法治的功能。②

邵华则以建设社会主义法治国家是我们始终不变的一个目标为出发点，认为从长远来看，信访制度只应该保留其参政议政的功能，而取消它的权利救济功能。论者认为，完善司法救济和其他各种以法治为要义的权利救济模式，是当前的中心任务。因为从弱势群体的利益出发，这才是他们寻求权利救济的治"本"之道。而信访救济所获得的只是一种非常设的救济渠道，获得救济的可能性微乎其微；司法救济则是权利救济的常设方式，是实现权利救济的常规机制，无须像信访救济一样几乎是在等待"中彩"。并且，保留信访的救济功能，无疑为行政干预司法留下缺口，使法治大厦难以建成。同时，当社会治理模式成功转型，信访的社会控制功能会逐渐弱化，也不再需要通过信访救济提供的激励机制来维系这样的功能了。不过论者也提出，突然取消信访制度并不是一种负责任的做法，因为可以取消有形的信访救济制度，但是很难消除一些人心中的"青天意识"和"臣民意识"，既然现实如此，在现阶段我们还得采取一种"相对合理主义"的态度，在不得不继续保持信访救济功能的时候，强化对信访的程序性治理，规范信访，使之尽可能减少人治色彩。③

汤啸天认为，信访制度的设计，必须严格遵循依法治国的基本要求，不能破坏和损害现代国家治理必须遵循的分权治国和权力制约的原则。行政干预司法的现状不宜长期维持，权利的救济应当在法定的程序中运作。但是他也认为，就目前我国公民所具有的权利救济手段而言，是偏少而不是偏多，是偏弱而不是偏强。因此，信访作为民意表达的渠道不能取消，信访部门目

---

①　参见吴京典：《和谐信访需要树立正确的导向》，《信访与社会矛盾问题研究》2011年第3期。

②　参见易虹：《宪政体制下我国信访制度功能的重构》，《求索》2007年第4期。

③　参见邵华：《信访制度变革与弱势群体权利救济》，《河北法学》2007年第2期。

前所具有的权利救济功能应当归还于司法。他还形象地比喻道，不能希望信访部门成为具有超级功能的"大抹布"。①

3. 作为宪政体制下辅助政制的信访制度功能定位

童之伟认为，在我国宪法框架下，信访属于辅助政制的范畴，在历史上它是我国核心政制效能严重不足时应运而生的代偿性体制。当信访体制发挥对核心政制的补充效用时，两者会相得益彰，若处置不当则难免造成两者间发生"零和博弈"。过度强调信访体制的作用，试图让它承担明显属于核心政制的功能，从中长期的观点看可能失大于得。我国宪法框架现在和未来的走向，应该是核心政制和辅助政制依宪法精神和法治原则各自回归其本位。从功能上看，信访体制只能补核心政制之遗缺，或作为核心政制运行的"润滑剂"发挥效用，不能与之分庭抗礼。在通常情况下，信访体制不宜取代或部分取代核心政制的功能，更不可以妨碍核心政制正常发挥制度效用。②

张红、李栋也认为，必须跳出信访制度本身，站在中国宪法体制框架下，在一个具有全局性的体系框架下寻求问题的解决，中国信访制度应定位为"宪政体制下的辅助政制"。据此，相应的变革思路是：明确并回归其辅助政制的本位——完善政治表达功能、逐渐削减并最终取消权利救济功能，从而巩固核心政制在国家宪政体系中应有的地位。③

（四）从信访制度与其他纠纷解决机制的关系出发研究信访功能

应松年认为，我国在行政管理领域已经建立起门类齐全的纠纷解决制度，当前的问题是如何对现在所有的纠纷解决制度进行通盘考虑以组合成一个健全的纠纷解决制度体系，使得每一种纠纷解决制度分工配合且相互衔接。他认为，在行政纠纷解决制度体系中，调解和基层负责行政纠纷解决的专门委员会制度处于第一层次，行政裁决、行政仲裁和行政复议等准司法性的制度处于第二层次，行政诉讼处于第三层次，信访制度则应该作为前述三个层次的补充，发挥补充救济功能。信访机关针对当事人的申请应区分两种情况分别对待：其一，如果信访事项属于常规救济渠道的受案范围且未过时效的，

---

① 参见汤啸天：《以善治为标准改革我国信访制度》，《理论前沿》2005 年第 13 期。

② 参见童之伟：《信访体制在中国宪法框架中的合理定位》，《现代法学》2011 年第 1 期。

③ 参见张红、李栋：《中国信访制度：困境与变革》，《华中科技大学学报》2012 年第 6 期。

应当告知和说服申请人通过常规渠道进行救济。如果信访事项已过了时效，那么应当耐心做其思想工作，劝服其息访。其二，如果信访事项不属常规救济渠道的受案范围，可以由信访机关向申请人说明情况，并向有权机关提出解决问题的建议。①

姜明安认为，信访制度是我国整个解纷和救济机制的一个环节，因此，信访制度的改革应当并且必须与我国整个解纷和救济机制的创新联系起来。无论是公权力相对人之间的争议，还是公权力相对人与国家机关之间的争议，都应该尽可能地通过复议、诉讼和仲裁这些较正式的法治化渠道解决，信访应该是起补充、辅助的作用。②

章志远认为，未来中国多元化行政纠纷解决体系的建立实际上是一个"新四国演义"的时代：行政复议纠纷解决主渠道作用的修复，行政诉讼纠纷解决次渠道作用的发挥，行政调解纠纷分流功能的激活，信访救济底线作用的发挥。只有当行政调解、行政复议和行政诉讼都无法将正义运送到行政相对人身边时，信访才具有"在场"的可能，其作用空间也仅限于"不属于行政复议或行政诉讼受案范围的失当行政行为"以及"现行法律框架内无法解决的重大历史遗留问题"。③

应星认为，信访具有行政诉讼所不及的显著优势：可以节省经济成本或至少让行政相对人感觉成本较低；更有利于冲破关系网的束缚，增强裁定的相对独立性；救济的实效更为明显。同时，信访还具有行政复议所不及的显著优势：可以越级上访，增加纠纷获得解决的概率；可以广泛适用调解，纠纷解决更加灵活。因此，对于信访的法律救济功能来说，在未来的制度创新中，应该发挥信访救济的独特优势，集中矫正其不讲程序、缺乏规范、充满恣意的根本弊端，将信访救济规范改造为行政诉讼救济与行政复议救济的过滤机制、补充机制和疑难处理机制。④

陈奎、梁平认为，信访制度的实践窘境并非信访制度功能转型之困，而

---

① 参见应松年：《构建行政纠纷解决制度体系》，《国家行政学院学报》2007 年第 3 期。

② 参见姜明安：《改革信访制度 创新我国解纷和救济制度》，《中国党政干部论坛》2005 年第 5 期。

③ 参见章志远：《信访潮与中国多元化行政纠纷解决机制的重构》，《法治研究》2012 年第 9 期。

④ 参见应星：《作为特殊行政救济的信访救济》，《法学研究》2004 年第 3 期。

是源于信访制度功能之未予厘清。因此，片面追求维稳目标而强化信访，抑或回归信访传递民意之本源，在现实条件下均非良策，故将信访制度纳入纠纷解决系统中或应为可选之策。可以从以下几个方面理顺信访功能：其一，信访机构应是纠纷解决的引导者；其二，信访机构应是非主流的纠纷解决者；其三，信访机构应是权力运行的监督者。①

班文战认为，我国信访制度的权利救济功能具有比较充分的宪法基础和法律根据，可以作为一般司法救济和行政救济的补充，但无意也无力使每一救济请求都能得到满意的解决。为有效发挥这一功能应有的救济作用，应当对这一功能在我国整个权利救济体系中的应有地位和作用重新作出科学合理的界定，进而在不断完善一般的司法和行政救济制度的前提下，并在积极推进国家政治、法律、文化的总体进步的基础上，对与这一功能有关的信访制度的各个方面作出及时而适当的改良和变革。②

林莉红认为，不同种类和形式的纠纷需要有不同的解决机制，没有一种解决机制可以应对所有的纠纷。各种解决机制应当相互协调、相互配合，形成一个完整的、优化的系统。就行政管理领域而言，现有的行政纠纷解决机制所没有涵盖到而又需要设置监督与救济制度的行政行为主要是不当行政行为。因此，从纠纷解决机制的系统性方面考虑，建立一个采用独特的处理方式、独立于行政体系、主要解决不良或者不合理行政的信访制度，不仅能够有效解决信访制度面临的困境，而且能较好地弥补行政复议与行政诉讼留下的权利救济空白地带，使行政纠纷的解决机制内部彼此配合、相得益彰，达致"有损害必有救济"之法治理念。③

此外，谢天长从过滤纠纷的角度出发，认为很多人把信访当作一种纠纷解决机制，并寄望于解决疑难纠纷。实际上，信访不是纠纷解决机制，而是过滤纠纷的过程，其中包括信访人的过滤、当地政府的过滤、信访部门的过滤和各级领导的过滤。同时信访是一种压力机制，信访的压力来源于信访人、组织内部、舆论和上级，信访所显现的纠纷解决功能，是公民反映问题后领

① 参见陈奎、梁平：《论纠纷解决视野下信访制度的现代转型》，《河北学刊》2010 年第 6 期。
② 参见班文战：《我国信访制度的权利救济功能及其有效性分析》，《政法论坛》2010 年第 2 期。
③ 参见林莉红：《论信访的制度定位——从纠纷解决机制系统化角度的思考》，《学习与探索》2006 年第 1 期。

导特意重视的结果，是压力下的副产品。不能因为信访在客观上解决了某些纠纷，具有些微的权利救济功能，就断言信访是一种纠纷解决机制，并由此成为强化信访，或者取消信访的理由。比较合理的态度是，客观评价和正确认知信访的正式功能和非正式功能，通过机制协调和宣传示范，促使公民选择正确的权利诉求道路，恢复信访作为意见表达通道的正式功能，使之真正成为党和政府沟通群众、联系基层、了解实际、优化行政的桥梁和通道。①

（五）从其他学科的视角出发研究信访功能

1. 政治学视角的观察

张恩玺认为，信访制度作为实践人民民主理念的一种具体制度形式，人民信访制度在促进和完善中国特色社会主义民主政治建设中具有独特的功能，具体体现在：（1）人民信访制度保障着民主政治建设的有效运行；（2）人民信访制度体现着民主监督的广泛性、便捷性和有效性；（3）人民信访制度是一种独特的民主授权方式。②

张宗林等认为，新时期的信访出现了新的特点和新的情况，承担着多重复杂的职能和功能，其中包含着维护政治稳定、实施综合治理、化解社会矛盾、表达民意要求、实施权利救济、监督政府工作等职能。③ 从目前信访制度的运行来看，信访制度的功能主要体现在三个方面：一是信访应负有人民群众监督公权力的功能；二是信访应负有推进民主的功能；三是信访应负有补充法治的功能。④

王浦劬从国家与社会之间的辩证关系出发，认为行政信访制度是国家与社会之间的特定联系方式，其职能本质上是国家与社会、政府与公民辩证关系的逻辑延伸，是行政信访制度对于这种关系的双边政治效用，由此出发，行政信访制度具有如下基本职能：（1）国家公共权力与公民权利的双边代表和代理职能。（2）国家公共权力与公民权利的双边显示和映现职能。（3）国家公共权力与公民权利的双边联系和对接职能。（4）国家公共权力与公民权

---

① 参见谢天长：《信访：过滤纠纷过程和压力机制》，《福建论坛（人文社会科学版）》2009年第6期。

② 参见张恩玺：《大变革大发展时代的人民信访》，人民出版社2012年版，第10—13页。

③ 参见张宗林、郑广淼：《信访与法治》，人民出版社2014年版，第45页。

④ 参见张宗林等：《信访工作的新思维与新理念》，《中国行政管理》2013年第6期。

利的双边规范和约束职能。（5）国家公共权力与公民权利的双边均衡和适配职能。① 王浦劬和龚红龄还提出，从社会动员到以民生为重点的社会治理时期，行政信访的工作重心已逐渐从收发信件向影响公共政策转变。他们认为，行政信访的公共政策功能体现在以下四个方面：（1）行政信访反映的民生诉求影响公共政策内容；（2）行政信访有助于优化政府部门的公共政策过程；（3）行政信访的公众参与特点提升公共政策的民主程度；（4）行政信访的灵活变通特点调适公共政策的合法合理。②

吕普生认为，行政信访制度实际上是我国社会主义民主政治制度的重要组成部分，是一项兼具行政制度属性和政治制度特征的复合型治理民主制度。在未来一段时期内，行政信访机构应当继续作为政府与公民的双边代理者，承担"双边代理"与"四向激励"功能。"双边代理"功能包括两个层面：（1）从公民对政府的民主主张层面讲，行政信访机构应当代理公民承担民意上达、政治参与、外部权力监督、诉求问题解决、诉求权利救济（逐步弱化）、提出意见建议等方面的功能。（2）从政府对社会的公共治理层面讲，行政信访机构应当代理国家和政府承担信息沟通及宣传教育、民主治理、内部权力监督、化解社会矛盾、提供权益保护、辅助政府决策、维护信访秩序等方面的功能。"四向激励"功能是双边代理功能的延伸，具体包括四个维度：一是对公正的激励，即对政府行使公共权力的保障维护功能；二是对公负的激励，即对政府行使公共权力的监督制约功能；三是对私正的激励，即对公民行使公民权利的保护促进功能；四是对私负的激励，即对公民行使公民权利的限制约束功能。③

2. 历史学视角的观察

应星认为，从信访制度的功能演变来看，可以将其划分为三个阶段：第一个阶段是 1951 年至 1979 年的大众动员型信访，此时的信访主要以揭发他

---

① 参见王浦劬：《以治理民主实现社会民生——我国行政信访制度政治属性解读》，《北京大学学报（哲学社会科学版）》2011 年第 6 期。更详细的论述可参见王浦劬等：《以治理的民主实现社会民生——对于行政信访的再审视》，北京大学出版社 2012 年版，第 203—230 页。

② 参见王浦劬、龚红龄：《行政信访的公共政策功能分析》，《政治学研究》2012 年第 2 期。

③ 参见吕普生：《中国行政信访的体制结构及其改革》，《华中师范大学学报（人文社会科学版）》2012 年第 6 期。

人的问题和落实政策为主；第二个阶段是 1979 年至 1982 年的拨乱反正型信访，此时的信访主要是以解决历史遗留问题、平反冤假错案为主；第三个阶段是 1982 年至今的安定团结型信访，此时的信访的主要功能为化解纠纷、实现救济。[①]

陈柏峰认为，信访制度是共产党人的一个发明，只有将其放入共产党人建立的新中国法律传统中才能被正确理解。他认为，制度化的信访，一开始就被纳入共产党"权力的组织网络"之中，被当成了"共产党和人民政府加强和人民联系的一种方法"，"结合整党建党及其他工作……整顿官僚主义作风"的方法。因此，信访制度是作为国家机器的一种权力技术装置出现的，它具有诸多功能，一是深化政权合法化，二是对官僚体制的非常规控制，三是化解剧烈社会矛盾，四是贯彻政策、实现社会动员功能。[②]

唐皇凤认为，由政治缓冲功能为主向政治控制功能为主转变是当代中国信访制度功能变迁的核心线索，中国体制转轨与社会转型带来的一系列预期后果与非预期后果共同导致了信访制度的功能变迁。在构建社会主义和谐社会的历史征程中，信访制度的功能应该有科学合理的重新定位，以信息传递与权力监督为主的政治缓冲功能将成为信访制度的核心功能，回归政治缓冲功能是当前信访制度功能定位的理性选择。[③]

陈丰认为，信访制度在近 60 年的发展历程中，其作用主要包括以下方面：一是反映民情民意，成为沟通民众与政府的纽带；二是进行公民权利救济，成为抗衡公共权力滥用的一种替代性选择；三是进行民主监督，是防范腐败行为的一种手段；四是充当社会安全阀，成为缓和社会矛盾的一种特色装置。[④]

3. 管理学视角的观察

张海波、童星认为，上访所携伴的信息并不总是负面的，来信、来访只是表达形式，"信才访"逐渐成为信访制度的新内涵：（1）从社会管理的全

---

① 参见应星：《作为特殊行政救济的信访救济》，《法学研究》2004 年第 3 期。
② 参见陈柏峰：《缠讼、信访与新中国法律传统》，《中外法学》2004 年第 2 期。
③ 参见唐皇凤：《回归政治缓冲：当代中国信访制度功能变迁的理性审视》，《武汉大学学报（哲学社会科学版）》2008 年第 4 期。
④ 参见陈丰：《信访制度成本：一个中国式社会问题》，《东南学术》2010 年第 6 期。

局来看，信访是社会稳定的制度底线。如果群众连"访"都不信，社会矛盾将缺乏制度化出口，只能通过群体性事件或其他的制度外出口宣泄，导致更大、更严重的社会失序，社会稳定将丧失最后的制度屏障。（2）从政治整合的角度来看，"信"访是政治稳定的心态底线。当下，老百姓的政治参与程度还不高，如果连"访"都不信，则只能游离于主流政治制度之外，从而削弱政治系统的凝聚力。因此，应全面认识信访的功能，不能只看到"访"所造成的短期的、局部的社会失序，也要看到"信"所蕴含的整合功能。①

（六）从多元角度出发研究信访功能

翟天灵认为，从社会安全的角度看，信访起到了社会"安全阀"的作用；从治理的角度看，信访制度可以促进善治，增强政权的合法性；从权利救济的角度看，信访制度是对其他救济渠道的制度性补充；从决策的角度看，信访工作是了解和获取基层信息，解决信息不对称问题的有效途径。②

徐继敏认为，从法定的角度看，《信访条例》赋予了信访三项功能：一是政治参与功能；二是权利救济功能；三是怨情排解功能。但是现实中信访的功能出现了泛化，社会稳定功能成为信访的首要功能。依据宪法规定，结合我国行政体制的特点，政治参与是信访的应然状态和首要功能，权利救济是行政信访的次要功能，监督行政和解决纠纷是行政信访的间接功能。③

肖萍、刘冬京认为，信访制度的功能具有实然功能和应然功能之分。信访的实然功能包括沟通功能、调节功能、监督功能、救济功能，沟通和调节功能是信访制度的功能所在，但是调节功能和救济功能却非信访制度所能承受的功能，尤其是救济功能。因为，一是《信访条例》并未明确规定信访制度的救济功能；二是信访制度难以作为现有救济制度的补充；三是一般而言，救济主体应当是明确的，而不应当是模糊的、不确定的，但现有的信访制度的救济主体不明确；四是从救济法律关系来看，一般都有三方主体，而信访制度只有两方主体；五是信访机构不具有也不可能具有对所有信访案件实体问题的处理权。因此，他们认为，信访制度的应然功能是一个以监督功能为

---

① 参见张海波、童星：《社会管理创新与信访制度改革》，《天津社会科学》2012年第3期。
② 参见翟天灵：《信访工作创新的路径选择：基于社会管理的视角》，《学海》2013年第6期。
③ 参见徐继敏：《行政信访的功能分析》，《河南财经政法大学学报》2013年第5期。

主，以沟通功能、安全阀功能为辅的功能结构体系。①

赵威也认为，信访制度之所以能够长期存在，是因为它在中国的政治、社会和法律中扮演着重要的角色，他认为信访制度具有社会功能、政治功能、法律功能三种向度。信访的社会功能包括社会整合、怨恨释放和维护社会稳定；信访的政治功能包括政治参与、群众监督和信息汇集；信访的法律功能包括权利救济和替代性纠纷解决。②

李君甫等认为，信访制度是国家政治、经济、社会管理的重要手段之一，也是公民民主参与社会管理的一种基本方式，信访制度的功能分为信访的基本功能和信访的社会稳定功能，信访的基本功能体现在信访制度是党和政府的信息系统，是人民群众的政治参与、权利表达和权利救济机制，是公共政策的纠错机制，是党和政府与人民群众良好关系以及政府的权威维护系统。信访的社会稳定功能体现在信访制度是政治稳定的防火墙，是社会稳定的助推器，是经济稳定的润滑剂。③

薄钢认为，新时期信访工作的定位已发生转变，信访部门已成为党和政府进行决策的参谋助手，信访工作一方面要处理和解决信访事项，另一方面需要向党委和政府提供专业的信访信息和决策支撑。④

薛刚凌等认为，信访制度的功能在新时期主要应从以下三个方面进行重构：一是完善联系沟通，健全信访回应机制；二是明确解决纠纷功能，弥补权利救济制度的不足；三是加强信息汇集与分析功能，发挥法律监督作用。⑤

三、信访功能认知的异同

通过上文以信访功能研究的观察视角为基础的整理，可以了解信访功能研究的大致状况。通过观察，可以看出当前有关信访功能定位的认识既有共识又存在分歧。

---

①　参见肖萍、刘冬京：《信访制度的法理研究》，群众出版社 2012 年版，第 96—103 页。
②　参见赵威：《信访学》，辽宁大学出版社 2010 年版，第 280—289 页。
③　参见李君甫等：《关于信访制度基本功能的思考》，《信访与社会矛盾问题研究》2012 年第 4 辑。
④　参见薄钢：《信访学概论》，中国民主法制出版社 2012 年版，第 255 页。
⑤　参见薛刚凌、罗智敏：《论信访制度的功能》，《信访与社会矛盾问题研究》2014 年第 6 辑。

（一）信访功能定位上的共识

1. 殊途同归的信访功能研究

尽管学者们从不同的视角来研究信访的功能，但大多数学者最终的落脚点都是信访的政治功能和法律功能。可以说，研究进路虽不同但研究内容却相似。这一情形的发生并非偶然，而是源于同一的讨论基础。

第一，历史因素。历史上信访制度的建立主要是出于政治需求的考量。早在 1951 年 4 月，中共中央办公厅就群众来信问题向毛泽东报告，毛泽东随即作出批示，即"五月批示"："必须重视人民的通信，要给人民来信以恰当的处理，满足群众的正当要求，要把这件事看成是共产党和人民政府加强和人民联系的一种方法，不要采取掉以轻心置之不理的官僚主义的态度。"① 该批示首次提出信访制度的政治功能在于加强国家与人民的联系。中华人民共和国政务院 1951 年 6 月 7 日颁布的《关于处理人民来信和接见人民工作的决定》一般被视为信访制度正式确立的起点。从文件的内容上看，信访制度的功能被正式定位为政治沟通。随后中共中央、国务院颁发的一系列法律法规，如 1982 年《党政机关信访工作暂行条例（草案）》、1995 年《信访条例》、2005 年修订的《信访条例》、2007 年《关于进一步加强新时期信访工作的意见》都将信访的政治功能放在首位。可见，信访的政治功能贯穿于整个信访制度的发展历程。在当前实践中，虽然信访的政治功能已不及它的法律功能受到人们的青睐，但作为官方首倡的功能，信访的政治功能是理论研究时不可忽略的一个历史事实。

第二，现实因素。虽然信访的功能被定位为政治功能，但自"文化大革命"后信访已然转变为以法律功能为主的救济机制。"文化大革命"结束后，信访数量猛增，"据不完全统计，在 1979 年到 1981 年的三年中，在全国为 30 多万件冤假错案平反昭雪，为 700 多万人解决了历史遗留问题"。② 改革开放至今，民众将信访救济作为主要救济方式的热情有增无减。有学者甚至认为，因此，对于实践中出现的高居不下的信访量大多是为了寻求救济这一目的，

---

① 参见中共中央文献研究室：《建国以来重要文献选编》（第 2 册），中央文献出版社 1992 年版，第 265 页。

② 中国行政管理学会信访学会：《信访学概论》，中国方正出版社 2005 年版，第 12 页。

学者们必然会将研究的目光和焦点投注于此。所以，虽然学者们研究的视角各有不同，但是最终都会将研究的目光聚焦于信访的政治功能和法律功能。

2. 信访政治功能的认同保留

根据学者的总结，信访的政治功能主要包含三个方面，即政治参与、权力监督和民意汇集。尽管学者的研究进路各有不同，但是最后的研究结论都认同保留信访的政治功能，甚至扩大信访的政治功能，并将其定位为信访的唯一功能。有的学者从信访的政治属性出发，认为信访的深层次理论是人民民主理论，这就决定了信访必然以其政治功能为核心。有的学者从国家政权合法性的角度出发，认为保留信访的政治功能是深化国家政权合法性的必要基础。有的学者从政治发展水平和国家能力的角度出发，认为在政治发展和国家能力转型的中国，民众需要信访的渠道来参与。这些论述的出发点都是认为信访的政治功能有继续留存的必要。

（二）存有分歧的信访功能研究结论

虽然学界在信访功能研究上达成了不少共识，但通过文献梳理，可以发现学者关于信访功能的最终定位仍存有分歧。该分歧集中体现在信访的权利救济功能之上，具体体现以下两方面的内容：一是信访的权利救济功能是否应该保留？二是如果保留信访的权利救济功能，应当以什么样的方式保留？

对于信访权利救济功能是否应该保留的问题，支持意见可以概括总结为两点内容：一是现实中信访大多被寻求权利救济者寄予厚望。如果不是为了解决问题，没有人愿意劳民伤财甚至倾家荡产地为上访奔波。二是信访具有其他纠纷解决方式所不及的优势。它有利于冲破关系网的束缚，确保裁定的相对独立性；它还可以广泛适用调解，使纠纷解决更加灵活。此外，它的受案范围非常广泛，有可能实现行政诉讼和行政复议无法达成的正义。相对地，反对意见也可以概括总结为两点内容：一是信访实际解决纠纷的比例很低，无法有效完成权利救济和解决纠纷任务，这就使信访的实际功能与人们所期待的权利救济功能存在内在的结构性矛盾。二是信访权利救济功能的存在与国家法治宪政的发展路径相冲突，它在客观上会消解国家司法机关的权威。

由于目前学界的主流观点是保留信访的权利救济功能，由此引发对于第二个层面的分歧。大部分学者认为，应该将信访救济作为其他纠纷解决方式的补充，只有当行政复议、行政诉讼和行政调解都无法实现权益保障时，信访才具有"在场"的机会。如此安排才能调和当前信访与司法权威之间的矛盾。也有学者认为，应该扩大信访部门的权力，增强信访解决纠纷的能力。显然，以上两种思路截然不同，一种致力于构建规范化和程序化的信访救济，力图将其改造为其他纠纷解决方式的补充机制，另一种则希望扩大信访救济功能，甚至意欲将其打造为高于司法救济的一种救济方式。

四、当前信访功能研究的不足

不可否认，现有的信访功能成果全方位探究了信访的功能定位问题。这其中不乏学理的省思，也有对信访现实的关照，不仅聚焦于信访制度本身，也从其他纠纷解决机制方面比较分析信访制度的理想角色，不仅有法学上的规范分析，也有政治学、历史学角度的思考。上述周全的思考使得信访功能定位上存在的问题得以厘清。其中，最主要的问题是信访的权利救济功能要不要保留以及如何保留。不过，由于各自立场的局限性，当前的研究尚存在以下三方面的不足。

（一）集中于静态分析而欠缺动态考察

综观现有的研究成果，大多数学者都是基于自己研究的视角进行静态分析，或认为信访具有政治属性和法律属性，建议信访应该具备政治功能和法律功能；或认为信访与宪政的目标不相契合，建议取消信访的权利救济功能；或认为目前民众需要信访实现有效救济，建议加强信访的权利救济功能；或认为信访可以作为我国纠纷解决机制的补充，建议规范弱化信访的权利救济功能。虽然上述分析不乏独到、精当者，但都是基于我国的政治、经济背景所作的静态分析。上述讨论要么依据我国当下政治、经济的背景进行分析，要么参照宪政国家所具有的社会背景提出长远目标，往往忽略了国家所处的环境是变动不居的。相应地，信访的功能也应该契合于不断变化的国家环境，在不同时期赋予信访不同的使命。

当前学界基本认同学者应星按功能的变化对信访制度所作的历史分期。从中可知，信访制度之所以有功能上的变化，基本上是随着国家所处环境的变化而进行调整的。1951年至1979年的"大众动员型"信访，此时国家处于一个以政治运动为主的历史时期，所以信访承载了政治动员的功能；1979 年至 1982 年的"拨乱反正型"信访，此时国家处于一个急需纠正历史错误、平反冤假错案的阶段，所以信访在此时的功能主要就是解决历史遗留问题；1982 年至今的"安定团结型"信访，信访的法律功能替代政治功能占据主导地位，究其原因，是由于国家的中心由阶级斗争转变为经济建设。据此，信访功能的转变应该是随着国家所处环境的变化而变化的。也就是说，对于信访的功能研究，应当保持一种动态意识，不能仅仅依据静态的社会背景进行分析，否则将会陷入形而上的反复争论的怪圈中。

（二）前提认识不足导致研究结论偏颇

当前学者在研究信访功能的同时，基本上都涉及对信访制度及司法制度的前提性认识。有的学者认为信访制度与法治相冲突，应该取消信访制度的权利救济功能；有的学者认为司法途径完全可以解决信访问题，应该剥离信访的权利救济功能；还有的学者认为信访可以实效解决社会矛盾，应该扩大信访的权利救济功能。笔者认为，上述预设其实都具有一定的片面性，最终会影响到对信访制度功能的认识与角色定位上的判断，因而有必要加以辨析。

1. 信访制度本身并不与法治相冲突。首先，"冲突论"是学者将信访的实然状态与法治的应然状态相对比的结果。当前信访的实然状态是信访的权利救济功能凸显，而其相应的运作过程依赖的却是并不确定的行政权威和个案应对式的处理程序，这与法治所要求的程序公平、公正相悖，因此饱受质疑。其次，信访制度作为我国的一项政治制度，公民的信访权利更是有宪法上的渊源，如果信访可以在宪政的框架内被合理定位，那么它将与法治相得益彰。正如有学者所言，信访作为一项具有基本权属性的权利有其宪法上的正当性，如果信访制度能够在规范和事实上成为一项保障信访权利的制度，那么它将不会处于法治的反面，而恰恰可以体现权利保障的价值，并且还可像西方的申诉专员制度那样在现行法治建设中扮演有益的辅助和补充角色。[①]

① 参见余净植：《信访脱困的可能思路——基于权利保障维度的讨论》，《福建论坛（人文社会科学版）》2009 年第 12 期。

2. 信访问题并非能够完全经由当前司法制度解决。尽管现代社会强调司法救济的重要性，但这并不意味着可以减损其他纠纷解决方式的效用。因为并非所有的社会矛盾和纠纷都可以通过司法途径来解决。正如有学者所言，从整体论的角度来讲，法只是生活的一个局部，在法之外还有伦理、道德、文化、习俗以及政策，等等。在一个完整的社会关系中，法律的功能和作用是有限的，这种有限性表现为非唯一性、非最佳性和非最终性，亦即法律之外可能还存在其他更恰当的解决方案。因而从法律的有限性角度来看信访，信访与现行正规救济手段并非非此即彼的关系，而是它们共同造就了一个功能系统。① 例如，群体性上访经常反映的是土地征收、房屋拆迁补偿标准等问题，这些问题涉及的主要是法律与政策本身的合法性或合理性问题，就当前司法途径并不能解决这类问题。当然，通过信访途径也并不一定能解决上述问题，但是通过信访尤其是群体性上访这种压力机制，可以促使法律和政策的制定者及时进行相关法律和政策的调整，进而推动问题的解决程序。再如，对于一些历史遗留问题，在国有企业和集体企业改制后，大量工人下岗，部分未能实现再就业的工人通过上访要求解决的生活待遇问题；政府机构改革后产生的分流人员通过上访反映的竞岗条件不公平、下岗后生活困难问题；国家大规模裁军后产生的退伍军人通过上访反映退役补偿偏低、退役后生活困难等问题；历史上产生的大量民办教师被辞退后通过上访反映辞退政策不公平、被辞退后政府不发放任何补偿或对补偿不满等的特定职业群体上访问题。② 这些都是现行司法机制所无法解决的，而信访则成为可以依托的途径。因此，在当前形势下取消信访的法律救济功能并不是明智的选择。

3. 扩大信访的权利救济功能确实可以解决一部分信访问题，但从长远看，必将对我国宪法规定的权力格局和法律制度造成破坏。持扩权论者具有解决问题的良好愿望，但是他们可能忽略了一个宪法常识，那就是宪法规定的国家权力总量是恒定的。在一国的宪制结构保持不变的前提下，赋予信访部门更多的职权就必然会压缩其他国家机关尤其是司法机关的权力空间，这必将会对宪法规定的权力格局造成冲击。同时，当信访部门扩权后，必然会引发

---

① 参见田文利：《信访制度改革的理论分析和模式选择》，《社会科学前沿》2005 年第 2 期。
② 参见陈柏峰：《特定职业群体上访的发生机制》，《社会科学》2012 年第 8 期。

群众对信访部门更强烈的期待，从而引发更大的信访量，这将会对宪法规定的法律制度和司法救济体系产生极大的冲击。事实上，信访救济并不适合扮演救济体系中的主要角色。

（三）与目的、价值研究相混淆导致结论失当

首先，信访功能研究与目的研究的混淆。功能是事物或方法所发挥的有利作用，而目的是指行为主体根据自身的需要，借助意识、观念的中介作用，预先设想的行为目标和结果。按照学者所言，"功能与目的也是两个不同的范畴，法律目的即立法者的主观意向，法律功能并非是指这些主观的意向，而是指可见的客观后果"。[①] 因此，信访功能和信访目的也是客观后果和主观意向的关系，并不具有一致性。笔者在进行文献梳理的过程中发现，有的学者将信访的目的和信访的功能混杂在一起加以研究。例如，每部法律的第一条都会开宗明义地阐述该部规范的立法目的，《信访条例》也不例外，"密切联系群众"应该是信访的目的而非功能。只有当信访具备了某种效用时，才能断言信访的功能为何。所以，信访的功能研究与目的研究需要加以区别对待。

其次，信访功能研究与价值研究的混淆。法律价值是指在作为客体的法律与作为主体的人的关系中，法律对一定主体需要的满足状况以及由此所产生的人对法律性状、属性和作用的评价。[②] 因此，信访价值和功能属于不同层次的范畴，它们在含义和内容上均有所不同。法律价值体现了一种法的取向，说明法"应该是什么"的问题，法律功能则体现了一种法的状态，说明法"是什么"的问题。[③] 有的学者将推进民主和人权保障作为信访的功能是将信访的价值混同为信访的功能。由此观之，未来信访功能研究应注意将两者区分开。

五、展望

前文已言明，目前信访功能研究的不足之处是仅有对信访功能的片段式观察，而缺少因应情境变化的动态性研究或全局式审视。笔者认为，应对信

---

① 付子堂：《法律功能论》，中国政法大学出版社 1999 年版，第 269 页。

② 参见张文显：《法哲学范畴研究》，中国政法大学出版社 2001 年版，第 192 页。

③ 参见付子堂：《法律功能论》，中国政法大学出版社，第 37—38 页。

访功能给予动态考察，依据国家政治、经济背景的变化对信访功能进行阶段性定位。唯有如此，才能准确判定信访的价值取向，才能将信访定位为既适于当前社会环境又契合于未来法治建设的制度角色。

党的十八届三中全会提出了要推进实现国家治理能力和治理体系现代化。信访改革当然需要融于这一历史洪流中。笔者从社会矛盾总量、国家的综合治理能力①（以下简称综治能力）、政治参与渠道、司法最终权威等四个方面出发，将我国国家治理现代化进程分为转型期、过渡期和定型期，对应于不同阶段的国家环境对信访功能作出相应的定位。

第一，在当前国家治理现代化转型期，改革开放的推进和利益格局的变化导致了社会矛盾和冲突的激增，其中的新型矛盾在挑战常规救济体制的同时，使得信访逐渐成为民众青睐的维权手段。而信访本身的孱弱，还是仍然无法突破上述现实困境。因此，在当前转型期，必须积极发挥信访的政治功能和法律功能，既使信访切实成为公民的政治参与渠道，也使信访有效发挥其权利救济功能。一方面，强化信访的政治参与功能，为公民参政议政提供可靠保障；另一方面，规范信访的法律救济功能，以此扭转司法救济面对诉求捉襟见肘的局面。在此还需特别注意的是，不管在什么时期，涉诉涉法类信访都应该回归常规的救济渠道。唯有如此，国家治理现代化进程中的司法权威才能得以保证。对此，中共中央办公厅、国务院办公厅已于2014年3月19日发布《关于依法处理涉法涉诉信访问题的意见》，指明了涉法涉诉类信访的解决方案。

第二，在国家治理现代化的过渡期，由于国家治理能力和治理体系还不成熟，社会结构和利益格局会在新的制度下产生一定的波动，因此社会矛盾总量将会出现波动变化。相对于信访问题的波动变化，国家综治能力也得到了一定的提升，政治参与渠道增多，司法最终权威增强。因此，在这一时期国家可以将信访功能定位为"强政治参与、弱法律救济"，进一步完善信访的政治参与功能，并对信访事项进行分类治理，逐渐弱化信访的法律救济功能。

---

① 笔者所提国家综合治理能力是针对信访问题而言，它可以从立法、行政和司法三个角度来阐述。立法上，能够对信访问题进行法律规范并对不合理的法律和政策及时进行调整；行政上能够及时纠正执法中存在的各种问题，努力做到依法行政；司法上可以有效防止司法腐败，保证司法独立、公正。

第三，在国家治理现代化的定型期，国家治理能力和治理体系已相对成熟，这一时期社会矛盾总量基本稳固，国家综治能力较强，政治参与渠道通畅，司法最终权威确立。因此，在这一时期，应该将信访的法律救济功能完全从信访中剥离，切实落实司法最终原则，并将各国家机关内部的信访机构进行整合，最大限度地发挥信访的政治参与功能。

第 四 章

信访制度区域性研究述评

一、引言

早在 2003 年，时任国家信访局局长周占顺就指出，80% 的信访问题是基层应该解决也可以解决的。① 对于广大信访群体来说，与他们接触最为频繁的不是中央政府，而是区县乃至乡镇一级的政府部门和村组自治组织。基层信访已然成为信访制度运行的核心，客观而真实地折射出中国信访工作的实际状况。2007 年 6 月，中共中央、国务院颁发的《关于进一步加强新时期信访工作的意见》再次强调了信访问题要在基层解决。可见，国家充分认识到了信访问题需要从源头上进行治理，工作的重心需要向基层倾斜。与此同时，从省、市、县（区）到基层街办、乡、镇，社会各阶层也积极进行了多元化的探索，因地制宜，出台了各种规范信访运作的举措，不断推进地方信访工作的完善。即便如此，信访总量却始终没有得到有效的控制。大量存在的越级上访、无理上访使得基层信访工作屡受质疑。其中，各区域的信访状况实际表现出了较大的差异性。针对目前的信访困局，如何将其破除成为众多学者重点探究的课题，其中，信访制度的区域性研究被认为是重要着眼点与突破口之一。

信访制度的区域性研究立足于基层，依托于真实案例，忠实于信访实践，试图通过对某一特定区域内的信访制度及其运作进行深入调研，全面解读和分析该区域内的信访运作体系，从而找到信访问题的根源所在并对症下药。

---

① 参见王永前：《国家信访局局长：80% 上访有道理》，《半月谈·内部版》2003 年第 11 期。

对信访制度的研究始终是致力于疏通信访实践所遭遇的运行不畅，这就要求理论研究必须与信访的实际状况相结合。一方面，可以从现实的信访案例中总结并提炼经验；另一方面，可以从信访实际运作的桎梏所在反思通行的信访理论，如此审慎考虑完善信访制度的可行方案。从信访制度的区域性状况进行研究的视角就是上述考虑的切实反映，该研究实际上着力于揭开我国基层信访制度真实面纱，是探寻信访制度的完善方案时不可或缺的一项讨论。

概而论之，目前关于区域性信访制度的研究成果呈现出一种"各自为政"的状况。这使得各区域的信访研究似乎给人一种割裂之感，从而难以形成互相贯通、彼此借鉴的统筹局面。本章拟将现有的区域性信访研究成果加以整合，据此还原中国基层信访制度整体面貌的同时，寻找信访源头治理的突破口。对不同经济发展水平、地方文化特点等具有区域差异的基层信访制度体系进行整体梳理，有利于从宏观和微观上把握基层信访的基本态势和发展方向。笔者从不同学者针对不同区域的研究中，提取出基层信访制度的原生态切片，近距离观察信访者和信访工作者的心理变化，体味特定内部结构下的冲突与碰撞，从而抽离出不同区域存在的共同特征和普遍问题。同时，还可以从差异化结果辐射到区域治理的方方面面。在深入调查和把握当前中国国家政权建设过程中的各种经验和教训的基础上，提炼出富有深度和较强解释力的理论框架，是当前信访研究的一项重要任务。

二、信访制度区域性研究的整体审视

为了全面了解 10 年间信访制度区域性研究的真实情况，笔者在下文分别以时间脉络、地域分布以及体裁风格为线对该阶段的研究成果进行梳理。

（一）基于时间脉络的梳理

2005 年新《信访条例》的颁布是信访研究方向发生改变的第一个转折点。就信访文章的数量来看，2005 年相较于 2004 年有了急剧增长。在中国知识资源总库（CNKI）的四个数据库中，以"信访"为关键词进行题名模糊搜索，搜索到 2004 年有 187 篇文章，2005 则猛增到了 422 篇。就信访文章的内容来看，在对信访制度具体设计和运作的改革呼声中，具有地方特色的工作指导、经验交流类型的文章数量开始不断扩大。在 2005—2007 年中国知识资源总库（CNKI）四个数据库中的信访文章的 1411 篇文章中，工作指导、经验交流、人物访谈、通知告示类的文章就有 714 篇，如果再加上其他类，则共有 966 篇。[①] 新条例的颁布使得各地政府更加重视信访工作，各级政府积极开展针对信访难题的新尝试。在这一现实背景下，实践报告、交流心得等诸如此类的文章便喷涌而来。但不无遗憾的是，上述文献中有关信访区域性的研究成果仍存在诸多不足，其中仅有一本文丛展现了理论与实践的高契合度。2006 年山东省信访学会编写的《社会转型期山东省信访形势分析与对策研究》，以论文合辑的形式对山东省信访工作的历史沿革与现状进行了认真总结，系统分析了当前信访工作中的难点问题及原因，提出了转型期做好信访工作的对策和建议，是具有较高学术价值和实践指导意义的研究成果。

2007 年《关于进一步加强新时期信访工作的意见》（以下简称《意见》）的颁布是信访研究方向发生改变的第二个转折点。《意见》提出"要着力加强基层基础工作，提高基层预防和妥善处理信访问题的能力"，"要高度重视县级信访工作，切实加强指导，特别是对信访问题较多、群众上访量大、工作比较薄弱的地方，要帮助解决存在的问题，不断提高信访整体水平"。正是由于认识到基层信访制度研究的重要性，陕西省西安市临潼区委副书记张炜根据 10 多年的工作实际，借助实证的研究方法，解剖工作实践中鲜活的案例，在西南政法大学攻读博士学位期间完成《公民的权利表达及机制建构》一书。这本书通过描述侯玉宝 13 年上访的始末及其与基层政府"博弈"的全过程，展开了一幅中国基层信访的现实画卷。通过梳理社会矛盾和社会冲突的发生原因，将工作过程的经验加以总结，结合理论分析提出了进一步解决社会矛盾的新思路与新途径。在此基础上，张炜又与张永和合作编写了《临潼信访：中国基层信访问题研究报告》，书中大量运用调研数据和事实，以小见大，对基层信访运作进行了全面深刻的剖析，更加完整地呈现并深入分析了中国的基层信访状况。此外，尹利民、叶笑云等多位学者都对信访个案展开了深度调查，力图以小社区反映大社会。在众人向村庄研究高歌猛进的同时，有关

[①] 参见张永和、张炜：《临潼信访：中国基层信访问题研究报告》，人民出版社 2009 年版，第 11 页。

个案代表性的争论似乎被暂时搁置。① 田先红则突破个案研究的束缚，撰写《治理基层中国——桥镇信访博弈的叙事（1995—2009）》，以一个镇的信访治理为观察对象，通过田野调查和具体案例比较客观地分析和论述了信访制度存在的问题和运行不畅的症结所在，展现出转型期间中国乡镇治理的逻辑，该书具有相当重要的现实意义和社会价值。

（二）基于地域分布的梳理

近年来，随着我国经济发展的加速和社会转型脚步的加快，城乡面貌发生了巨大变化，城乡居民的生活也在城镇化的推进下发生着根本性的变化。其间，不可避免地伴随着改革所带来的阵痛，这表现为逐步激化和显现的社会矛盾，并通过信访渠道反映出来。对具有不同地域特色的基层信访制度进行探析便成为学者们信访研究的重心。综观近十年间的信访著述，具体可以从横向和纵向两个维度观察信访区域化的研究进程。

在横向维度上，研究的地区侧重点从政治中心向信访多发的中西部县市转移。早期针对信访制度进行实证研究的学者不在少数，但除了应星外，其余的调研活动都是以北京为基点，通过历史文献梳理和对进京上访户进行调查研究得出自己的结论，这一类研究主要是以李宏勃为代表。但是，"进京访"往往是矛盾已被激化到一定程度的表现，这种极端化的现象不能真实体现最初信访的利益诉求，也容易使研究结论片面化。李宏勃博士注意到了这一问题，却由于条件限制未作进一步尝试："选择一个地区，用较长的时间了解信访制度在这个区域内的运作方式，并将它作为一个连接点，考察信访活动在这个中心点上下左右的运作。"② 具体到我国的实际情况，经济比较发达的东部沿海地区虽然存在一定的社会矛盾，但由于经济发达地区的配套制度也相对健全、法治化程度高，信访矛盾并不会十分突出，信访在整体工作中占据比例相对较小；而在经济发展特别缓慢的偏远地区，利益冲突也尚未充分凸显，出现尖锐信访矛盾的可行性也较小。③ 于是，不少学者将目光聚焦到

① 参见田先红：《治理基层中国——桥镇信访博弈的叙事（1995—2009）》，社会科学文献出版社2012年版，第33页。
② 李宏勃：《法治化进程中的人民信访》，清华大学出版社2007年版，第14页。
③ 参见张永和、张炜：《临潼信访：中国基层信访问题研究报告》，人民出版社2009年版，第19—20页。

经济基础较为薄弱且正处于经济迅速发展时期、当地政府对信访工作又非常重视的中西部区县、乡镇。在历史包袱沉重、步入转型之路不久的中国西北部地区，经济的高速增长、社会发展的持续活跃，必然给当地根深蒂固的生产关系、利益分配和市场交换等各个方面带来极大的冲击，引发种种新的社会矛盾，从而为一段时间内信访案件的滋生埋下伏笔。① 除了上文提及的临潼、桥镇研究外，鄂中 G 镇、② 华北 L 村、③ 湖北 S 镇④等地的信访治理体系也成为重点研究对象。尽管各地案例发生背景和演变过程不同，但是最初的触发原因都是来自于利益冲突，信访者与信访部门的反复交涉则导致信访偏离了原来的诉求目的，甚至走向极端。

在纵向维度上，研究的侧重点由单一的农村向组织化的乡镇、县域辐射。早期学者对农村信访问题的研究多以农民信访的行动策略为核心。例如，应星基于农民集体行动的"合法性困境"，提出了"草根动员"这一解释框架，试图揭示农民集体行动发生的内在机理。⑤ 吴毅则认为乡村现实生活中各种既存的"权力—利益的结构之网"已经越来越成为影响和塑造具体场域中农民维权行为更加常态和优先的因素。⑥ 这些针对农民信访过程和组织机制特征的研究达到了一定深度，但是忽略了政府治理在农村信访问题中的角色与行为逻辑，具有一定的局限性。因此，田先红提出在农民信访研究中引入国家视角，将农民信访放置在国家中理解，重建农民与国家之间的联系。⑦ 国家视角必然关注制度结构运行实态和复杂的权力关系，也不可避免地牵涉上下级行政系统之间的关系。这就开启了一个更广阔的视野，从村庄往上纵向提升，

① 参见张永和、张炜：《临潼信访：中国基层信访问题研究报告》，人民出版社 2009 年版，第82 页。

② 参见焦长权：《政权"悬浮"与市场"困局"：一种农民上访行为的解释框架——基于鄂中 G 镇农民农田水利上访行为的分析》，《开放时代》2010 年第 6 期。

③ 参见张森：《"强行组织化"现象的出现——华北地区 L 村一起上访事件平息的过程分析》，《甘肃社会科学》2010 年第 4 期。

④ 参见郭亮、杨蓓：《信访压力下的土地纠纷调解——来自湖北 S 镇的田野经验》，《当代法学》2012 年第 2 期。

⑤ 参见应星：《草根动员与农民群体利益的表达机制》，《社会学研究》2007 年第 2 期。

⑥ 参见吴毅：《权力——利益的结构之网与农民群体性利益的表达机制》，《社会学研究》2007年第 5 期。

⑦ 参见田先红：《治理基层中国——桥镇信访博弈的叙事（1995—2009）》，社会科学文献出版社 2012 年版，第 27 页。

将目光延伸到乡镇、县域研究之中。乡镇处于我国国家行政体制的末梢，上连官僚体制，下牵一方农民，往往只设置一两个专职或兼职的信访干部；而区县信访局是我国最基层的独立信访机构，信访制度体系相对完整，能够较为清晰全面地展现官僚体制的运作逻辑和国家基础权力的发展状况。在近期研究成果中，乡镇研究以桥镇研究为代表，县域研究以临潼区、常县研究为代表，真实呈现了基层信访治理的全貌。

（三）基于体裁风格的梳理

2004 年，贺雪峰开始提出开展区域比较研究的设想，这一研究思路系统体现在名为《以田野调查为基础的农村区域比较研究》的文集中。在随后的研究中，贺雪峰开始对这一研究方法进行有意识的实践。田野调查是信访区域化研究中广泛采用的一种研究方式，包括搜集文献资料、发放调查问卷、进行访谈交流等多项调研活动，它既关注历史的变迁，同时又注重对当下的考察。现有有关信访区域化研究的著述普遍以田野调查为依托，立足基层，结合信访的实际工作和具体案例，对信访制度展开有理有据的剖析。同时，成果形式并不拘泥于一类风格，而是通过丰富多样的载体呈现出来，从不同角度勾画了基层信访的生态图，具体表现为以下两类。

一是系统且深刻的调查型研究。在这一类研究中，学者往往选取某一典型个案展开长期观察，或选取某地群案进行深入分析，对某个区域内的信访状况进行总结思考，从合适的视角切入，解读整个信访制度在基层运作中发挥的功能，寻找基层信访激增且难以有效化解背后的原因，探究信访制度在理论层面和实际运行层面的冲突问题。张炜主要通过对侯玉宝个体访事件的分析，指出信访制度的建构目的在于当公民利益受损时，国家基于二者达成的共识应及时予以救济，但是由于这种共识的建构在当下中国社会并不完善，所以信访制度承担了沟通机能，适时给予公民权利以表达的机会。[①] 张永和、赵树坤等学者以常县法院涉诉信访工作的制度完善为现实例证，通过大量个案进行描述，对信访中的具体问题进行细致剖析，由点及面地对涉诉信访制

---

① 　参见张炜：《公民的权利表达及其机制建构》，人民出版社 2009 年版，第 27 页。

度进行系统描述。① 而临潼区信访研究和桥镇信访研究则分别从县域和镇域角度对基层信访制度进行"麻雀解剖"式的全景式深入探究，考量一项制度的社会效果并挖掘制度当中存在的问题。胡冰则独辟蹊径地以信访工作者为单独研究对象，构建出信访工作者能够胜任的特征模型，促使干部人事制度改革全面深入协调推进。②

二是真切且实用的实践型研究。这类学者往往具有信访工作经验，在基层信访岗位上直接与信访者打交道，通过亲自参与、指挥化解纷繁复杂的信访案件，形成一套解决信访问题的思考模式。同时，本着对信访工作的热忱与责任心，把实践体会凝聚成文字提升到理论高度，推进信访工作不断走向科学化。山东省信访学会编制的论文集融合了多市信访干部、专家学者、机关人员对信访工作的认识感悟，做到研讨与应用相结合，总结出了一大批具有指导意义的典型经验，也助推了全省的信访理论研究工作，更是为全国信访工作的开展提供了宝贵的经验依托与理论支撑。在同是论文集的《解决群众信访的实践与思考》中，23 篇文章却出自一人之手。李育波根据其在珠海市斗门区信访工作的经验，将基层信访部门得到的民情、民意、民声切实转化为理论，转化为加强社会建设和创新社会管理工作的科学决策。③ 此外，以徐观潮的《信访救济手记》为代表的小说体的著作中糅合了极富文学气息的写作手法，使信访案例及内含于其中的经验更为鲜活地呈现。信访局局长张云泉为《信访救济手记》作序时惊叹道："书中很多处理信访问题的情节描写，仿佛把我带回了曾经的往事、真事、麻烦事、推诿扯皮棘手事的现场。没有亲身经历是写不出这本书的！"④

三、信访制度区域性研究的共同视角——信访主体

得益于各位学者对信访制度区域性的研究成果，使得民众有幸管窥各地的信访现象，并使探察信访问题背后的原因成为可能。虽然他们分别从不同

---

① 参见张永和、赵树坤等：《常县涉诉信访：中国基层法院涉诉信访研究报告》，人民出版社 2013 年版，第 33 页。

② 参见胡冰：《信访工作者胜任特征及其影响因素》，中国社会出版社 2010 年版，第 4 页。

③ 参见李育波：《解决群众信访的实践与思考》，华南理工大学出版社 2011 年版，第 199 页。

④ 徐观潮：《信访救济手记》，中国检察出版社 2013 年版，第 1 页。

的视角采用了不同的研究路径，但是正是多元化分析方法的运用，使区域信访的基本态势和发展方向得以呈现。纵使研究范围和研究样本不尽相同，不同信访案例的社会背景也千姿百态，但是学者们研究思路的统一性和研究手法的专业性，使研究视角在一定程度上产生了共性。信访主体研究作为信访制度区域性研究的切入点，覆盖了信访者的行为逻辑与信访机构的治理体系的内容，能有效辐射区域信访制度的特点，还原区域信访工作的真实面貌，也凸显了我国信访普遍存在的问题。由此，信访主体研究便也成为信访区域研究中不可或缺的一部分。

（一）信访者视角

信访者是提出信访事项的主体。从微观视角出发，客观审视信访者的信访动机以及信访过程中的心理变化，是开展区域性研究的基础条件，对理解和把握信访本身的运行规律和制度环境有至关重要的作用。无论是尹利民提出的"信访的发生发展基本上是以政治限制为临界点，在发现和把握政治机遇的过程中完成的"[1] 论据，还是张炜论述的"信访者和基层政府间的博弈游戏"[2] 观点，都试图从信访活动的动态演进中分析信访者的行为意识。

信访者往往以多方利益主体相互竞争后的失败者姿态出现，在自己利益受到侵犯的时候努力寻求化解纠纷、权利救济的渠道。相对于信访制度，司法制度应该是一套更主流、更完备的解决矛盾纠纷的机制，那信访者又是出于什么样的考虑或是无意识的趋向性行为而最终救助于信访这一渠道呢？这是司法制度固有的缺陷与信访者认知观念综合作用的结果。司法制度与权利救济的脱节主要表现为以下两个方面：一是立法空缺、立法滞后以及立法失当直接导致诉讼范围过于狭窄，投诉无门的民众便只能在司法之外寻找救济方式，致使信访能够"乘虚而入"；二是司法制度设计的漏洞给司法腐败以可乘之机，加上判决执行难的痼疾始终未能治愈，极大影响了司法权威。信访者的认知状况、心理需求和传统文化观念是决定他们进行行为评估和选择的重要主观因素，而信访者的文化程度、经济收入和社会地位等客观条件又制

---

[1]　尹利民：《政治机遇与限制：信访发生的机理与行动逻辑——基于两个信访案例的解读》，《华中师范大学学报（人文社会科学版）》2008 年第 5 期。

[2]　张炜：《公民的权利表达及其机制建构》，人民出版社 2009 年版，第 104 页。

约着他们的选择行为，同时也极大地影响着他们的认知和心理。① 在中国乡土社会中，老百姓固有的对作为社会资源的行政权力的信任期望值居高不下，有事找政府解决是他们根深蒂固的传统观念。受教育程度低、生活水平落后、生活方式守旧使他们生存状态、社会意识都不能跟上时代发展的步伐，这直接指导他们维权时的看法和行为，极大地影响着基层信访的基本状况。

对于维权信访者，基层政府为其伸张正义，解决了问题，就基本满足了他们的诉求，信访之路也应该就此终止。但是，在多个信访案例中，我们看到以维权为原始动机的信访者在信访的过程中不断衍生出新的诉求，微妙的心理变化终将维权信访推向了谋利信访。谋利信访的目的已不再是为了维权和申冤，而是希望通过信访途径请求或者要挟政府满足其更多的利益要求。侯玉宝的信访过程就是典型例子。面对区、镇政府的协调办法，他一再表现出一种反复态度，诉求不断地变化，甚至要求解决子女就业问题，一旦不满意就赴市、到省或者进京越级上访，给基层政府带来了巨大压力。② 谋利信访的出现与蔓延是有时代背景的。税费改革以及国家推动的其他一系列农村制度改革，使得乡村社会原有的干群关系格局被改变，利益格局重新得到调整，维护农民权益、抑制干部权力的强调为谋利信访者创造了有利的信访环境。农民是社会中的弱势群体，在他们无法组织与政府的公开对抗运动时，就会采取一些诸如偷懒、装糊涂、开小差、假装顺从、偷盗、装傻卖呆、诽谤、纵火、怠工等抗争形式。③ 而依法治理的理念必然要求基层干部依法办事，面对胡搅蛮缠的信访者，用法制教育的方式收效甚微，只能一味满足要求。信访者巧妙地抓住了这个时机，或是带着趁机多赚一笔的投机心理，或是怀着长期信访无果丢脸的不甘心情，"综合运用了'说'、'闹'、'缠'的问题化技术"，④ 把信访打成了持久战、轰动战，造成了基层信访治理资源的大量耗费，也给社会稳定和和谐发展增添了不安定因素。

---

① 参见张永和、张炜：《临潼信访：中国基层信访问题研究报告》，人民出版社 2009 年版，第92页。

② 参见张炜：《公民的权利表达及其机制建构》，人民出版社 2009 年版，第 52 页。

③ 参见［美］詹姆斯·C. 斯科特：《弱者的武器》，郑广怀等译，凤凰出版传媒集团、译林出版社 2007 年版，前言。

④ 应星：《大河移民上访的故事》，生活·读书·新知三联书店 2001 年版，第 143 页。

（二）信访机构视角

信访机构是处理信访事项的主体。中国社会转型步伐的加快，对信访机构的治理工作提出了巨大的考验。在乡镇，税费改革以及国家推动的其他一系列农村制度变革，使得乡村社会原有的干群关系格局被改变，利益格局重新得到调整，农民权益受侵害、农民负担严重、乡村干部贪污腐败等问题频发。以约束干部权力、保障群众权利为核心的乡村治理转型拉开帷幕。田先红的《治理基层中国》便以农村信访治理机制改革前后的特点为基础，论证了当前中国国家政权建设所面临的困境，并指出了技术治理的限度。在区县，随着城市化进程的加快和城市建设的飞速发展以及企业的改制、改组，以劳动社会保障、城镇拆迁安置、企业军转干等为主的城市信访数量增多。面对严峻的信访形势和繁重的任务，城市信访工作改革进入了关键时期，力图在社会主义和谐社会的构架中发挥重要作用。《社会转型期山东省信访形势分析与对策研究》系统分析了信访工作中的难点问题及原因，提出了转型期做好信访工作的对策，为治理研究提供了具体的可行性建议。虽然乡镇与区县的信访改革重点存在差异，但是基层信访部门的治理结构与治理现状却表现出相似性，因此，笔者统筹兼顾两者，对基层信访治理格局进行全方位扫描。

1. 横向关系

在中央加强基层信访建设的大力号召下，地方各机关都纷纷进行了改革尝试。立法机关、政府及其各部门和司法机关等均设置了信访机构，以至于造成信访机构庞大而分散的局面。这些众多的信访机构往往职能交错，整个系统缺乏沟通、协调，信息不共享，信息资源被大量浪费闲置，有时还出现多种受理或者相互推诿的现象。[①] 统一基层的信访机构，整合各部门资源，健全内部工作机制，是基层信访治理组织建设的关键环节。临潼区和桥镇政府都高度重视信访部门与其他部门的合作配合，理顺工作衔接机制，为大信访工作格局的推广提供了有益的借鉴经验。虽然临潼区信访局挂靠在区政府办公室，但其是由区政府所确认的独立的信访专职机构，主要职责是指导各乡镇、街办、区级各部门搞好信访工作，接待群众来访来信并协调、督促信访

---

① 参见李永清、李宝芹：《信访工作法制化建设研究》，载于晓明主编：《社会转型期山东省信访形势分析与对策研究》，山东人民出版社2006年版，第97页。

所反映的问题与案件的处理，注重全区各信访部门之间的信息沟通、工作协调和资源整合。同时，临潼区乡镇、街办的信访机构采用的是多位一体的运作模式，即将传统的信访接待科与当地的综合治安管理办公室、司法所、法律援助中心和人民调解庭（人民调解委员会）等部门合并，一套班子几块牌子，这样有利于部门对群众反映的问题迅速做出反应并及时解决。临潼区几乎所有的单位部门都被纳入信访和稳控的工作当中，形成了以政法委牵头、信访局为纽带综合协调各个职能部门处理信访问题的大信访工作格局。[①] 桥镇信访办也是一个综合协调机构，负责接待登记和交办转办信访案件，解决信访问题的任务转交给其他业务部门或者镇领导。尽管乡镇的组织设置是按照科层化标准进行的，其内部各个部门有相对明确的职责分工，但是在实际的运转过程中，它所遵循的往往是综合性的原则，需要对既定的组织结构进行重组。这种运转机制有利于乡镇最大限度地发挥其紧缺资源的绩效，它是乡镇面临资源约束条件下的理性而又无奈的选择。[②] 在众多业务部门中，信访机构与司法机构的关系尤为密切。一方面是信访机构会把涉法涉诉的信访案件通过政策解释和法律建议纳入司法途径中，以乡镇司法所调解为主；另一方面，对司法所调解不成、法院判决不服的案子当事人选择走上信访之路，导致涉诉信访数量增加。信访治理与司法机构的联盟，是政府工作综合性的表现，也是化解矛盾时多手段并用的良策。但是如何完善衔接机制、各纠纷解决机制，从而消除信访问题、避免案件在信访与司法传输渠道里被反复激化，还有待进一步探索。

信访机构在大信访格局中处于枢纽地位，必须能够发挥上传下达、统筹规划的作用。然而，就我国信访机构的建设现状来看，信访工作的物质保障和制度环境都不容乐观，对信访机构功能的发挥产生了一定的消极影响。在组织建设方面，基础设置投入不足、人员素质参差不齐、经费供给缺乏等问题严重困扰着基层信访部门，阻碍着信访工作的开展。许多信访机构还没有完全独立，不具备独立的办公场所，常常依附于政府、党委办公室或是其他

---

① 参见张永和、张炜：《临潼信访：中国基层信访问题研究报告》，人民出版社 2009 年版，第75 页。

② 参见田先红：《治理基层中国——桥镇信访博弈的叙事（1995—2009）》，社会科学文献出版社 2012 年版，第 142 页。

部门办公室，在办公自动化、车辆、通信工具的配备上更是跟不上形势的发展，不能满足信访工作的要求。信访机构作为综合协调机构，既要具备缓和矛盾、尽力平息的能力，也要拥有统筹全局、调动其他部门配合解决的魄力。这与信访工作队伍的整体素质和工作人员的工作能力息息相关。但是目前信访工作队伍建设尚不完善，信访工作者的人员架构在一定程度上并不能适应现实的需要，主要体现在以下三个方面：一是数量配备不足，乡镇一般为一人制，村组则是村干部兼任，使得越到基层越是无人办案、无权办案，基层工作者往往力不从心；二是专业程度不高，未接受过专门培训，在法律、法规和政策解释与适用方面水平偏低，遇到问题不能及时处理，过度依赖其他部门解决的弊病，既容易贻误纠纷化解时机，也会给其他部门增添不必要的工作量；三是保障力度不大，不仅信访工作量大、工作时间长、工作压力大，信访工作者在面对由于工作而招致的侵扰行为时，还缺少有效的保障体系，而且职业交流、提拔的晋升机制非常缓慢，福利待遇差，这必然影响到其工作积极性和工作效率，导致人员流动性较大。在职能建设方面，信访部门职能作用发挥不够。信访部门日常工作限于接受转办的信访材料，办理群众来访登记，不切实解决问题，致使一个问题多年在相关部门转来转去得不到解决，诱发越级上访。同时，信访部门还没有把督查工作放在重要的位置，往往是只注重来信来访的受理，不注重案件的督促查办和落实，弱化了督查职能，使信访督查工作难以发挥作用，从而造成案子不断积压、处理效果不佳等工作效率低下的问题，致使信访者奔走于多个部门之间，花费大量时间精力甚至金钱，矛盾激化后增加了问题解决的难度和成本。由于信访机构仍然缺少确定的法定监督权及其保障机制，在日常信访案件的处理过程中信访机构仍然不得不将案件分流至各职能部门进行处理，但是又缺少督促这些职能部门办理案件的能力，从而导致了民众批判的"信访机构没实权、踢皮球"的后果。①

2. 纵向关系

基层治理困境的形成，不仅表明基层政府在面对乡村社会本身压力时的黔驴技穷，而且彰显出在压力型科层体制下基层信访机构和职能的缺位。在

---

① 参见张永和、张炜：《临潼信访：中国基层信访问题研究报告》，人民出版社 2009 年版，第 164 页。

这种体制下，当信访者把问题和信息传递给高层政府尤其是中央政府，中央便会对基层政府施加压力，通过下级政府将任务层层分解，促使将信访问题化解在地方和基层。此时，信访问题便成为科层体制运作的一部分。作为科层体制的底层，从区到乡镇、村组的纵向信访工作网是典型意义上的中国基层信访工作，是最能集中体现信访问题和社会现实的地方。从目前的情况看，区县设信访局，以转信、交办、催办、督办乡镇政府处理为主要职能，只有出现要案、大案时才会具体处理；乡镇则通常设立信访办公室，是真正落实、实际解决群众各种诉求的信访机构；而乡镇街办的基层信访工作的开展离不开与村组这些更低一级组织的互动和协调，基层信访工作的触角延续到作为社会细胞的每家每户，并将民间解决纠纷、治安维护的传统方式充分纳入信访解决问题的机制之内，将其制度化、规范化，充分调动各种民间力量，让信访真正成为解决群众困难、排除社会矛盾的一个重要渠道。①

然而，看似各司其职又紧密衔接的基层工作网内却暗流涌动，信访治理已经深深嵌入到科层体制之中，巨大的绩效压力催生出种种为达目的不择手段的治理行为，使得制度实施偏离初衷，弱化了上级政府监控的效果。桥镇的目标管理责任制是我国科层制中运用广泛的一种独特治理技术。目标管理责任制是以指标体系为核心，以责任体系为基础，以考核体系为动力，辐射形成目标管理网络，以期获得最佳行政效能的一套综合管理办法。② 该制度通过政治承包的方式将信访指标、任务层层下压，使得越是处于底层的信访工作者承受的压力越大。在县乡关系上，乡镇政府通过各种手段减轻信访负担，赢取更多的喘息时间。一方面，县级政府与乡镇政府之间结成了"庇护—依赖关系"，乡镇干部要通过发展种种人脉关系网，尽力维护好县级政府，来缓解信访工作压力，为自己营造生存空间；另一方面，在与县级政府的具体互动中，乡镇干部又会采取种种软性的反抗措施来反制县级政府的过度压力。③

① 参见张永和、张炜：《临潼信访：中国基层信访问题研究报告》，人民出版社2009年版，第63—64页。
② 参见王汉生、王一鸽：《目标管理责任制：农村基层政权的实践逻辑》，《社会学研究》2009年第2期。
③ 参见田先红：《治理基层中国——桥镇信访博弈的叙事（1995—2009）》，社会科学文献出版社2012年版，第135页。

在乡村关系上，村干部往往承受比乡镇政府更大的信访工作压力。乡镇政府通过信访工作奖惩办法和目标管理责任制在乡与村之间建立起一条"责任—利益"的联结纽带①来监控、约束村干部，处于科层体制之外的村干部也因此被迫进入到科层体制的运作轨迹之中。虽然村干部熟悉村里的整体情况，但是专业化程度明显欠缺，尤其是在法律、法规和政策解释与适用方面水平偏低，对信访问题处理经验不足，容易由于工作不善而激化矛盾。有时为了推卸责任，村干部直接将矛盾纠纷上交到镇司法所，尽量避免被信访办登记为信访案件，使能调解的问题错过了最好的时机。于是，在信访机制运转的纵向系统中，基层政府由于其自身的利益考虑和现实的苦衷往往处在一个相对特殊的立场上：既不可能完全满足民众的诉求，否则它的任务就完不成，政绩出不来；也不可能完全按照上级的要求来办，否则它以后的工作就很难开展，局面就很难控制。面对作为受侵害者的信访群众和作为拯救者的国家和党中央，地方政府不得不运用一系列阻断信息和控制风险的手段，即"捂着下面，控制局面；瞒着上面，不让通天"。② 由此看来，信访问题并不是仅靠制度设置和转移压力就能解决的。一味地要求干部重视、强调个人责任，只是停留在问题的表层。不过，这恰恰可能是理性化的科层制在现有制度环境下所不得不采取的盲目性、非理性的决策。③

四、信访制度区域性研究的不同价值——治理模式

在社会变革不断推进的今天，多元化的矛盾正在不断积聚，这些矛盾一旦被激化，社会就将面临动荡不安的局面。在大多数情况下，信访工作面对的大多是社会弱势群体，从事的是化解社会矛盾、维持社会和谐的工作。可以说，信访案件的类型与数量已经成为当前社会发展状况和社会矛盾的一道缩影。信访制度的区域性研究，是对基层信访工作开展的深度审视，其中既保有宏观的视野，又聚焦于微观的分析。如此反复，通过对某个或某几个地

---

① 参见王汉生、王一鸽：《目标管理责任制：农村基层政权的实践逻辑》，《社会学研究》2009年第2期。
② 李宏勃：《法治现代化进程中的人民信访》，清华大学出版社2007年版，第198页。
③ 参见田先红：《治理基层中国——桥镇信访博弈的叙事（1995—2009）》，社会科学文献出版社2012年版，第163页。

区信访实践的全面调查，折射出我国基层信访工作的真实生态。总结近 10 年间的研究成果，信访制度的区域性研究越来越受到重视，各地基层政府纷纷进行探索并取得了一定成绩。但是由于社会环境、行政体制和人的因素等多个方面的影响，现行信访制度在发挥巨大作用、满足社会需求的同时，也暴露出种种矛盾和弊端。各地差异性的存在使得区域性研究不能完全涵盖我国信访制度下的所有问题，但是这些立足基层的调研报告和研究内容最近距离地再现了基层信访的实践过程，在现有制度框架内为我国基层信访制度的完善和信访现状的改善提供了可能性的思考。

（一）昭应模式：坚持以人为本和程序正义

2006 年，陕西省西安市昭应区决定建设西昭城市快速干道。作为全国著名的风景旅游名胜区，拆迁问题是摆在区委、区政府面前的最大难题，处理不当就容易引发大规模的群众集体上访行动。面对严峻形势，当地政府充分建立和完善利益协调机制，最终实现了昭应"零上访"的结果。在前期工作中，区政府重视信息对等和民众权利表达渠道通畅，通过深入调研与广泛宣传使拆迁双方达成共识。在实施阶段，现场设立政策咨询处，专人负责解答群众的询问和质疑。拆迁工作本着"人人懂政策，人人知实情，人人明目标，人人有责任"的工作原则，杜绝了工作人员互相推诿的情况。① 同时，区政府在开展工作之前都会明确相关法律法规及政策，让拆迁行为既符合程序正义又能满足实体正义。

昭应模式以最生动的例证阐释了以人为本理念和程序正义价值观在信访工作中的基础地位。在社会转型的关键时期，基层信访工作必须破除因循守旧、墨守成规的思想桎梏，增强改革创新意识，把利益均衡机制和权利表达机制的建立与完善作为工作的重点。坚持以人为本的要求，就要始终牢记"群众利益无小事"，将解决信访群众的合理诉求作为信访工作的第一要务，努力提高信访群众的幸福感和满意度，努力使社会各方面的利益关系得到妥善处理，努力使社会公平正义得以充分体现。这就要求信访部门对待维权信访者要坚持"柔"，以高度责任心维护信访者的正当权益，通过调解、安抚、

---

① 参见张炜：《公民的权利表达及其机制建构》，人民出版社 2009 年版，第 161 页。

解释政策等柔性手段，着力解决好信访者最关心、最直接、最现实的利益问题。基层政府还要加强法制宣传，畅通信访渠道，积极引导民众进行合理的权益表达，学会在表达权利时保持理性、遵守秩序与避免侵犯他人的权利。针对谋利型信访者的闹访、重访行为，信访工作则要坚持"刚"，以法治手段规范信访人的利益诉求行为，绝不能因为政绩压力或是逃避责任而任由信访人增加不合理诉求，建立有序的信访秩序。同时，信访部门要严格按照法定的权限去履行法定的职责，不能越权和错位，还要严格遵守法律规定的程序，将信访工作纳入法制化和规范化的轨道中。坚持刚柔并济的信访理念，是和谐社会和法治社会的基本要求，也是有效维护民众权益、规范不当谋利行为的重要保障。

（二）济南模式：构建信访稳定工作大格局

2005 年以来，山东省济南市通过不断完善群众工作、矛盾纠纷排查调处、处理信访突出问题三个工作体系，统筹安排、分头推进、相互检验、相互促进，在全市上下形成了抓信访稳定工作的合力。[1] 一方面，济南市以党委政府统一领导、综治部门组织协调、司法行政组织为依托，强调有关部门共同参与，综合运用各种手段排查、解决信访矛盾。针对信访突出问题及群体性事件，济南市设立了联席会议制度，各职能部门齐抓共管，并且实行信访督查专员制度，强化办案部门的信访意识，确保办案的效率与正义。另一方面，济南市狠抓市、县、乡镇、村居四级矛盾纠纷排查调处网络的规范化建设，在全市 80% 的乡镇（街道）建立了规范化的矛盾纠纷联合调处中心，聘用专职或兼职的信息员、调解员，极大减轻了村镇干部的信访压力。济南市还建立了以现代网络技术为支撑的全市矛盾纠纷信息网络系统，实现了矛盾纠纷信息传报的实时化和全市范围的资源共享，有效提高了工作效率。

济南模式展示了信访工作大格局对新形势下信访稳定工作发挥的重要作用，为其他地区的信访工作体系提供了有参考价值的宝贵经验。在大格局横向网络的构建上，要以信访领导小组为核心，贯彻统一领导、部门协调的中

---

[1]　参见雷建国：《抓好三个体系建设　构建信访稳定工作大格局》，载于晓明主编：《社会转型期山东省信访形势分析与对策研究》，山东人民出版社 2006 年版，第 41 页。

心思想，统筹兼顾、标本兼治，实现各负其责、齐抓共管的合作局面。同时，督查督办制度必须落到实处。目前有些信访部门都是挂靠在政府办公室，往往代表了政府的指示，在交办、督办信访案件时才能比较有权威，即使如此，别的部门处理案件拖延、不重视的情况仍屡见不鲜。作为综合协调机构，信访部门应被明确赋予一定的权力，在督促、协调、查办职能之外，赋予合理限度的处理权和处罚权，才能对信访案件主管部门产生实质性的制约，从而增强信访局对各职能部门办理信访案件的监督力度，提高信访案件处理效率和质量。针对涉诉信访问题，要树立信访工作与审判工作一盘棋思想，将信访工作与各项审判工作联系起来，加大审判工作对信访工作的支持力度，形成处理信访问题的整体合力。在大格局纵向网络的构建上，重视基层解决矛盾之余，要着力为基层信访部门减压，从多渠道预防、排查纠纷，充分发挥其他部门、群众的联动力量。同时，科层制度下扭曲的绩效考核、目标管理责任制等规范制度，企图通过一系列明确无误的量化指标来加强对地方和基层的监控，提高行政效率，但它同时又陷入了追求复杂的、技术化程序的困境，并形成了激励强度与目标替代的悖论现象。① 这直接导致基层信访部门疲于应付上级指示和"数字政治"，不能完全专心于信访工作。虽然短时间内科层制下的痼疾还难以根除，大规模改革是不切实际的，但是建立科学、客观的绩效考评机制、目标管理责任制等考核指标体系却势在必行。这个指标体系应该摆脱单一刻板的数字统计，结合信访工作人员解决信访矛盾的难易程度、努力程度等综合考量，可以引入成本效益理论，分析投入与产出的比重，不能以信访量多少轻易评判，应该给予工作者更大的调解纠纷的空间，减轻绩效压力。加强信访工作法制建设，不能仅仅局限于信访工作自身的法律制度建设，要有"大信访"格局的观念，把信访工作制度建设放到整个社会主义法治建设的大系统中去进行，使解决冲突、矛盾的各个渠道都能相互协调起来，真正提高信访的作用和效率。②

---

① 参见周雪光：《基层政府间的共谋现象——一个政府行为的制度逻辑》，《社会学研究》2008年第6期。

② 参见李永清、李宝芹：《信访工作法制化建设研究》，载于晓明主编：《社会转型期山东省信访形势分析与对策研究》，山东人民出版社2006年版，第97页。

（三）斗门模式：加速信访职业主义的建构

广东省珠海市斗门区始终把基层组织建设和信访队伍建设放在信访工作的重要位置，把解决信访维稳突出问题与加强和创新社会管理工作结合起来，妥善化解了各类矛盾。斗门区各级信访部门重视自身学习和建设，不断提高整体素质与工作水平。在组织建设方面，通过设立综合信访维稳工作站，选派责任心强、业务素质高、善于做群众工作的基层干部任职，并以驻村干部联系制度和联络员制度相配合，协助收集社情民意，排查不稳定因素。在队伍建设方面，完善从基层一线选拔任用干部制度，注重从实践中发现和培养人才，通过举办信访干部理论培训班，切实提高信访人员的业务素质和治理能力，并且做好信访人员政治待遇保障工作，将信访工作岗位作为培养后备干部基地，进一步激发信访干部的工作积极性。[①]

斗门模式以加速自我建设为信访工作突破点，诠释了信访职业主义在信访制度改革中必须发挥的主力军作用。信访职业主义是张炜在昭应信访实践中思考所得，是他期许的最为合适的改革路径。从工具理性的层面上而言，职业主义意味着以科学化的知识体系为基础，发展出一套理性的技术、方法以解决问题、达成目标。从价值理性的层面而言，职业主义是一种职业所具有的内在价值，这种内在价值是透过职业的教育和社会化的过程所形塑出来的，它所关注的不仅仅是专业的技术，更是职业的精神和责任。[②] 从常县、临潼的信访调研成果来看，很多案件的发生和激化都源于信访部门的职业素质和职业保障的缺乏。因此，将信访工作纳入职业主义的发展轨道，构建职业主义的信访价值理念和工具理性，或许可以更好地解决当下的信访洪峰问题。要构建职业主义，基础的人员配置和相关设施建设是职业主义所需要的基本职业组织。首先，信访机构要组织化。《信访条例》对乡镇和街道办事处一级有关信访职责没有明确规定，但是乡镇、街办却是直接面对和处理信访案件的基层政权，信访机构设置的缺失导致了政府保障公民权利机制的缺位。更不用说乡镇之下的村组了，甚至没有专门的信访工作者，只能由村干部兼任。所以必须要从最基层的政权组织抓起，建立和完善信访机构，根据信访任务

---

① 参见李育波：《解决群众信访的实践与思考》，华南理工大学出版社 2011 年版，第 13 页。
② 参见张炜：《公民的权利表达及其机制建构》，人民出版社 2009 年版，第 182 页。

的轻重合理安排专职工作人员，统一制度设计、统一教育培训、统一财政保障，并且搭建组织化网络，使得工作人员之间能够及时沟通协商，用一个声音回答群众问题，上下团结一致，共同努力解决信访问题，从而建立起通畅、有序、务实、高效的信访工作新秩序。其次，信访人员要专业化。信访人员职业化程度不高，加上职业技术培训和学习的落后，致使其解决问题的意识和能力滞后，造成工作经验不足而激化矛盾。这就需要从业务能力和政治素养两条途径对信访工作队伍进行培养。在法治信访进程不断加快的当下，法律能力在业务能力中所起的作用越来越大。通过人才引进和大规模培训，使得信访工作者掌握一定的法律知识和民间调解的能力，具备保护权利、限制权力、维护程序正义等基本法律意识，提高执行信访法律的能力。同时，信访工作者必须牢记宗旨，立足本职，脚踏实地，持之以恒，实实在在地为群众办事，做好事。具体工作中不忘本心，以"四心"作为工作原则："良心是做人的根本，公心是做官的根本，恒心是做事的根本，决心是成败的根本。"[①]最后，信访工作要科学化。在信访实践中，上下级、同级部门之间的信息不对称现象是非常严重的，不仅信访信息化建设纵向体系断层，而且沟通机制不健全，造成行政效率低下、信访成本升高等弊端。由此，笔者认为应该在省、市县、区镇建立统一的计算机联网系统，搭建信访信息平台，整合信访信息资源，并连接现有的中央到省级的信访信息系统，完成国家机关上下级之间的信息沟通。各级信访部门实现信访信息化，不但能够通过网络进行信访资源的共享，提高工作效率，又能增强信访工作的工作性和透明性，避免重复受理或者相互推诿现象的发生。

五、展望

这十年间的信访制度区域性研究成果真实展现了我国各地的信访生态，呈现出我国信访活动的基本态势。在信访形式上，重复访现象仍较为严重，同时区域性有组织的集体访趋势增强。在信访途径上，越级访事件日渐增多，信访群众舍近求远进京访的态势日益明显。在信访内容上，城乡拆迁征地矛

---

① 徐观潮：《信访救济手记》，中国检察出版社 2013 年版，第 53 页。

盾始终占据主要地位，违规征用、补偿不公等问题极易引发信访事件，而社会大变革推动产业结构调整、公民权益意识提高，反映企业用工、侵害民工权益方面问题以及揭发控告违法违纪问题的信访案件数量增多。在信访方式上，突发性、带有暴力倾向的信访事件逐渐凸显，采取过激手法表达或是谋求利益的信访者频繁。

这些研究成果对认识和探索基层信访工作具有举足轻重的作用，信访活动的规律性发展有利于区域治理找到具有共性的解决途径，而信访问题的追根溯源也能使我们更客观地看待信访机构的作用。信访机构解决问题不力的原因是多方面的，既与信访机构的角色定位、职权范围和解决问题的方式有关，也可能是因为信访制度的不良运作所致，同时也与当前中国的政治体制和社会大环境相关，我们不能简单地将目前存在的信访矛盾统统归咎于信访制度本身，而信访问题的最终解决也有赖于整个社会环境和国家制度的发展与完善。① 展望未来，虽然开创信访制度区域性研究的新局面任重而道远，但是有利因素也很多，使人满怀希望。

从研究地位来看，信访区域性研究会得到进一步重视，不同地区的研究成果将不断涌现。随着全党、全社会建设社会主义法治国家进程的持续推进，国家治理体系和治理能力现代化成为各地法治建设的目标，信访法治化的创新研究必然会掀起地方研究热潮，为信访理论研究营造了有利的政策环境。全面深化改革为经济社会发展增添了新活力，同时，社会管理模式创新促使社会组织自我发展能力得到增强，为信访理论研究提供了强大的物质保障。在社会转型的关键时期，信访工作也面临许多复杂的新情况、新问题，需要不断探索和尝试，这为信访理论研究创造了必要的客观条件。

从研究范围来看，信访区域性研究分布将逐步由中西部地区向东部地区转移，并且辐射到全国。随着中西部地区发展水平不断改善，信访干部素质和访民的法律意识日益提升，原本以"三农"问题为核心的信访案件数量会得到有效控制，现有对中西部农民信访的著述又较为全面，如果仍局限于此，很难取得创新和突破。而东部地区劳动力的大量流入使劳资纠纷数量增多，

---

① 参见张永和、张炜：《临潼信访：中国基层信访问题研究报告》，人民出版社 2009 年版，第153 页。

经济建设的快速推进还造成了一系列环境资源问题，由此引发的信访案件不在少数。但是，针对东部信访特色的区域性研究却未成体系，理论成果不突出，对信访工作指导性甚微。因此，跳出中西部信访研究框架，聚焦东部乃至全国，是未来信访区域性研究的必然趋势。

从研究方法来看，信访区域性研究仍会以实证与理论相结合为主导，并在不断融合其他学科分析方法的过程中走向多元化。信访理论研究不仅要接受实践检验，随着实践发展，还要指导实践发展。随着基层信访部门工作人员水平的提高以及群众政治参与意识的增强，民主公开的氛围日渐浓厚，信访区域性研究在部门研究的基础上，会吸收更多专家、群众参加研究，并且处理好信访理论同各门学科理论之间的关系，注重从社会学、心理学、经济学等学科理论中吸取营养，丰富信访理论内涵，提高信访理论深度。多方面知识的积累，有益于信访制度区域性研究全面、客观，更利于把握信访行为发生、发展的内在规律。

从研究内容来看，信访区域性研究会重视法治建设背景下信访工作的矛盾焦点问题和社会舆论所关心的热点问题，从宏观的体制剖析转向微观的制度创新，从局限的区域探究转向整体的比较研究。现有的信访区域性研究成果往往表现出观点陈旧、缺乏理论深度的不足，似乎被经验总结的模式所束缚。随着大信访格局的逐步形成，信访理论活动由信访部门向各个部门扩展开来，对理论研究的重视程度越来越高，相信在具体的应用领域制度改革能够保质保量地有序推进，最终实现制度创新。同时，把分散的区域性研究整合到一起，通过对多区域信访特征的比较研究，把制度与制度交流碰撞后产生的灵感，进行适当加工改善，从而上升为对全国信访工作有积极意义的普适性改革，这是信访制度区域性研究发展的根本需求。

区域性研究必须立足基层，展开深入调查，是一项长期而艰苦的工作，离开各级信访部门的配合、群众支持的是完成不了的，所以既要有坚定推动基层信访建设的决心，也要秉持理论与实践相结合的研究方法，坚持把"科学性、前瞻性、应用性"作为信访理论研究的基本方向。随着"大信访"格局的逐步形成，基层信访工作将面临新的调整和挑战，还有许多细节问题和微观制度需要进一步探讨和完善，信访制度的区域性研究任务也将走向更广阔的领域。

第五章

信访制度类型化研究述评

一、引言

类型是人类的思维方式之一。在近代，类型化思维模式的发展始自法实证主义追求的安定性、裁决计算的可能性以及社会巨变时代的不适应性。信访的类型化研究意欲通过对信访行为的划分系统梳理信访实践中存在的问题，并据此有针对性地提出解决方案从而推进信访改革。具体而言，信访类型化的意义体现在以下两个方面。一方面，从学理上来看，分类有助于进行更为细致、深入的理论研究。首先，科学最基本的假设是，大自然本身是有秩序的，科学研究就是发现这种秩序并且对世界进行秩序化的活动，而分类就是这种秩序化活动的重要手段之一。分类也就为信访理论的研究提供了方法论工具。其次，对信访进行不同分类，其实是在不同层面上从不同角度透视信访行为，这种交叉照射过程不仅是一个多角度暴露其内在构造的过程，同时也是以不同方式提炼其构成要素、实现信访类型化的过程。另一方面，从实证上来看，信访类型化的意义在于通过分类来引导实践中信访问题的处理。首先，信访的分类理论反映了实践中信访问题的变化、发展过程，体现了当前信访的突出问题。其次，类型化的目的就在于按照一定的标准对社会纠纷进行归类总结，从而为相应诉讼救济途径的设计或诉讼体系漏洞的弥补奠定社会实证基础。类型化最终的落脚点是将其归于对实践的指导作用，通过分类来引导实践中信访问题的处理，实现对公民权益"无漏洞"的法律保护。

在传统的社会管理体制下，信访并不是没有分类，而是更加注重对口管理，因而分类只是为了方便国家机关展开工作。故在信访系统内的主要划分依据是涉案部门和事项性质，如临县人民政府将信访分为政法、社会治安、林水土、"三农"问题、民政、劳动社保、城建、党纪政纪、教育、企业改制、环境保护、企业军转干部、金融、军统企业、其他等15大类，各大类下又细化若干子分类，如政法类包括民事申诉、刑事申诉、行政诉讼、行政执行及其他；社会治安类又包括刑案侦破、警风警纪、民事经济纠纷及其他；"三农"问题包括农村干部、农民生活困难及其他。① 然而，以"对口管理"为出发点的分类方法，并未形成有效的治理体制，反而造成"各自为政"的窘境，加深了社会矛盾。

经验表明，这种整体支配的治理方式已越来越与社会现实不相适应，不仅达不到预期的治理效果，而且还有可能带来治理的合法性资源流失。于是，国家的信访治理方式开始朝着"多元"化方向发展，即在基本原则的基础上，通过"分类治理"的方式进行，显示了国家治理技术在新的社会条件下所作出的适应性变化。由此可见，信访类型的划分与信访功能的发挥密切相关，甚至有可能对信访具有导向作用，在信访改革中应当重视信访类型化的研究，信访类型化是法治化的重要内容。本章旨在通过对现有信访类型化研究文献进行梳理，探求目前分类的模式和标准，并评析其优劣之处，以更好地服务于后续的"类型化"研究及信访改革目标的达成。

二、现有研究中的信访分类

虽然《信访条例》中已有集体上访和个体上访、正常上访和非正常上访的区分，但这种类型化方案显然对信访实践是一种过于"简单化"的处理。学界关于信访"分类治理"的呼声此起彼伏，但具体按照什么标准来分类，分成哪些类别，各个类别的概念如何界定、功能为何，目前并未形成统一意见。

（一）以总结信访实践为目的的信访类型化

部分学者根据信访的法律文本和实践状况对其进行了划分，以这种类型化的方式清晰呈现了信访的发展脉络和实践状况。

1. 按照不同时期的信访的功能特点进行划分。应星教授根据不同历史时

---

① 参见《信访问题分类》，临县人民政府网站，http：//www. linxian. gov. cn/content/2007 - 10/08/content_ 21188. htm，最后访问时间：2014 年 12 月 30 日。

期的信访的不同特点将信访分为三种类型：一是 1951 年 6 月至 1979 年 1 月的大众动员型信访，这阶段的信访与政治运动联系密切，以揭发他人问题为主；二是 1979 年 1 月至 1982 年 2 月的拨乱反正型信访，以解决历史遗留问题，平反冤假错案为任务，正是在这个阶段，信访迅速从国家政治生活中的边缘位置走到了中心位置；三是 1982 年 2 月至今的安定团结型信访，以 1982 年 2 月第三次全国信访工作会议的召开和《党政机关信访工作暂行条例（草案）》的通过为标志，信访制度真正进入了新的时期，其功能也逐步转向化解纠纷、实现救济。①

2. 按照信访的受理部门进行划分。按有管辖权的国家机关，一般将信访划分为涉诉信访、涉检信访、行政类信访。涉诉信访仅司法机关有管辖权，反映的信访案件涉及司法机关或司法裁决，又可细化为涉法但未诉讼信访、诉讼中信访、诉讼结案后信访，主要区分要件为是否进入司法诉讼程序。在此基础上，楚道文又按照所涉诉讼案件是否已经裁判，将涉诉信访分为未裁判涉诉信访和已裁判涉诉信访。未裁判涉诉信访是指当事人将已经进入诉讼阶段，但人民法院尚未裁决的争议、纠纷向相关机构进行信访活动；但在更多的情况下，未裁判信访也指当事人在进入诉讼阶段之前，将属于人民法院受案范围的争议、纠纷提交相关机构所进行的信访活动。已裁判涉诉信访是人们通过信访的方式要求否定已生效的裁判，并另行进行裁判的行为，与实践中的"缠讼"密切相关。② 涉检信访则主要是各级有管辖权的检察机关信访部门受理，依上访群众反映问题又可分为检举、揭发国家机关及其公务员不法行为、揭露企事业单位及其主要负责人不法行为、检举下级检察机关不作为或消极作为的案件。行政类信访案件是与群众利益最为密切的部分，主要是以行政部门信访机关对因各个行政机关行政行为产生的信访案件进行管辖，是对行政行为造成不利后果的非诉讼救济方式，涉及的部门较多，因此以行政职权进行区分是最为便捷的途径。

3. 按照信访涉及的事项类别进行划分。依信访内容划分较为复杂，但是在实务中依然采用主要原因是信访案件可能会涉及多个领域。此类划分意义

① 参见应星：《作为特殊行政救济的信访救济》，《法学研究》2004 年第 3 期。
② 楚道文：《浅论涉诉信访的分类》，《湖南警察学院学报》2012 年第 1 期。

在于将一个特定时期内的信访内容进行统计归纳，依此可以预见未来一段时期内的信访工作重点，以及时发挥"信访部门研究、分析信访情况，开展调查研究，及时向本级人民政府提出完善政策和改进工作的建议"的职责。以此为基础可将信访的内容具体划分为城乡建设、国土水利资源、劳动保障、农村农业、纪律监察、组织人事、教育民生、卫生计生、经济商贸、交通能源、科技文体、宣传舆论、信息产业、司法法治、社会治安等，这也是目前国务院《信访条例》在信访实务中适用的重要依据。

4. 按照信访人所采取的形式进行划分。依据国务院《信访条例》第 2 条的规定，信访包括书信、电子邮件、传真、电话、走访等形式。群众来信是指通过书信方式向信访部门反映诉求。群众来电主要是通过电话、传真的方式向信访部门反映诉求。群众来访则是以走访信访部门的方式表达诉求，这也是目前信访案件中绝大多数信访人采用的方式。网上信访则是目前比较新型的活动方式，具体是指通过信访部门构建在互联网上的信访平台，以发送邮件或提交诉求书等方式反映诉求的便捷信访，也是各级信访部门开展网络政务的一个创举。此类信访目前还没有完全覆盖各级信访部门。所以，网上信访的案件所占比例比较低。基层信访部门除了硬件技术外，人员不足、基层信访民众上访意识单一也是主因。

5. 按照信访人数的多寡进行划分。此种分类是以信访人的数量为依据，意义在于从涉访人员的数量上评估某一信访活动的社会风险或可能产生的消极的社会影响。目前的信访实践中主要有个体信访、群体信访、不确定突发上访。根据《信访条例》第 8 条的规定，个体信访与群体信访的界限是"5人"。现有研究表明，个体信访是所有信访中比重较大的一类，人数在 5 人以下，在实务中此类信访一般可迅速解决，不会造成太大的社会消极影响。群体信访是指 5 人以上针对同一事项向信访部门提起，涉及主体较多并且相互群聚商讨对策，此类信访案件社会消极影响较大，需要尽快处理，否则会造成难以预料的信访行为及后果。不确定突发上访则是针对某一突发事件，引起的突发性的上访活动，其特点之一就是事件中的信访人员倾向于召集更多有类似状况的民众参与，与之伴随的可能有社会公共秩序和信访秩序的混乱。在实务中此类信访最难解决，并且会产生重复上访、缠访、越级上访等诸多负面后果。

（二）以改革信访体制为目的的信访类型化

目前信访矛盾集中且多发，学者针对突出问题划分信访类型，以期明确重点、难点问题，寻求解决方案，实现信访突出问题的解决与预防。

1. 以信访次数为标准的类型化

按照信访的次数，目前的信访实践可以分为单次信访和反复信访。向各级法院提出的反复性的涉诉信访往往被称为"缠讼"，这一类信访是当前各级法院面临的一个难题。从一般逻辑上看，涉诉信访的争议、纠纷往往较难在短时间内进行简单的处理，这反映在信访人的行为即是：单次性信访往往不能达到信访的目的。所以，从信访形式看，许多信访人不达目的不罢休，重复访、多头访数量明显上升，已经占信访总量的60%。[①] 从成本分析的角度也可以对反复性涉诉信访的存在进行充分的论证和说明。一方面，人们之所以偏好反复性信访，甚至缠讼，除了对信访途径的信赖心理之外，另一主要原因在于信访的低成本特点。一封信、一个电子邮件或者一个电话就可以把自己的诉求送到想送去的地方或人手中，这对于信访的主力大军——弱势群体来说是最低成本选择，这也算是对信访行为的经济分析，从而使得反复性涉诉信访成为必然。另一方面，在长期的信访工作实践中，接访机构形成了一套判断信访事件重大、紧急与否的标准，即"来访比信访紧急，缠访比一般上访紧急，越级上访比逐级上访紧急，进京上访比省内上访紧急，集体上访比个人上访紧急"。这就意味着，信访诉求受重视的程度与信访者所花费的成本是同向的，通过一次或少数几次就实现信访诉求的信访案例越来越少。至此出现的结果是：很多信访者因无法承担这种成本上的负担而选择中途退却，"忍气吞声"放弃信访；但仍然有一部分人信访意志坚决，为了信访能够受到重视，他们采取反复的甚至群体性的（进京）信访方式继续坚持他们的信访诉求，于是反复性信访几乎成为必然。

2. 以主观动机为标准的类型化

在信访活动中，在每个信访者不尽相同的需要层次里，最强烈最稳定的

---

① 参见钱昊平：《信访改革"坚冰"撬动，"非正常进京访"不再通报排名》，《南方周末》2013年12月12日。

需要产生相应的动机，这种动机，可以称之为主导性动机，是其信访行为的主要动力；其余与此相关的相对微弱不太稳定的需要产生的一定动机，则可称之为辅助性动机。按照主观动机进行的划分关注的是诉求利益的归属问题。

（1）"权益"型信访和"公益"型信访

叶笑云、阎巧玲认为，根据追求的利益与个人的相关性，可将信访类型划分为两类："权益"型信访和"公益"型信访。① 楚道文将其表述为私益性（自益性）信访和公益性（他益性）信访。② 前者是指信访目的主要是谋求个人问题的解决、维护个人利益和权利的信访行为；后者主要是指为了公共利益而积极参与信访等政治活动。根据个人追求的利益层次的不同，可将权益型信访进一步分为物质利益类信访和精神利益类信访。

与"权益"型信访和"公益"型信访相关的是，将信访分为自主型和动员型信访。自主型信访一般是行动者本人出于自发自愿、主动参与的活动；动员型信访是指行动者受他人策动而发生的信访活动。相对来讲，权益型信访一般都是自发的信访，而公益型信访既有主动参与的，也有受动员的信访。

信访目的即信访人提出信访事项的目标或要求可具体分为五类，即意见建议、申诉、求决、揭发控告和其他。其中，意见建议和检举揭发可以归为"公益"型信访，申诉、控告、求决则可以归为"权益"型信访。申诉类和揭发控告类都是针对"人"的，前者是对于本人受到的处理不服而提出，后者则是针对他人，即因公共事务管理人员违法违纪而要求处理。意见建议类，主要是对于公共政策的制定和执行中的情况提出自己的意见和看法，既针对事也针对人。以上三类信访并不与信访人自身的经济利益直接相关。求决类则是针对"事情"的，要求政府职能部门解决问题，一般都和自身的经济利益要求密切相关，满足自身的经济利益需求或维护自己受到侵害的经济利益。当然，有的求决类信访并不只是追求纯粹的经济利益，而是基于经济利益的精神层面的象征性意义和抽象符号的认同和追求，比如人的"尊严"、"面子"等。

---

① 参见叶笑云、阎巧玲：《非均衡发展中的"倒逼"效应与开源式治理——转型社会的信访制度实证研究》，《浙江社会科学》2008 年第 11 期。
② 参见楚道文：《浅论涉诉信访的分类》，《湖南警察学院学报》2012 年第 1 期。

（2）维权型上访和谋利型上访

田先红认为，根据农民上访行为及其内在逻辑可分为维权型上访和谋利型上访。① 维权型上访是在自身权益或者公共利益遭受侵害时而采取的上访行为，其具体内容包括因加重农民负担、干部侵权和干部经济作风问题而导致的上访行为。而谋利型上访则属于积极主动争取额外利益的上访行为，从而不同于在权益受到侵害后而上访的维权行为，其具体内容包括生活照顾等利益要求。

该定义与学者杨华的定义颇为相似。杨华认为维权型上访是指，农民因基层政府侵害自身或公共权益而希图通过更高层级政府来维权的上访。谋利型上访是指，农民出于生活照顾、救助和扶助，特别是利用政府"为人民服务"的意识形态谋取私利的上访。谋利型上访越来越演变为没有正当性、不合理的上访，上访和信访制度成为上访者谋取私利的工具。由谋利型上访演化而来的谋利取向的上访专业户、钉子户成为基层信访最头疼、消耗最大的治理对象。此外，杨华在研究农民上访时还增加了一种类型，即"治理型上访"，指的是由于农村治理缺位、农民通过上级政府施压的方式要求乡村组织，尤其是村级组织履行治理责任的上访。② 在这种分类基础上，还有学者进一步提出将谋利型信访细化为利益维护型信访和福利追求型信访，将维权型信访细化为尊严型信访和权利型信访。③

3. 以信访涉及事项为标准的类型化

陈奎、梁平认为，中国目前的信访活动大致可以分为三种类型：参与类信访、求决类信访和涉法类信访。④ 参与类信访主要是指对各级人大常委会、政府及司法机关工作提出建议、意见及批评的信访事项。属于行政权办理的主要信访事务是求决类信访。这类信访在目前各级政府机关受理的信访事项

① 参见田先红：《从维权到谋利——农民上访行为逻辑变迁的一个解释框架》，《开放时代》2010 年第 6 期。

② 参见杨华：《税费改革后农村信访困局的治理根源——以农民上访的主要类型为分析基础》，《云南大学学报（法学版）》2011 年第 4 期。

③ 参见尹利民、聂平平：《国家性与自主性：信访生成的双重动因——兼论信访生成的不同类型》，《求实》2011 年 10 月。

④ 参见陈奎、梁平：《论纠纷解决视野下信访制度的现代转型》，《河北学刊》2010 年第 6 期。

中所占比例最大。而求决类信访的大量存在，主要原因在于：一方面，现有纠纷解决机制渠道不畅，当事人于纠纷发生后感觉救济无门而求助于信访；另一方面，信访本身并不具备解决纠纷的充足资源。有鉴于此，应引入多元纠纷解决机制，一则可完善现行纠纷解决框架，为当事人提供更多纠纷解决的选择，引导当事人脱离信访寻求更为恰当的纠纷解决方式；二则可从纠纷解决的经济角度考虑，于信访中引入其他社会力量，促成信访与其他纠纷解决方式的联动。在依法行政的社会里，属于行政管理的信访事项大都可以向行政机关要求救济，并能最终提起行政诉讼。所以，大多数求决类信访也应该是能够通过司法途径解决的。

童之伟认为，一般来说，公民的参与类信访不是当今信访的主要表现形式，它们和相关公共机关应对这类信访的回应机制，均不涉及争议的解决，因而与核心政制不会发生直接冲突。而求决类信访和诉讼类信访及有关国家机关的相应受访处置活动，其实际作用有时并不是在辅助和加强与之相对应的核心政制，而是在削弱乃至损害那些核心政制。①

4. 以合法性为标准的类型化

陈柏峰以上访是否符合法律规定为标准，将上访分为三类，即有理上访、无理上访和商谈型上访。② 另外，从上访诉求是否合理来看，目前至少存在三种类型的上访，即有理上访、无理上访、合理性模糊的上访。对于上访人的诉求部分有理、部分无理的，从大方向上讲，应属于有理上访。③

有理上访是当事人合法权益受到侵犯的上访。在这种类型的上访中，当事人的目的是维权，所以又可称为维权型上访。现实生活中，有理访的比例相当高，它所折射的立法上的不成熟、行政拆迁案件的源头问题、司法办案的软实力不足、公民渴求的公平正义不能完全保障都是滋生信访的土壤。可以说，有理访的整体问题不解决，就会动摇人民群众对司法制度的信赖，这也是这个时期只能完善信访制度，而难以取缔信访制度的司法瓶颈所在。我

---

① 参见童之伟：《信访体制在中国宪法框架中的合理定位》，《现代法学》2011 年第 1 期。
② 参见陈柏峰：《农民上访的分类治理研究》，《政治学研究》2012 年第 1 期。
③ 参见陈柏峰：《无理上访与基层法治》，《中外法学》2011 年第 2 期。

们应该潜心研究有理访的问题，争取在一定时期内有效解决有理访的源头问题。①

无理上访是当事人诉求明显不合法、不合理的上访。从实践状况来看，主要有以下三种类型：其一，谋利型上访，即在这种类型的上访中，当事人借上访谋取利益，他们的上访往往很难说合法，也很难说合理，但他们能够抓住基层政府的弱点并借此谋利。其二，带病人员上访，即上访人是带病人员，这是一种非常特殊的上访。其三，偏执型上访，在这类上访中，当事人不是法定权利受到了侵犯，没有通过要挟政府来谋利的主观动机，其上访诉求也不具有后文所说的商谈性质，却偏执地要求信访机构满足其诉求，而信访机构在法律和政策框架内，根本没有能力满足或者不应该满足其诉求。

有学者认为有理上访和无理上访的划分早已有之。毛泽东在 1951 年 5 月于《必须重视人民群众的通信》批示以及 1957 年《关于正确处理人民内部矛盾的问题》讲话中便作出了区分，即"人民信访是一项非常复杂的工作。其复杂性的重要表现在于，群众诉求有合理的，也有不合理的；有行为正常的，也有偏激偏执的。对于群众的诉求，必须区别对待，妥当处理"。具体表现在以下三个方面：首先，在信访诉求内容的分类上，区分两类上访诉求，即正当的、合理的要求和不正当、不合理的诉求；其次，在信访行为的分类上，毛泽东的信访治理思想中始终有一个"多数"与"少数"的区别，"多数"是好的，"少数"是落后的，是需要妥善处理和改造的；最后，在信访治理方式上采用分类治理，合理的要求应该尽力满足，不合理、不正当的要求则不能迁就。②

商谈型上访是一种政治参与性的上访，上访人不一定有明确的合法权益受到侵犯，却认为相关法律和政策不合理，因此上访"商谈"，这种上访有改变法律和政策的潜在可能性。其具体包括：一是意识形态诉求，即在这种类型的上访中，支持农民上访的动机不是法定权利，也不是法律和政策，而是要求政府"为人民服务"、解决自身困难的诉求。二是政策诉求，这种类型的上访中，当事人并没有明确的合法依据，甚至有时其诉求并不符合政府（尤

---

① 参见宋鱼水：《实质正义的追求与信访制度的完善》，《人民法院报》2014 年 4 月 1 日。
② 参见田先红：《毛泽东的信访分类治理思想及启示》，《毛泽东研究》2014 年第 2 期。

其是地方政府的政策）规定，当事人上访的动机是促进政策向有利于己的方向改变。三是地方性规范诉求。这种类型的上访中，当事人的诉求没有明确的合法依据，甚至与法律相抵触，但其上访诉求受地方性规范①的支持。四是情感诉求。这种类型的上访中，当事人上访的动力主要是情感因素，如"气"、"面子"等。当事人由于受了很大的"气"，心理不平衡，因此要通过上访找到平衡感。应星教授认为，"气"在当代中国乡村集体行动中起到了独特的作用，对集体上访有较大的解释力。②

5. 以治理对象为标准的类型化

申端锋认为，从分类治理的视角来看，信访治理的困境是无法对上访者进行定性，信访治理没有原则，缺乏清晰的思路，政府疲于应付，像在打一场没有战略方针的战斗。因此，在关于农民上访的治理上，既不是以个体为基本单位，也不是以群体为基本单位，而是以户为基本单位，而对户的判定则是在村庄中完成的。③ 易言之，作为乡村治权具体体现的分类治理是指乡村组织运用各类手段对治理对象即农民做出区分以达到有效治理。可见，他主张的是对治理对象（即农民）进行分类，这种对人而不是对事的分类方式，带有潜在的惩罚性特征，与法治时代显得有些格格不入。而且，即便对农民的分类有效，由于无法对市民进行同样的分类，这种分类模式亦难以发挥出全局效用；而对农民和市民的区别对待，难免有歧视色彩，因此在当代很难有操作性。④

6. 以信访纠纷特点为标准的类型化

刘正强主张将信访分为原发型信访与扩展型信访。所谓原发型信访，顾

---

① 需要注意的是这里的"地方性规范"并不是法学意义上的"地方规范性文件"，而是与"地方性共识"相关的一个概念。地方性共识是指村庄中绝大多数人在生产生活中共享的具体知识，这种知识在一定的区域内被人们知晓，为一个区域内所有的人共享。地方性共识为生活于其中的农民提供了行动的无意识依据，将他们对当前生活的本地认识和对未来生活的本地想象联系在一起，构成了其行动中的理所当然。但地方性共识成为人们日常生活中判断应当如何的标准，那么这种地方性共识就在实践层面成了地方性规范。参见陈柏峰：《地方性共识与农地承包的法律实践》，《中外法学》2008年第2期。

② 参见应星：《气与中国社会的集体行动》，《开放时代》2007年第6期。

③ 参见申端锋：《乡村治权与分类治理：农民上访研究的范式转换》，《开放时代》2010年第6期。

④ 参见陈柏峰：《农民上访的分类治理研究》，《政治学研究》2012年第1期。

名思义，就是符合信访事项受理要求的初信初访；所谓扩展型信访，是由原发型信访衍生、再生、扩展出来的信访，这是在前一类信访的基础上生长起来的，可以依附于前访，也可以单独存在。扩展型信访可以是诉求改变、要求提高（包括对原问题的要求提高及提出了新的问题和要求），往往表现为增加上访频次、层级、要求，甚至也包括被邀请、碍于情面参加的跟风上访、效法上访、攀比上访等。他认为，这种分类方法有效回避了对是非对错、有理无理的分析和判断，而可以从一个中观和中立的角度来解释信访存量。①

7. 以信访原因为标准的类型化

涉诉信访人提出信访总是有原因的，从原因角度对涉诉案件进行比较归纳，有助于对涉诉信访的处理及预防。因此，有学者按照信访产生的原因将涉诉信访大致分为七种：（1）冤枉型信访，指由于司法能力或司法廉洁方面的差距，裁判者有意或无意的行为造成了案件裁判上的偏差，导致当事人走上了信访路。（2）历史与现实冲突型信访，从新中国成立以来，在特定历史背景下处理的案件在社会转型期到来时存在的问题重新显现，当事人通过信访寻求救济。（3）法治与社会文化脱节型信访，指由于现行法律的规定超越了社会普遍接受的社会观念，导致当事人很难接受法律裁判的结果而四处上访。（4）寻租型信访，指部分信访人认为"种肥田不如告瘦状"，利用现行体制的弱点与司法过程的缺点，如在敏感时期上访或者进京上访等来获得社会资源的分配，又如浙江省建立了司法救助基金，平息了部分上访，由此引发了新的上访。（5）斗气型信访，指事件的起因都是邻里间鸡毛蒜皮的小事，处理不当后，当事人走上了一审、二审、再查、来省上访、进京上访的道路，事实上当事人花的成本早已远远大于事件本身，但当事人就是为了争口气。（6）误解型信访，指由于个人经历、司法环境、司法文书说理、社会舆论等

① 刘正强认为，信访存量这种方法秉持价值中立的立场，以中国信访制度的接纳和处理能力为议题，力图超越"有理—无理"、"合法—非法"、"谋利—争权"、"刁民—良民"等对立二分的理论预设，专注于对信访"存量"消长的理性分析，在既有信访格局不变的前提下对信访减负提出建议，从而维持信访的可持续治理能力。其思路就是通过揭示信访制度的理想与现实容量及其运行态势，形成对信访治理功能与限度的大致判断；并认为只有在大规模消减信访存量的基础上，才能为信访制度的进一步调整和改革创造条件。参见刘正强：《信访的"容量"分析——理解中国信访治理及其限度的一种思路》，《开放时代》2014年第1期。

方面的因素影响了当事人的法律认知，产生了对司法的不信任感，将自己的诉讼风险全部转嫁到司法腐败上，一旦判决结果与预期有差距，就先入为主地认为是司法腐败所致，走上信访道路。（7）衍生型信访，指当事人最初的信访可能只是案件本身，但由于信访过程中接待处理不当，造成了当事人更大的权利侵害，当事人接着旧账新账一起算，走上了信访之路。从以上七种信访的发生原因来看，造成信访的原因有客观原因，也有主观原因，有社会文化原因，也有社会制度自身的原因，说明我国信访制度在很多方面仍然有改进的空间。例如，在处理人民群众间利益冲突时注重法律与情理的结合、强化法律文书的说理、提升人民群众对裁判文书的信服度等，防止信访的发生。①

三、信访类型化方案的评述

以上分类方法基本包括了实务界以及学界关于信访类型化的思路，从中不难发现，众多的划分标准也带来了规则的混乱，一定程度上加重了信访改革的难度，似乎呈现出理论难以完满地回应现实需求的状况。例如，"维权型上访"与"谋利型上访"的分类标准就并不明晰，两者会有重合，维权的"权"有可能就是某种利益，学者将"谋利型上访"限定在"无理上访"，忽视了"积极主动争取额外利益"并非一定属于"无理"的行为。在给付行政逐渐受到社会认可的现实环境下，将给付利益受损后的救济措施界定为"无理"也是值得商榷的。

多样化的分类标准正是对信访本身的复杂性与多面性的客观展示，较为系统地呈现了未来信访改革中不能回避的问题。从这个意义上来说，学界的多种观点为信访的类型化发展提供了智力支持，如应星的"历史分析法"着重于研究信访的历史沿革，有助于我们加深对信访制度的"前世今生"的了解，说明信访这一制度从产生到发展，都扎根于不同的历史时期，是为了满足社会发展或政治稳定的需要。从这方面来讲，应星的历史研究方法警醒我们，对信访制度的改革必须结合时代背景，不能对特殊的社会环境"视而不

---

① 参见亚敏：《涉诉信访的理论与实证研究——以浙江省为例》，《法治研究》2011 年第 6 期。

见"或"等而视之";"主观目的分析法"让我们认清了上访者的不同心理，某种程度上解释了"信访不信法"的现象；采用"合法性分类法"对信访行为进行的归类与"主观目的分析法"上的分类有类似之处，也有独到见解。

"对口管理"的信访分类方法是将该区域的社会矛盾按照国家机关的部门进行分配，形成"专案专管"的工作方式，各部门单打独斗，一方面固然有助于快速发现"病症"所在，却易陷入"头痛医头，脚痛医脚"的境地，不利于运用多种手段化解社会纠纷。此外，在科层制政治体制下，根据涉案部门划分容易找到具体的负责单位，哪个领域出问题了一目了然。于是，相关部门为了避免出现因信访量多而产生问责，便会想尽一切办法阻止人民上访（尤其是越级上访），于是采取"截访"、"设置黑监狱"、"限制人身自由"等方式也就不足为怪了。从这个方面来看，按涉案部门的划分方法是传统压力型体制下的制度性依赖的结果，很难从根本上化解信访矛盾，缓解党政机关的信访压力。

"以总结信访实践为目的的信访类型化"的研究方法与"以改革信访体制为目的的信访类型化"的研究方法两者相辅相成，各有侧重却又无法截然分开，因为理论的探究与实践历史总结总是以促进目前的改革发展为目的和动力的。但从目前学界对信访分类的研究来看，针对信访制度改革的分类为数不多，如何通过信访的分类来分流信访的不同治理路径的探讨尚嫌浅显。

四、展望

随着改革进入"深水区"，各种矛盾日益凸显，非正式社会矛盾处理机制日益成为正式纠纷解决机制的有益补充。一方面，信访制度在化解社会矛盾方面发挥着余热，成为社会矛盾的集散地；另一方面，信访本身也存在一些亟须解决的问题，如与司法的关系协调问题，信访制度改革已经成为共识。从某种程度上来说，信访分类是应当优先解决的问题，而学界对信访分类的问题并未有足够的认识，导致信访体系的混乱。目前学者提出的各式分类方法或太复杂而难有现实指导意义，或存在分类标准的不确定性导致各个阵营之间"剪不断、理还乱"的纠葛。正是在这种困境之下，明确分类标准以指导实践中的信访问题才具有极为重要的意义。

正如前文所展示的那样，实务界与学界、学者与学者之间关于信访类型化的标准之分歧远远多于共识，但这并不能成为我们在信访改革上不作为的理由。为了避免"有分类无治理"的困境，可以先从共识性的类型入手，比如目前已基本形成对涉法涉诉信访的认识，便可以此为抓手。另一方面，学界与实务界应当增进交流，将学者的理论关怀转化为实务上的行动，只有这样才能避免信访改革理论与实践"两张皮"现象，才能以信访类型化思维推动信访改革，同时在实践中检验信访类型化理论的科学性。

第六章

信访制度关联性研究述评

一、引言

按照《信访条例》第 2 条的规定，信访是指公民、法人或者其他组织采用书信、电子邮件、传真、电话、走访等形式，向各级人民政府、县级以上人民政府工作部门反映情况，提出建议、意见或者投诉请求，依法由有关行政机关处理的活动。然而，伴随着当代中国艰难的社会转型，信访业已成为举国上下共同关注的热点和敏感话题。如何妥善应对汹涌而来的"信访潮"，如何科学构建我国的行政纠纷解决体系，如何满足人民群众日益增长的权利诉求，这些都是事关法治国家建设的重大命题。在我国《行政诉讼法》修改完成、《行政复议法》即将修改之际，探讨信访与行政诉讼、行政复议之间的关联，对于国家治理体系和治理能力的现代化无疑具有重要的现实意义。

从某种意义上来说，在我国，信访在行政纠纷解决体系中相较于行政诉讼和行政复议处于相对强势的地位。一方面，行政诉讼特别是行政复议案件的数量一直在低谷徘徊；另一方面，信访的数量则始终居高不下。在诸多的信访案件中，绝大多数都是因为"官"与"民"之间的纠纷没有通过正常的救济渠道得到化解。尤其值得关注的是，当下的信访救济还呈现出五个方面的异象：一是信访主体呈现多样化的态势，除了失地农民、下岗职工、拆迁户等弱势群体之外，有关体制内的法官、公务员信访的报道也时有出现；二是信访频率呈现递增的态势，当事人"缠访"、"闹访"的情形不断增加；三是信访时机呈现节日化的态势，当事人往往选择重大、敏感节日期间去信访；四是信访人呈现群体化的态势，当事人往往通过"抱团"信访达到"大闹大解决"的效果；五是信访地点呈现越级化的态势，当事人动辄奔赴省城或京城，希望通过影响"上面"而寻求问题的解决。上述异象的频繁出现，正是社会转型时期中国信访潮涌现的现实写照。

近年来，国家层面高度重视信访法治化工作。中共中央办公厅、国务院办公厅、中央政法委相继出台了《关于依法处理涉法涉诉信访问题的意见》、《关于建立涉法涉诉信访事项导入法律程序工作机制的意见》、《关于建立涉法涉诉信访执法错误纠正和瑕疵补正机制的指导意见》、《关于健全涉法涉诉信访依法终结制度的实施意见》等一系列重要文件，试图在治理涉法涉诉信访问题的同时，改造信访在国家纠纷解决体系中的地位。诚如学者所言，信访本身也是法治的一个重要组成部分，无论是投信或者走访，都是法治的重要组成部分，信访与法治并不是矛盾的，更不是对立的。信访本身并不是"法外之地"，而是太多的信访事项没有在法治的轨道内解决，这些具体的事项应该纳入法治轨道。① 为此，本章就信访与行政复议、行政诉讼关联性研究文献的整理，揭示信访在国家治理体系中可能的作用空间。

二、信访与行政复议的关联

《行政复议法》第1条规定："为了防止和纠正违法的或者不当的具体行政行为，保护公民、法人和其他组织的合法权益，保障和监督行政机关依法行使职权，根据宪法，制定本法。"《信访条例》第1条规定："为了保持各级人民政府同人民群众的密切联系，保护信访人的合法权益，维护信访秩序，制定本条例。"行政复议与信访作为化解社会矛盾的方式，虽然制度所依托的法律规范层级有高低之分，但其出发点具有同构性，即保护公民、法人和其他组织（或信访人）的合法权益以及监督行政主体，维护社会秩序。这种立法目的上的同构性为二者的关联建立了沟通的"桥梁"。正如学者所言，"行政复议与信访都是在行政系统内由行政部门自身解决行政争议的渠道"，然而，"立法上的不协调导致实践中人们对如何合法、妥善地处理信访与行政复议的关系产生了许多困惑"，所以，"如何在厘清制度关联的基础上，将两者

---

① 参见王殿学：《中国行政法学研究会副会长杨建顺：四中全会应是"法外之地"转折点》，《南方都市报》2014年10月22日。

合法、有效地衔接起来，对在实践中优化制度配置，依法、切实地推进两项工作具有迫切意义"。①

（一）信访与行政复议在受理范围重合上的处理

根据《行政复议法》第 6 条第 1 款的规定，有法定 11 种情形之一的属于行政复议的范围，公民、法人或者其他组织可以依照该法申请行政复议。《行政复议法》中的"可以"应理解为：（1）行政相对人在法律规定的期限内对 11 种具体行政行为不服，可以选择申请复议。（2）除非特别法规定了复议前置的要求，当事人也可以不申请行政复议而根据《行政诉讼法》的规定直接提起诉讼。值得注意的是，《行政复议法》中的"可以"申请行政复议是否也意味着，当事人对属于行政复议范围的事项，可以不复议而先行信访呢？单从《行政复议法》看是可以先行信访的，但是，由于《行政复议法》不是调整信访的法律，对信访与行政复议的关系也未作明确规定。因此，对两者的关系应当适用《信访条例》第 14 条第 2 款的专门规定，即对依法应当通过诉讼、仲裁、行政复议等法定途径解决的投诉请求，信访人应当依照有关法律、行政法规规定的程序向有关机关提出。显而易见，"应当"申请复议的行政争议，是不能由信访部门受理解决的。也就是说，在行政系统内部不得以信访取代相对人应通过复议获得的救济，复议的作用应当是基础性的，而信访所应发挥的只是在无法启动行政复议之后的拾遗补缺的作用。②

于晓琪、吕成认为，信访事项的受理范围，就是要明确信访的功能不在于进行实体权利救济，而在于通过一种间接的途径进行监督，因此，但凡涉及当事人实体权利义务关系的行政争议，应该尽可能地引导到行政复议或行政诉讼途径加以解决，而不能作为信访的受理范围。信访本身也不应积极介入实体权利义务关系的具体处理，这一方面有利于减轻信访的压力，另一方面也有利于纠纷通过法律途径解决。③

王锴、杨福忠认为，由于《信访条例》并没有具体列举信访的受案范围，而仅规定信访必须是针对行政机关及其工作人员等的职务行为提起，因此，

---

① 参见杨寅：《信访与行政复议衔接疑难问题解析》，《法学》2007 年第 6 期。
② 同上。
③ 参见于晓琪、吕成：《加强信访与行政复议的衔接互动》，《理论探索》2011 年第 6 期。

可以认为《信访条例》的受案范围主要是采取反面排除的方法，即不能通过行政诉讼、仲裁和行政复议等法定途径解决的争议方可进入信访。通过比较行政诉讼法、行政复议法、行政赔偿和仲裁等正式行政救济制度的受案范围，可以发现，行政领域的救济型信访主要受理：（1）内部行政行为。但行政机关对聘任制公务员所作的与履行聘任合同有关的决定除外。（2）抽象行政行为。但根据《行政复议法》第7条的规定，抽象行政行为中的一部分（国务院部门的规定，县级以上地方各级人民政府及其工作部门的规定，乡、镇人民政府的规定）是可以通过行政复议一并审查的。（3）国家行为。如在历次政治运动中受到迫害和打击、红军或者党员的政治身份认定、要求平反等政策性与政治性问题等国家行为。（4）其他不属于行政复议、行政诉讼、行政赔偿、仲裁受案范围的职务行为。①

黄涧秋表达了相似的观点。《信访条例》第14、21条要求信访工作机构对于已经或依法应当通过行政复议等法定途径解决的信访事项不予受理的应同时告知信访人行政复议等法定途径。这些规定明确了行政复议作为"法定途径"在救济渠道选择上的优先性，同时也为信访工作机构确定了将某些信访事项"分流"到行政复议渠道的义务，如果信访人已经通过行政复议渠道解决行政争议，为了避免信访与行政复议相互"打架"，从而在行政系统内部产生不同的处理结果，信访工作机构对这种信访事项应当不予受理。对于信访人应当通过行政复议解决的行政争议，信访工作机构也应当不予受理并告知信访人行政复议的途径。这两个方面的义务凸显了行政复议的优先性和信访的补充性。②

还有学者表示，要发挥复议的主渠道功能还需要完善行政复议机构的设置及运行程序。例如，推行相对集中行政复议审理工作；集中审理行政复议案件；分别裁决复议案件；扩大申请复议的受案范围；保证程序的公平公正，保障申请人的参与权等。

（二）信访部门对超过行政复议期限或经过复议的信访事项的受理

因行政复议期限的问题导致不能获得行政复议的救济能否提起信访，这

---

① 参见王锴、杨福忠：《论信访救济的补充性》，《法商研究》2011年第4期。
② 参见黄涧秋：《论信访的行政救济功能及其与行政复议的关系》，《理论导刊》2009年第8期。

一问题引发了广泛的讨论。其可分为两种情况：一是超过行政复议期限方才提起信访；二是行政复议决定已发生效力，但当事人在法定期限内没有提起行政诉讼或者说已经超过行政诉讼的起诉期限。

对于第一种情况，于晓琪、吕成认为，设置行政复议期限目的在于督促当事人尽早提出请求，以维护行政行为的稳定性。因期限问题致使当事人丧失了通过行政复议获得救济的权利不能成为当事人获得信访处理的当然理由。如果信访机构可以随意处理相关争议，则行政复议乃至行政诉讼的期限制度将形同虚设，行政复议和行政诉讼的程序效力也不复存在。[①]

杨寅认为，在决定是否受理原本应当由行政复议机关解决的行政争议案件时，信访部门应当审查信访人没有在法定期限内申请复议是否"情有可原"，或者说存在主观故意的过错。这包括四种情况：（1）信访人未能在法律规定的期限内申请复议是因不可抗力或者其他正当理由耽误法定申请期限的。在此情况下，根据《行政复议法》第9条的规定，申请期限自障碍消除之日起继续计算，当事人依然可以申请行政复议；因此，信访部门不应受理信访人的信访申请，而应当建议当事人向复议机关说明缘由。（2）信访人未能在法律规定的期限内申请复议是因作出原具体行政行为的行政主体未告知行政相对人，对具体行政行为不服可申请复议，致使行政相对人错过复议时效的，信访部门可以受理。（3）信访人未在法定期限内申请行政复议，也未在法定期限内提起行政诉讼，但在期限结束后发现有新证据可以证明原具体行政行为所依据的事实、证据存在重大瑕疵，违反法定程序，行政主体超越或者滥用职权，以及具体行政行为明显不当的，信访部门应当予以受理。（4）如果原处行政机关或行政复议机关能够证明当事人未能在法律规定的期限内申请复议是因自身故意过错拖延而造成的；或者信访部门可以主动查明信访人存在故意过错拖延行政复议的事实，信访部门均不应受理信访人的信访投诉。[②]

在第二种情形下，信访部门对已经行政复议的信访事项的受理。《行政复议法》没有对复议程序终结之后又有新证据证明原行政行为有违法或明显不当的情况作出规定。特别是当此类具体行政行为不属于行政诉讼的受案范围，

---

① 参见于晓琪、吕成：《加强信访与行政复议的衔接互动》，《理论探索》2011年第6期。

② 参见杨寅：《信访与行政复议衔接疑难问题解析》，《法学》2007年第6期。

或者已过诉讼时效，相对人无法通过诉讼程序获得救济时，信访部门可以受理此类行政争议案件，以便保障相对人的合法权益。具体情况如下：（1）不适当的具体行政行为。由于行政诉讼不审查具体行政行为的适当性，经复议的具体行政行为的适当性被新的证据证明存在明显瑕疵或显失公正的，信访部门应当受理。此时应注意的是，所谓明显瑕疵或显失公正是指该行为不存在合法性问题，否则就应该通过向司法机关提起诉讼获得救济。（2）不属于行政诉讼受案范围的具体行政行为。对比《行政复议法》和《行政诉讼法》受案范围的规定，行政诉讼不予受理的具体行政行为主要是指由行政复议机关最终裁决的具体行政行为。如果确有新的证据表明此类行为存在合法性或明显的适当性瑕疵，当事人向信访部门投诉，信访部门应当予以受理。（3）《行政复议法》第 7 条规定的抽象行政行为（行政规定）。当事人在对前述第（1）、（2）种具体行政行为作为信访事项予以投诉时，如果认为其所依据的相关规定也存在由新的证据可予以证明的违法性或明显瑕疵时，可以投诉。信访部门在由信访事项处理机关对投诉的具体行政行为作出处理的同时，可以按照其工作程序将对行政规定的投诉转交有权处理的部门。

（三）先信访后复议的处理规则

对于信访活动是否可以纳入行政复议或者行政诉讼的范畴，目前仍然存在争议。例如，在 2007 年全国第八次行政复议协作会上有关行政复议受案范围的讨论中就曾经涉及有关信访方面的五个问题，具体包括：如何合理划分信访和行政复议的受案范围；对信访处理结果不服的能否申请复议；对行政机关未履行信访答复职责的行为能否申请复议；对行政机关的投诉、举报的处理结果，能否申请复议；对行政机关对信访件的复函内容，能否申请复议。从讨论的结果来看，无论从信访和复议的关系，还是信访处理活动的具体环节是否可以作为行政复议的对象，都存在不同意见。同时，实践中对信访处理结果可诉与否的处理也是标准不一，全国范围内未能形成一致规范。因此，有必要就信访纳入行政复议范围问题作深入探讨。

反对行政复议受理信访处理行为主要依据是《信访条例》所规定的信访复查和信访复核制度。根据《信访条例》第 34 条和第 35 条的规定，信访人对行政机关作出的信访事项处理意见不服的，可以自收到书面答复之日起 30

日内请求原办理行政机关的上一级行政机关复查。信访人对复查意见不服的，可以自收到书面答复之日起 30 日内向复查机关的上一级行政机关请求复核。与此同时，《信访条例》第 35 条第 3 款规定："信访人对复核意见不服，仍然以同一事实和理由提出投诉请求的，各级人民政府信访工作机构和其他行政机关不再受理。"这一类似"三审终审"制的规定当然可以理解为不再受理进行信访，但是鉴于无论复议机关还是信访机构受理最终都会影响到实体权利，而行政机关之间按照上下级隶属关系要求需要遵循"下级服从上级"的指示，在《信访条例》明确要求的情况下，在复核之后，行政复议机关就不宜再受理该案。不过，目前多数学者赞同将信访纳入行政复议的范畴，只是在具体范围上存在争议。

基于信访通常区分为投诉建议类信访和不服决定（求决）类信访，有观点认为，求决类信访处理应当纳入复议范畴，因为行政机关对投诉建议的处理主要属于政治责任或行政特权。也有学者对此表示质疑，认为批评建议类信访处理不应完全被置于法律监督之外。如信访处理过程包含越权行为，复议机关也应当受理，而无论信访人提出的是求决类申请还是批评建议类申请。质言之，行政复议是否受理信访处理行为，应当按照职权而非按照形式决定。如果属于职权范围，无论是基于《信访条例》而产生的职权还是基于其他立法产生的部门职权，都应当接受复议的监督。①

杨寅将信访是否产生新行政法律关系作为信访案件进入复议程序的筛选标准。他认为，从行政法律行为的行为性质上分析，应当把通过信访部门转交给有权处理的行政机关办理的，甚至是在一些特殊的信访事项中，由信访工作机构直接承办的，具备一项新的具体行政行为要件的投诉请求类信访事项纳入可复议的范畴。只要信访处理机关的处理决定改变了信访人在法律上的权利或义务，产生了不同的法律效果，就可视为新决定和新行政法律关系的产生。②

章剑生认为，行政复议的功能在于解决行政争议，那么，"可复议性"的

---

① 参见程洁：《信访投诉纳入行政复议范围的法理论纲》，《江苏大学学报（社会科学版）》2011年第 6 期。
② 参见杨寅：《信访与行政复议衔接疑难问题解析》，《法学》2007 年第 6 期。

认定要件就必须满足这一功能的需要。关于"可复议性"的认定要件，至少应当考虑三个方面的内容：一是行政复议的客体，即行政法律行为和影响行政相对人权益的行政事实行为在内的具体行政行为；二是受影响的权益是合法权益；三是具体行政行为具有可决定性，即按照现行法律规定，复议机关可以作出能够在法律上彻底解决行政争议的复议决定。据此，他认为首次处理行为、改变处理行为和撤销处理行为三类信访处理行为符合行政复议的可复议性的认定要件，因而具有可复议性，而重复处理行为则没有可复议性。[①]

黄涧秋认为，要从行政复议的受案范围以及《信访条例》本身所规定的监督程序两个方面进行综合考虑。对信访事项有权处理的行政机关可以对信访请求作出支持或不予支持的处理意见。如果有行政机关不予支持信访请求，那就意味着该信访处理意见并没有改变信访请求中所针对的原行政行为，在这种情况下，由于有关行政机关没有创设一个新的具体行政行为，该处理意见不属于行政复议的受案范围。如果有关行政机关支持信访请求，那就意味着它改变了原具体行政行为，为信访人创设了新的权利和义务，从理论上来说，信访人可以针对该信访处理意见提起行政复议。但是，既然是有关行政机关支持了信访人的请求，一般可以推断信访人没有必要提起行政复议，不过因为新的处理意见可能给信访中的第三人带来权利义务的变化，不排除该第三人对信访处理决定提出行政复议。[②]

总之，对信访部门和信访处理机关来说，在处理信访案件中应当尽量避免在处理因原具体行政行为而产生争议的过程中，重新作出新的具体行政行为，进而再启动复议，而应当就事论事，避免产生"案中案"。如果行政复议机关的复议决定或者原行政决定的确存在合法性与合理性的重大瑕疵，或者当事人提出的新证据足以改变原认定事实且影响行政决定内容的，信访处理机关应当在既维护行政复议机关的权威（尤其是在复议决定已经生效的情况下），又保护行政相对人合法权益的基础上，通过协调与补偿的方式解决争议，并及时撤销或改变，或通过建议纠正原行政决定。

---

① 参见章剑生：《论信访处理行为的可复议性——基于〈信访条例〉有关规定所展开的解释》，《法商研究》2011 年第 6 期。

② 参见黄涧秋：《论信访的行政救济功能及其与行政复议的关系》，《理论导刊》2009 年第 8 期。

《信访条例》第 34、35 条为信访人不服处理意见设置了两次救济机制，即信访人可以请求原办理行政机关的上一级行政机关对处理意见进行复查和复核。与行政复议的"一级复议原则"相比，信访的层级监督机制显得更为复杂。按照前文所述，信访人也可以对某些处理意见提出行政复议，而该行政复议的受理机关可能同时也是信访处理意见的复查机关，那么，这种行政复议和信访的复查复核机制如何协调？对此，黄涧秋认为，信访的复查、复核机制在纠正原处理意见的功能方面与原处理意见申请行政复议相互重叠，但是两者是基于不同法律规定而产生的不同的行政救济程序，信访的复查复核机制除了具有改变原处理意见的作用以外，还具有监督信访程序本身的作用，为了维护信访程序的完整性和避免不同的上级行政机关作出不同的处理意见，信访人在进入信访复查程序以后，就不应当再转向行政复议程序。① 而章剑生认为与前述第二次处理行为一样，行政机关作出的复查、复核处理行为在内容上如果与被复查、复核的信访答复一致的，则为重复处理行为，不能进入复议程序。反之，如果行政机关作出的复查、复核处理行为在内容上不同于被复查、复核的信访答复的，则属于改变处理行为，复议应予以受理。②

三、信访与行政诉讼的关联

在我国，信访与行政诉讼的关系认识经历了一个不断发展的过程。从"信访是行政诉讼的一个重要环节"到"信访是行政诉讼的补充机制"，直至实现诉访分离，有关信访与行政诉讼关系的议论颇为热烈。诉访分离的价值并非要强制信访案件进入司法途径解决，也非盲目推崇和迷信司法的解纠功能，而是实现信访和司法在国家治理体系中的准确定位。

（一）信访与行政诉讼受案范围重合的处理

根据《信访条例》第 14 条第 2 款的专门规定，即对依法应当通过诉讼、仲裁、行政复议等法定途径解决的投诉请求，信访人应当依照有关法律、行

---

① 参见黄涧秋：《论信访的行政救济功能及其与行政复议的关系》，《理论导刊》2009 年第 8 期。
② 参见章剑生：《论信访处理行为的可复议性——基于〈信访条例〉有关规定所展开的解释》，《法商研究》2011 年第 6 期。

政法规规定的程序向有关机关提出。对于应该通过诉讼解决的争议，信访机构不予受理，诉讼具有优先性。诉讼程序应当首先适用，充分保障司法过程中当事人合法权利的正当行使，这是基本的前提条件。如果通过诉讼程序仍然无法解决所"访"的问题，就应当通过以下途径解决。

在现实中遇到的困境是受案范围狭窄，是司法救济受堵进而移转至信访的一大原因。在体制转型过程中，法律所确立的权利保护原则和权利救济手段受到具体政策执行的制约，一部分纠纷因"不受理"的司法政策而被拒之门外，原本可以由司法处理的事项因制度渠道的堵塞而涌入信访。通过扩大诉讼程序的受案范围、加大司法审查的力度等方式予以整合，司法对信访的分流效应将更加显著而有效。如今，新《行政诉讼法》的实施将通过受案范围的拓展对信访数量的减少起到积极影响。

（二）信访处理问题的可诉性

在行政诉讼中，法院遇到质疑信访处理行为合法性的案件并非少见。关于信访处理行为的可诉性问题，因信访案件本身具有高度的政治敏感性，又因我国法院至今没有掌握将政治问题转化为法律问题的技术，所以法院一直持十分谨慎的态度加以对待。直至2005年，最高人民法院才给出一个将涉访的行政争议案件"推出法院大门"的答复："信访工作机构是各级政府或政府工作部门授权负责信访工作的专门机构，其依据《信访条例》作出的登记、受理、交办、转送、承办、协调处理、督促检查、指导信访事项等行为，对信访人不具有强制力，对信访人的实体权利不产生实质影响。信访人对信访机构依据《信访条例》处理信访事项的行为或者不履行《信访条例》规定的职责不服提起行政诉讼的，人民法院不予受理。对信访事项有权处理的行政机关依据《信访条例》作出的处理意见、复查意见、复核意见和不再受理决定，信访人不服提起行政诉讼的，人民法院不予受理。"

章剑生认为，这个"答复"可分为两层意思：（1）对于行政机关"登记、受理、交办、转送、承办、协调处理、督促检查、指导信访事项等行为"，最高人民法院以这些行为对信访人"不具有强制力"和对信访人的"实体权利不产生实质影响"为由，把它们排除在行政诉讼的受案范围之外这层意思与当下主流的行政诉讼法理论基本一致。（2）最高人民法院把"处理意见、复查意见、复核意见和不再受理决定"排除出行政诉讼的受案范围，却没有给出相应的理由，给我们留下一个未解之谜。但是，实践中的个案显示，信访处理行为并非当然不具有可诉性。因此，这个"答复"的内容值得商榷。① 笔者认为，根据前述信访与复议关系的处理一致，可以以是否改变具体行政行为为标准为依据，如果对原行为产生了实质性影响的，应该具有可诉性；如果没有，则不具有可诉性。

（三）涉诉信访的处理

早在 2004 年 4 月，最高人民法院在长沙召开的全国法院信访工作会议上就提出了"涉诉信访"的概念，目的是将法院涉诉信访与其他信访区别处理。通常认为，涉诉信访是指与某一具体诉讼案件相联系，针对人民法院审判和执行案件的行为或结果，要求人民法院启动司法程序，实施一定诉讼行为的有关当事人的来信和来访。涉诉信访与普通信访最大区别在于"涉诉性"，具体表现为四个方面的关联：一是信访的动因与具体案件的审理相关联；二是信访人诉愿与诉讼的争议事项相关联；三是信访程序与案件的诉讼程序相关联；四是信访事件的处理与案件的裁判结果相关联。涉诉信访概念的提出显现了最高人民法院对法院信访工作特点的把握和规范涉诉信访现象的努力，并得到了中央的认同。2009 年 3 月，最高人民法院发布《"三五"改革纲要》，正式提出"建立'诉'与'访'分离制度"，并将其作为"完善涉诉信访工作机制"的一个重要方面。

党的十八届三中全会《决定》提出，实行网上受理信访制度，健全及时就地解决群众合理诉求机制，把涉法涉诉信访纳入法治轨道解决，建立涉法涉诉信访依法终结制度。2014 年 2 月 25 日，中共中央办公厅和国务院办公厅下发的《关于创新群众工作方法解决信访突出问题的意见》提出，将涉法涉诉信访纳入法治轨道解决，建立涉法涉诉信访依法终结制度。2014 年 3 月 19 日，中办和国办下发的《关于依法处理涉法涉诉信访问题的意见》提出，改革涉法涉诉信访工作机制、依法处理涉法涉诉信访问题的总体思路是：改变经常性集中交办、过分依靠行政推动、通过信访启动法律程序的工作方式，

---

① 参见章剑生：《论信访处理行为的可复议性——基于〈信访条例〉有关规定所展开的解释》，《法商研究》2011 年第 6 期。

把解决涉法涉诉信访问题纳入法治轨道，由政法机关依法按程序处理，依法纠正执法差错，依法保障合法权益，依法维护公正结论，保护合法信访、制止违法闹访，努力实现案结事了、息诉息访，实现维护人民群众合法权益与维护司法权威的统一。具体包括：实行诉讼与信访分离制度、建立涉法涉诉信访事项导入司法程序机制、严格落实依法按程序办理制度、建立涉法涉诉信访依法终结制度以及健全国家司法救助制度。

有的学者认为，我国"涉诉信访"难以终结的原因在于，我国实行二审终审制，即经过二审审理作出的裁判，具有终局效力。同时，基于"有错必纠"的司法理念，诉讼法又设立了申请再审/申诉制度。而无限申诉的现状冲击司法的终局效力，其弊端集中表现在：一是没有时间限制；二是没有次数限制；三是没有案件种类限制。① 有的学者认为，依据法治的一般原则，当事人对司法裁决中事实和法律问题不服，应当通过司法系统自身的上诉、申诉程序解决。非司法机构对司法案件予以决断，司法权将不可避免地丧失独立性。其一，提升二审及再审效能，改革再审制度，变严格再审条件为建立再审之诉，彻底解决当事人申诉难、再审立案难的问题，进一步缩小涉法信访的范围，把不符合再审立案的问题作为信访处理。其二，构建科学的司法行为不端及轻微违法违纪行为的调查和惩戒制度。对司法人员职业行为及非职业行为出现的行为不当，不少国家普遍确立了司法惩戒制度。我国应当借鉴国外的有益做法，确立司法系统自身的投诉受理和行为惩戒机制，结合《法官行为规范》的执行，实施包括设立专门针对行为不端的受理机构和惩戒机构等措施，进一步提升司法行为公正度和司法队伍形象。② 有学者认为，当诉讼程序结束后仍然有上访活动的，应该通过建立外部的信访终结机制来解决。信访终结后，信访当事人继续信访闹访的，人民法院不再作为信访案件处理，但应通知有关责任单位切实做好矛盾化解工作。也就是说，信访终结后，如果当事人仍不能接受的，法院可以不再将其作为信访案件进行实质意义上的

---

① 参见唐震：《"诉""访"分离机制的正当性建构——基于经验事实和法律规范的双重视角》，《法律适用》2011年第9期。
② 参见刘旭：《信访法治化进路研究——以信访的司法分流为视角》，《政治与法律》2013年第3期。

处理，但仍有义务与有关责任单位一起承担维稳责任。① 有学者则提出了解决涉诉信访困境的辅助措施，具体包括：建立信访风险告知制度；加强正当法律程序制度建设；强化释明制度；强化判决书的说理性，建立判决书全面公示制度；推行判后答疑制度，化解当事人的对立情绪；明确再审的标准和程序；改革法院经费保障机制，实行各级法院经费由中央或省级财政供给。②

四、展望

就理想状态而言，中国多元化行政纠纷解决机制的构建实际上就是一个多方面机制统筹协调、互为补充的过程。在这一新的行政纠纷解决体系中，行政复议以其及时、方便、灵活、彻底等优势而成为最重要的纠纷解决方式；行政诉讼以其公正、权威、有效等优势而成为次要的纠纷解决方式；作为"新宠"的行政调解则会发挥"分流"行政纠纷的作用；信访则被定义为具有底线作用的纠纷解决方式。

在未来中国较为理想的多元化行政纠纷解决体系中，信访主要发挥权利救济的底线作用。换言之，只有当行政调解、行政复议和行政诉讼无法将正义运送到行政相对人身边时，信访才具有"在场"的可能。信访底线作用的发挥源自信访之于法治"亦敌亦友"的特殊关系：从现代法治追求普遍正义和程序正义的角度上看，信访因追求个案正义和实质正义而成为法治的敌人；从法制框架内预设法院再审程序和行政程序重启等例外制度弥补法治的局限角度来看，信访这种法制之外的纠偏机制同样能够成为法治的朋友。

在将信访纳入多元化行政纠纷解决体系之后，最为关键的问题是合理确定信访制度的运作空间，特别是妥善消解"涉诉信访"问题。大体上来说，涉诉信访案件需要进行两层过滤：首先，对于属于行政复议及行政诉讼受案范围的行政纠纷，只要没有超过复议申请期限或起诉期限，信访部门就应当提示当事人通过法律之内的救济方式寻求解决；其次，对于已经通过行政复议或行政诉讼处理的行政纠纷，只要还没有超过法律规定的申诉处理期限，信访部门还是应当提示当事人通过申诉或者转由人民法院、人民检察院通过

① 参见裴小梅：《化解涉诉信访问题的法律思考》，《领导科学》2013 年第 12 期。
② 参见祁雪瑞：《涉诉信访的困境与出路探析》，《中州学刊》2008 年第 6 期。

启动再审程序协调处理。有理由相信，在对涉诉信访案件的过滤过程中，行政复议和行政诉讼应有的地位将得到较好的修复。按照上述构想，未来解决行政纠纷将不是信访的主要功能，其运作空间将着力于两方面：一是不属于行政复议或行政诉讼受案范围的失当行政行为；二是现行法律框架内无法解决的重大历史遗留问题。其中，前者旨在通过对失当行政行为的监督，建立起全方位的针对行政行为的救济之网，实现民众权利有效且无漏洞救济的目标；后者则完全是对现代法治的补充，使得某些重大历史遗留问题不因证据的缺失而无法获得实质性解决。鉴于后类案件的数量将日益减少，今后信访所解决的问题主要限于失当行政行为所引发的争议。倘若能够实现上述改革，中国的多元化行政纠纷解决体系的实效将更加突显，"信访潮"最终也将获得妥善消解。

第 七 章

信访制度比较研究述评

一、引言

　　文献检索显示，目前有关信访制度比较研究的理论成果依然有限，国内鲜有著作及学术论文较为全面或系统的涉及信访制度比较研究，多表现为一种零星功能上的比较借鉴，如范愉在《申诉机制的救济功能与信访制度改革》一文中，通过观察和总结国外申诉（监察）专员的制度架构及其运作经验，针对我国信访面临的诸多危机提出了制度重构的建议。[①] 但可喜的是，北京市信访矛盾分析研究中心于 2013 年出版的《信访制度与国外相关制度分析研究》[②] 一书填补了信访制度比较研究的空白。该书结合当前信访制度面临的现实挑战，将信访制度与瑞典、英国的议会监察专员制度，德国公民申诉制度，法国人民权益保护官制度，日本行政相谈和苦情制度进行比较性质的分析，为我国信访制度的改革和完善提供了有益的域外经验，成为信访制度比较研究领域最具代表性的著作。现有信访制度比较研究成果的缺失，起因于我国信访制度的特殊性。不过，立足功能主义的视角，可以看出，我国台湾地区的陈情制度、我国香港地区的申诉专员制度、日本的苦情处理制度、法国的人民权益保护官制度、欧洲的议会监察专员制度与信访制度具有一定程度的可比性，可以从中得到相应的启示。

[①]　参见范愉：《申诉机制的救济功能与信访制度改革》，《中国法学》2014 年第 4 期。

[②]　参见王凯主编：《信访制度与国外相关制度分析研究》，中国民主法制出版社 2013 年版，第 120 页。

二、类比信访的域外制度介绍

（一）信访比较研究中论及的域外制度

1. 我国台湾地区陈情制度

陈情，即自陈哀情，为我国台湾地区现今特有的行政程序，作为"向政府陈述意见"的一种方法，在我国台湾地区"行政程序法"中有所规定。陈情制度的特色主要体现在三个方面：一是形式的灵活性。陈情作为一种非形式化之行政救济手段，基于便民之目的和原则，不要求具有特定形式，书面、言辞、现场陈情皆可。以言辞方式提出的，受理行政机关应做成记录，并允许陈情人可针对记录提出异议，审查合理的，应及时更正。同时，该制度不受期间限制、次数限制、管辖限制，及行政作用关系人为限，最大限度地为公民提供了便利。① 二是功能的多元性。公民通过检举控告行政机关违法失职行为，并不限于行政处分，还包括政府政策、行政措施、法令规章之革新等，以此维护公民行政上的合法权益。由此可见，陈情制度之设计，不仅实现个人权益的保障，同时也关乎国家公益的维护，具有行政救济、行政监督、行政指导服务的多重功能。② 三是处理的高效性。权利观念的发展形成了行政救济基础理论的关键理论，即"迟来的权利则非权利"以及"权利而无救，则非权利"。③ 陈情制度特色就在于简单迅速、快捷高效、方便为民。由于陈情事项广泛、内容不一、特性不同，因此需酌情订立相应的处理方式。这样才能有效地排除官民之间的矛盾、纠正行政违法失职行为、及时反馈公民信息、改进行政机关的管理，更好地保障了陈情人的合法权益。

2. 香港行别行政区申诉专员制度

在香港特别行政区，和内地信访制度较为接近的是行政申诉专员制度。"申诉专员制度是指，政府部门和公共机构的不作为、决议或决定的行政活动如被认为不当，市民为保障个人或集体利益而通过法定途径去求得纠正或救

---

① 参见李震山：《行政法导论》，（台湾）三民书局 2011 年版，第 535 页。
② 参见徐东：《台湾地区陈情制度介评暨其与大陆信访制度之比较》，《台湾法研究学刊》2002年第 1 期。
③ 涂怀滢：《行政争讼的问题暨其修正》，（台湾）三民书局 1998 年版，第 208 页。

济的制度。"① 其目的在于"透过独立、客观及公正的调查，处理和解决因公营部门行政失当而引致的不满及所引发的问题，借以改善公共行政服务素质及水平，并促进行政公平"。申诉专员制度的特色表现在以下三个方面：一是有效的法律保障。香港申诉专员公署根据香港法例第 397 章《申诉专员条例》成立。《申诉专员条例》明确规定了申诉专员的任免条例和程序、申诉专员的职权范围、调查和提出建议的权力。申诉专员拥有广泛的调查权力，包括进行查询、获取资料文件、传召证人和检查被投诉机构的处所。《申诉专员条例》赋予申诉专员独立的财权和人事权，申诉专员自主决定职员薪金、委任条款与条件，专员的开支和职员薪金、利益由立法会支付拨款。香港申诉专员公署是独立的法定机构，与被监督机构相互区别、相互独立，它的成立和运行有充分的法律依据和保障。公署的法定性和独立性为其高绩效奠定了良好的前提。② 二是明确的职能定位。香港行政申诉制度既纠正政府行政失当，保障政府行使权力的正当性；也能解决公民因行政失当造成的冤屈和不满，防止无理取闹。推动行政改革，提高行政绩效和公务人员素质，改善行政，增强政府的合法性，树立公平、问责、民主的行政文化，推动社会的稳定与和谐。三是独立的组织机构。香港申诉专员公署自运行以来，经过十几年的努力才获得相对独立的地位和运作。区别于内地行政复议机构与政府法制机构合署办公的方式，香港特别行政区的"行政申诉专员公署"独立于各行政部门，在接受投诉后，可以不受被投诉机关的干扰而独立展开调查活动及提出建议。③ "申诉专员的独立性以及较高的法律资质和能力为其赢得了公信力，也成为促成当事人之间接受协商和解、调解和非强制性裁决结果的影响性因素。"④

3. 日本苦情处理制度

在日本，与我国信访功能类似的是苦情处理制度。该制度的主要内容是，各级政府都设置有市民相谈窗口，市民可以到窗口反映情况，再由该窗口转

---

① 皮纯协：《行政程序法比较研究》，中国人民大学出版社 2000 年版，第 497 页。
② 参见陈志勇：《香港申诉专员制度的发展与启示》，《云南行政学院学报》2007 年第 1 期。
③ 参见钟晓渝：《大陆、香港的行政申诉制度比较》，《现代法学》1996 年第 1 期。
④ 范愉：《申诉机制的救济功能与信访制度改革》，《中国法学》2014 年第 4 期。

到相关的政府部门处理，处理后再反馈给市民。苦情制度表现出的制度优势在于：一是补充性。首先，并非所有问题都可以进行苦情申诉，凡是涉及行政机关已经在处理的或者司法机关正在或已经审理过的案件，都不在苦情申诉范围；其次，对于行政机关处理的行政诉讼制度等正规途径不允许申请救济的所有事项，当事人都可以提出苦情申诉。① 作为一项补充性的行政救济机制，苦情制度大大尊重了司法独立性。二是专门性。日本的苦情处理不仅设有行政监察局等专门部门，而且对层层选拔出的专门人员的素质和能力都有特殊要求。苦情处理机构隶属关系明晰，分工明确，有效防止了互相推诿。此外，针对不同类别的行政相对人，还设有专门的处理机构，如地方公共团体设置的市民商谈室、局、处，专门进行苦情商谈、调停和处理。这种中央及地方的分级机构管理模式，细化简化了工作、提高了行政效率、化解了官民矛盾。三是主动性。苦情处理部门有主动发现问题及采取措施予以救助的任务和使命。"主动发现问题"意味着行政机关能够尽早掌握主动，有利于对苦情的及时有效处理，在一定程度上缓和申诉人和行政机关之间的矛盾。四是规范性。日本的法律非常严密，不仅完整规定苦情处理的程序和内容，甚至连一些配套措施都有正式的法律作后盾。1960 年的《行政苦情斡旋处理纲要》、1966 年的《行政商谈委员法》确立了行政商谈制度，规范行政商谈委员制度、保护行政机关的权威性。

4. 法国人民权益保护官制度

法国人民权益保护官制度的前身是法国共和国调解专员制度。回顾历史，法兰西共和国行政调解专员制度的设立，并不是法国国民会议和法国政府长期酝酿讨论的结果，而是为了平息当时法国国民对于政府官员违法乱纪和腐败问题的不满和愤怒，应对政府当时所处的信任殆尽的窘迫环境而设立的。相比而言，法国人民权益保护官制度的建立则是一个长期的过程：在共和国行政调解专员制度的基础之上，结合近 30 年来共和国行政调解专员制度的具体运作，借鉴其工作中产生的经验和教训，通过对具体制度运作的调整，来弥补行政专员制度的缺点和不足之处，最终在 2008 年的法国宪法改革中，增

---

① 参见杨建顺：《日本行政法通论》，中国法制出版社 1998 年版，第 584 页。

加了人民权益保护官这一机构。新确立的人民权益保护官制度的前身是共和国行政调解专员制度，同时将共和国行政调解专员、儿童保护专员、反歧视促平等高级公署和国家伦理道德安全委员会四个独立组织整合在内，此外，还包括具有一定自主权的监狱监督总署，成为保障公民基本权益的权威组织。人民权益保护官制度在2008年才出现在经过修订的法国《宪法》中，而在短短三年之后的2011年，人民权益保护官制度已经正式形成，并已在法国政治制度之中发挥了重要的作用，其在法国社会生活中的作用亦不容小觑。人民权益保护官是一个独立的行政机构，同时也是独任制的，人民权益保护官为机构总负责人，对共和国总统和议会负责。需要指出的是，人民权益保护官是自成体系的，是建立在原有的行政机关的体系之外的。它同原来的机构（比如法国电力公司、铁路公司）内部的行政调解专员没有任何关系。后者都是放置在原有的行政机关体系或是公共事业单位内部的，上下级之间存在着一定层次的隶属关系。人民权益保护官的组织机构主要由三种部门构成：直属委员会、工作和职能部门、投诉处理小组。这三种部门在具体工作中形成这样的关系：三种部门地位相等，不存在隶属关系，三者相互配合共同完成诉求处理工作。工作和职能部门负责诉求的受理分类，投诉处理小组负责分类后的各种诉求的专业处理，直属委员会对相关案例处理提供技术支持和监督，协助其他两个部门展开工作。①

5. 欧洲议会监察专员制度

在欧洲同样存在与信访发挥类似功能的法律制度，即议会监察专员（Ombudsman）制度，它是被现代诸多议会民主制国家所采用的一种行政监察方式。国际律师协会对监察专员的界定是："以宪法或法律为依据，由议会或立法者任命，独立行使职权，接受公民针对政府的投诉，开展调查，根据调查结果可对政府提出建议或批评，并将结果向议会和公众报告。"简而言之，监察专员由议会任命，其最基本的职责是处理公民投诉和监督行政机构，拥有的主要权力包括调查权、建议权和结果公布权。②经过近两百年的发展，监

---

①　参见王凯：《信访制度与国外相关制度分析研究》，中国民主法制出版社2013年版。

②　参见李红勃：《人权、善政、民主：欧洲法律与社会发展中的议会监察专员》，《比较法研究》2014年第1期。

察专员已成为一项独特的制度，其优势体现在四个方面：一是地位独立。大多数欧洲国家的监察专员都是由议会选举产生的，因而要独立于议会，在选举、薪金待遇、任免程序等方面均有严格法律保障。① 这一设置使其摆脱了议会中的党派纷争，又使其能够抽身于政府部门的利益纠葛，从而独立地行使自己的职权、更好地履行自己的职责。监察专员地位的独立性是其监察活动的重要保障。二是职责明确。议会监察专员只是个监督机构，只对那些不构成违法但明显不合理、不适当、不应该或不公正的行政行为进行调查，并将调查结果上报议会或者公之于众。议会监察专员制度的一个最显著的优势就是实现了外部监督，它体现了民主力量的增强，人民有机会利用他选出的代表来维护自己的利益。各国议会监察专员的权力不同，有的国家议会监察专员可以实施一些惩罚措施，比如警告、勒令改正不适当的行政行为、勒令赔偿，甚至给予相关的行政人员以停职和撤职的处分；有的议会监察专员只有调查的权力，而没有处理的权力。对于调查中发现的违法行政行为，议会监察专员一般有权将案件移交司法机构继续处理。像瑞典的议会监察专员，任用的是资深法律专家担任法庭的检察官，法律地位较高，有权对违法的行政行为或人员提起公诉。② 三是体系完善。完善的监督系统保证监察专员的监督效力。瑞典对行政机关及公务员的监督相当严格，且层次较多，建立了议会监督、政府内部监督、司法监督和社会舆论监督体系。议会监察专员监督作用的发挥有赖于与其他监督体系的相互制约与协调合作。议会监察专员监督同其他监督方式相结合，形成了以议会监察专员监督为主的完善的监督体系。四是高度专业。议会监察专员通常都是从两个最高法院——最高法院和最高行政法院中被认为合格的成员中选拔出来的。此外，基层志愿者也必须是需要有公职经历、良好声誉的高素质人员。良好的公众形象必然又有利于监察专员制度的有效运作，监察专员较高的个人素质使其在公众中享有很高的威

---

① 参见李俊：《欧洲监察专员制度对我国信访制度改革的启示》，《国家行政学院学报》2009 年第 5 期。

② 参见唐亚林：《西方国家议会监察专员制度及其对当代中国的启示》，《上海人大月刊》2010 年第 8 期。

望，公民相信监察专员能够确保法律政策的正确实施，保护公民合法权利。①
正是基于监察专员在监督行政方面的特殊作用，有学者称其为"第四权力机
构"。②

（二）关注域外相关制度的原因

一项制度的形成与特点往往与其所处的政治、经济、文化等背景密不可
分。从比较法角度上看，信访制度与域外上述制度之间存在一定的可比性。

1. 信访与陈情

将陈情制度与信访制度进行比较研究，可以发现两者存在以下相似之处：

首先，从文化背景上看，封建时代，官民不平等、王权至上，臣民的申
诉、建议之权利来自于开明统治者的恩赐而非人民固有之权利。综观现代社
会，无论是我国大陆地区还是我国台湾地区，都立足于权利保障的宪政理念，
各级政府不仅进一步维护保障人民权利，而且更注重给予一般民众参与国家
管理、行使监督权的机会。政府通过及时了解公民权利的行使和保障的状态，
改进政府服务质量，为人民权利的有效实现提供制度保证。

其次，从受理范围上比较，作为一种沟通民意、辅助救济的手段，陈情
与信访基本无异。一般情况下，无论是陈情还是信访，都可以向国家机关、
政党、社团作出；而严格意义上，陈情与信访主要指依法向有关国家机关所
作的一种申诉、建议、控告、查询的活动。③

再次，在处理事务的原则上，陈情制度与信访制度的相似性表现在：我
国台湾地区早在"行政程序法"在第170条就有规定，"行政机关对于人民之
陈情……应指派人员迅速、确实处理之"，这是处理陈情事项基本要求的规
定；大陆信访制度亦有相似的规定，《信访条例》第4条规定："……谁主管，
谁负责，及时、就地解决问题……"也将调查研究，及时就地处理作为一项
基本要求。又如，我国台湾地区"行政程序法"与"行政机关处理人民陈情

---

① 参见李俊：《欧洲监察专员制度对我国信访制度改革的启示》，《国家行政学院学报》2009年
第5期。
② 孔祥仁：《第四权力机构——行政监察专员——各国行政监察专员制度一瞥》，《廉政瞭望》
2004年第5期。
③ 参见徐东：《台湾地区陈情制度介评暨其与大陆信访制度之比较》，《台湾法研究学刊》2002
年第1期。

案件改进要点"中规定对于陈情案件的答复应采取强制主义，强调行政机关应认真对待人民的要求，无论结果如何，都应将审查处理之结果详情告知陈情人。① 而大陆地区《信访条例》则采取告知的选择主义与明确的时限原则，对行政信访制度作出了类似的规定。另外，由于陈情、信访事项的广泛性、特异性，现有制度设计中均表现出相关事项不宜由某一机关统一管理，而应划分到各级主管机关的倾向。我国台湾地区1990年的"行政程序法"草案中，曾主张上级机关及其他有关机关，亦可为陈情之对象。② 多次讨论后于通过时改为"得向主管机关陈情"。在我国大陆由于信访数量庞大，人员机构十分有限，更是强调分级管理，主管领导负责的原则。《信访条例》第4条规定："信访工作应在各级人民政府领导下，坚持属地管理，分级负责……"

最后，无论是陈情制度还是信访制度，二者都具有行政监督、权利救济、政治参与等多重功能。在我国，信访被认为"是一种脱胎于东方传统文化，具有中国特色政治参与、行政监督和权利救济制度"。③ 现代社会，公民通过行使信访权对国家机关和国家工作人员不时地提出批评建议，对有关机关的违法失职行为提出申诉、控告、检举，这在一定程度上制约了公权力行使。此外，虽然现代国家拥有多种正式救济途径譬如复议、诉讼等，但同时由于法律自身的局限性，仍有其力所不及的范围。在此之下，在正式救济之外辅之以陈情、信访等非正式化救济手段保护公民的权益。同时，基于现代国家人民主权的理念，公民不只是行政客体，而且是推动政府工作实施与制度改革的主要动力。公民通过针对公共政策制定中存在的不足行使批评权和建议权，向有关国家机关陈述愿望，使民意上达，防止政府无视民意，增进政府决策的可接受性。④

2. 信访与申诉专员

将申诉专员制度与信访制度进行比较研究，可以发现两者存在以下相似之处：

---

① 参见傅肃良：《行政管理学》，（台湾）三民书局1994年版，第130页。
② 我国台湾地区"行政程序法（草案）"总说明，《行政程序法立法数据汇编》，（台湾）五南图书出版公司1999年版，第752页。
③ 朱最新、朱孔武：《权利的迷思：法秩序中的信访制度》，《法商研究》2006年第2期。
④ 参见杨福忠：《论法治视野下信访功能的定位》，《云南行政学院学报》2012年第1期。

首先，设立宗旨相同。申诉专员与信访制度均致力于有效监督日趋扩大的行政权力，推进行政管理水平的改善和行政效率的提升。作为香港申诉专员制度的重要实施主体，申诉专员主要通过调查行政失当行为来监督与改善行政，针对政府部门及公营机构的行政不足，建议并提出补救和改善措施，公平合理、迅速高效地处理事务。申诉专员努力实现使命，检讨运行方式，有效推动投诉问题的解决，缓解公民的不满和冤屈，深得政府和民众的厚爱。同样作为一种申诉制度，信访制度的救济功能逐渐凸显。除此之外，其政治功能、监督功能、信息与民情传递等功能也备受青睐，是公民参政议政以及权力监督的重要渠道。①

其次，功能取向相同。"申诉专员制度与信访制度发挥着同样的效应，它们在不同程度上促进着行政合理性的实现，缓解和消释着相对人与政府及其部门的对峙和冲突，增进着相对人对政府及行政部门的理解和支持，为因不当或违法行政而对相对人的权益形成的不利影响提供必要的救济，在相当程度上支持着政治和社会稳定。"② 在中国，信访制度在实现公众利益表达、权利救济方面承担着重要角色。正如学者所言："信访制度开始在确保新型政治秩序的成长与社会稳定方面发挥主要作用，信访制度化解纠纷、实现权利救济的功能开始显现，维护社会、政治大局的基本稳定成为了信访制度关注的核心目标。"③

3. 信访与苦情处理

将苦情处理制度与信访制度进行比较研究，可以发现两者存在以下相似之处：

首先，立法取向上的同一性。两国制度相对应的法律规范均表现出对行政法的衡平原则的认同。我国《信访条例》第1条规定："为了保持各级人民政府同人民群众的密切联系，保护信访人的合法权益，维护信访秩序，制定本条例。"个中强调了执政为民的服务理念。日本《行政相谈委员法》第1条

---

① 参见刁杰成：《人民信访史略》，经济学院出版社1996年版。
② 肖金明：《香港行政法制的启示——香港法治行政的观察和联想》，《山东大学学报（哲学社会科学版）》2001年第1期。
③ 唐皇凤：《回归政治缓冲——当代中国信访制度功能变迁的理性审视》，《武汉大学学报》2008年第4期。

规定："为促进解决国民关于行政的苦情，有必要确定关于委托人士从事劝说相谈这种苦情的业务，以期行政的民主运作。"个中同样强调以社会本位和个人权利本位相统一作为立法目的的价值取向。

其次，处理原则上的相同性。一是过程简便且成本低廉。根据《信访条例》的规定，信访的处理程序包括：信访事项的受理、处理、复查复核等环节。相较行政诉讼与行政复议，信访制度的处理更加简便灵活，期限短且不必缴纳任何费用。在某些法定特殊情形下，有关部门甚至还会给上访者发放一定的路费补贴款。① 行政苦情也是如此。苦情人把自己的苦情事项告知行政相谈委员和苦情斡旋机关，不必缴纳任何费用。二是及时终结原则。及时终结原则是程序正义法治原则的重要内容之一。我国《信访条例》第 16、35 条规定"不再受理重复信访"的原则。日本《行政苦情协调处理要领》第 13 条也规定，"针对以上提到的相关行政机关等所采取的措施等，即便申诉人仍有意见，在认为其措施具有充分理由的情况下，也要向申诉人说明缘由，终止协调"。当然，程序的终结并不意味着行政相对人权利的终结，只要确有新事实和理由证明其权利仍然受到侵害，一样应得到及时的行政或司法救济。

最后，主要功能上的相近性。作为一种中国特色的制度设计，信访制度日益显现出联系群众、反映民意、化解矛盾等多元化特征。苦情制度的主要功能则是行政救济和行政监督渠道的畅通，这与信访的权利救济功能相似。除此之外，苦情制度也具有政策评估的功能，它是集政策评估、行政评价监察、行政救济于一体的综合性较强的行政申诉救济制度。②

4. 信访与人民权益保护官

法国的人民权益保护官制度和我国的信访制度在制度设置和运行模式上也存在一些共通之处：

首先，制度主旨相似。法国 2008 年宪法将人民权益保护官的宗旨规定为：人民权益保护官应当确保国家行政机关、地方社区、公共法律体系，以及所有提供公共服务的机构或者法律确定的在其职权范围之内的机构，对权

---

① 参见吴东镐：《我国行政信访制度与日本行政商谈制度的比较与启示》，《吉林公安高等专科学校学报》2011 年第 2 期。

② 参见章晓可：《中日信访法比较研究》，《中国行政管理》2006 年第 12 期。

利和自由予以应有的尊重。因此，法国人民权益保护官制度的精髓体现在其名称上：注重公民基本权益和自由的保护。信访制度与法国人民权益保护官都以保障公民的合法权益作为制度的主旨。信访制度作为一项具有中国特色的制度设置，就其性质而言，具有民主性、救济性和监督性。信访制度将保障公民权益作为制度运行的目标，在公民的私权保护、政府的公共治理等方面都发挥着十分重要的作用。

其次，具体运行方式相似。法国人民权益保护官制度由人民权益保护官全权负责。法国宪法规定人民权益保护官由总统任命，并对总统和议会负责。作为个人的人民权益保护官是作为制度的人民权益保护官的核心，是整个制度的领导人和责任人。我国的信访工作实行的也是领导责任制，信访实践中，"各级党委、政府及其领导干部是信访工作的责任主体。各地区各部门的主要领导为信访工作的第一责任人，必须对本地区本部门的信访工作负总责，对重要信访事项亲自推动解决；分管信访工作的领导要负直接责任，抓各项具体工作的落实；其他领导成员'一岗双责'，按照分工抓好分管方面的信访工作，形成一级抓一级，层层抓落实的信访工作领导责任体系"。① 因此，可以说，法国人民权益保护官和我国信访制度实行的都是长官责任制。

5. 信访与议会监察专员

将议会监察专员制度与信访制度进行比较研究，可以发现两者存在以下相似之处：

首先，基本理念相同。议会监察专员制度与信访制度的基本理念就是监督行政权力、保障公民权益。"各国在设立行政监察制度时的一个基本考虑就是对行使政府行政权力的部门和公共事业部门进行监督，对因其不当或违法的行政行为对公民权益造成的侵害进行纠正或补偿。"② 现代的行政信访制度建立于宪法基础之上，是以法治理念为指导的。它不仅有助于国家机关了解民情，改进国家管理，维护社会权利，更注重给予一般民众参与国家管理、行使监督权利的机会，实现私益与公益的全面关照。

其次，救济地位一致。类似议会监察专员制度与信访制度的一大优势，

---

① 刘树年：《高级信访工作实务》，中国民主法制出版社 2012 年版，第 47 页。
② 王凯主编：《信访制度与国外相关制度分析研究》，中国民主法制出版社 2013 年版，第 80 页。

就是能够利用一些非正式程序和法外的补救来补充正式法律手段的不足。① 监察专员制度作为一种非司法的补充性权力救济渠道，专员没有被赋予对案件的最终裁决权，只有向议会提交报告的权利。此外，作为众多保护公民权益的渠道之一，公民还可以通过诉讼、向议员提出申诉等多种渠道保护个人的合法权益。这种更为便捷的通道，使行政行为和政府的政策更为人性化。② 笔者认为，信访的权利救济功能一开始只是作为诉讼程序和复议程序的补充救济手段，但实践中群众对于信访的钟情远远超过了后二者。信访作为一种权利救济途径，具有较大的灵活性，这种灵活性使它比其他权利救济方式更为柔性，适应特定时期群众对权利救济的需要。③

（三）信访与相关域外制度的差异

上述五项域外机制虽然各自在不同方面表现出了与信访相同的制度特点，但在比较研究中，在探寻可借鉴经验的同时，还需要格外注意这些制度的根源及所处的政治经济背景，明确两者的差别之处。如此才有可能真正探寻出可供本土制度建构所采纳的有益经验。将信访与上述机制进行对比研究发现，信访与相似制度实际上存在诸多相异之处。

1. 信访与陈情

在制度背景上，陈情和信访制度尽管在"主权在民、保障人权"的理念上基本一致，但信访更侧重的是联系民众与秩序保障的功能，政治色彩浓厚。如《信访条例》第1条规定："为了保持各级人民政府同人民群众的密切联系，保护信访人的合法权益，维护信访秩序，制定本条例。"而陈情制度更侧重的是民主参与、改善行政的功能。如我国台湾地区"行政程序法"第1条规定："为使行政行为遵循公正、公开与民主之程序，确保依法行政之原则，以保障人民权益，提高行政效能，增进人民对行政之信赖，制定本法。"在我国台湾地区"行政程序法"立法过程中，陈情也是几经删减才确定下来。而同样作为非形式化行政救济途径的信访制度，在至今仍未确立《行政程序法》

① 参见扶松茂：《创建中国的行政监察专员制度》，《党政论坛》2003年6月号。
② 参见王凯主编：《信访制度与国外相关制度分析研究》，中国民主法制出版社2013年版，第83页。
③ 参见王锴、杨福忠：《论信访救济的补充性》，《法商研究》2011年第4期。

的大陆，作为多元化纠纷解决机制之一，相对缺乏高位阶法律规范的保障。

在立法依据上，陈情制规定于我国台湾地区"行政程序法"第七章，进一步溯源可追至《临时约法》的第 8 条，"人民有陈诉于行政官署之权"及相关内容早有规定，"行政程序法"只是将已有之公务处理条文化。而我国大陆信访制度虽然立法起步较晚，但其有明确的宪法依据。《中华人民共和国宪法》第 41 条规定："中华人民共和国公民对于任何国家机关和国家机关工作人员，有提出批评和建议的权利；对任何国家机关和国家机关工作人员的违法失职行为，有向有关国家机关提出申诉、控告，或者检举的权利"。

在法律性质上，我国台湾地区大部分学者认为，陈情的性质近于请愿，是一种非形式之行政救济。[①] 而对于信访制度的性质，我国缺乏深入研究和统一认识，学说讨论大体可以分为两类，一种观点认为，信访制度是一种人治色彩很重的制度设计，常以领导批示代替法律规范，体现了"权大于法"的人治特征，这与现代法治社会格格不入。而另一种观点则认为，信访作为一种特殊的权利救济，追求的是一种实体正义，对于困于司法不公和司法腐败的社会来说，是一种必要的安全阀和矫正机制。[②]

在适用范围上，两者也稍有区别。我国台湾地区"行政程序法"规定陈情包括"行政兴革之建议、行政法令之查询、行政违失之举发、行政权益之维护"四方面。我国大陆信访制度则根据《信访条例》第 2 条规定："本条例所称信访，是指公民、法人或者其他组织采用书信、电子邮件、传真、电话、走访等形式，向各级人民政府、县级以上人民政府工作部门反映情况、提出建议、意见或者投诉请求，依法由有关行政机关处理的活动。"从两者的适用范围可看出，陈情制度更加重视公民的政治参与，以充分发挥公民参政议政之主动性；而信访制度则主要侧重民意沟通，以缓解社会矛盾，维护社会秩序。

在实务运作上，由于在社会中发挥的作用有限，陈情制度一直不被我国台湾学者所重视，在"行政程序法"的立法历程中，也是几经增删才确定下来。笔者认为，陈情是对正规行政程序与救济制度的补充，能够有效地发挥

---

① 参见刘鸣九：《行政监察必备》，中国政法大学出版社 1989 年版，第 59、413 页。

② 参见应星：《作为特殊行政救济的信访救济》，《法学研究》2004 年第 3 期。

行政监督与行政救济之功能，弥补请愿制度在实务运作上的缺失。当面对高昂的诉讼费用，民众望而却步、束手无策之时，可借陈情这种简便、灵活、高效的途径提出申诉，维护自身的权益。大陆的信访制度虽起步较晚，但作为一种中国特色的行政救济方式，信访救济范围广、形式多样，有利于冲破关系束缚的牢笼，向民众尤其是弱势群体提供了一种法律系统之外解决纠纷、主张权益的途径，提升了民众的参与度，在社会生活中扮演着必不可少的角色。

2. 信访与申诉专员

香港申诉专员机制与内地信访制度的不同之处表现在以下三个方面：

第一，受理范围和权限。随着时间的推移，香港申诉专员的权力范围在不断扩大，其中包括调查机构的范围和受调查行为种类范围。自1994年修订的《行政事务申诉专员条例》把一些主要的法定组织包括在内后，之后的近20年中，受调查机构不断增加。申诉专员权力的扩大还表现在申诉专员权力手段的增加。1994年修订的《行政事务申诉专员条例》授予申诉专员公布报告权和直接调查权（主动调查权）。2001年修订后的《申诉专员条例》确认和规定了专员的调解权，增补了专员的财产取得和持有权、合同权、盈余资金投资权、个人民事和法律责任豁免权和税收豁免权。《信访条例》仅在第14、21条规定了信访的受理范围。按照以上规定，对依法应当通过诉讼、仲裁、行政复议等法定途径解决的投诉请求，县级以上人民政府信访工作机构不予受理，应告知信访人依照有关法律、行政法规向有关机关提出。信访因此被定义为一种"法外救济渠道"，其与行政复议、行政诉讼是一种排斥关系，只有不能被纳入行政复议、行政诉讼的事项才能纳入信访范围。信访制度受理范围模糊，地位缺乏法律保障，影响了自身行政救济功能的有效发挥。

第二，机构的独立性和权威性。申诉专员制度是一种对公共行政进行监督的制度。根据政治学的一般原理，监督主体的独立性是保证监督效果的必要条件。"相对独立的组织机构是申诉专员做到维护正义、主持公道、按章办事、不偏不倚的重要条件之一。"香港社会自申诉专员制度设立伊始就认同这个道理，并据此不断加强申诉专员的独立性。① 申诉专员自公署脱离政府架构后，设立本身的会计系统，以监控开支情况和直接支付款项；也设立了本身的行政制度，以减少依赖政府部门提供服务。申诉专员在财政、人事、行政等方面采取措施，实现了单一法团化和真正独立的目标。而目前，内地信访机构仍处于由"秘书机构"向"职能机构"艰难转型的阶段，工作受较多外界干预。在机构设置上，各级政府信访局（办）均由同级政府办公厅（室）代管，主要还是根据领导批示处理信访事项。② 根据《信访条例》的规定，信访机构无权对行政行为的合法性、合理性进行调查和评价，影响了其责任追究功能的有效发挥。

第三，整体专业化水平。香港申诉专员公署的工作信念是：以公正客观的态度进行调查；勇于承担责任，为市民和本署职权范围内的机构提供便捷的服务；对市民和机构尊重有礼；维持专业水平，切实履行公署各项职能。③ "申诉专员发挥作用并不在于其具有强大而普遍的权力，而在于其通过对案件的独立的、全面的调查所做出的令人折服的分析和判断。其所提出的建议之所以能够被普遍接受，在于建议的内容符合客观情况且合情合理。"④ 公署工作的高质量得益于申诉专员的高素质和能力。在申诉专员制度下，申诉专员个人所起的作用甚大，因此对申诉专员的任职条件要求比较高，其品行、经历、学识、能力都要达到较高水平。为了提高专业知识、业务能力，更有效地履行职责，申诉专员还要不断接受公署的培训与教育，这些完善的组织和精干的队伍是香港申诉专员制度高效运行的组织和人员保障。⑤ 而我国信访机构专业化水平低，不仅机构人员数量少，且法律专业人员所占比重低，严重制约了调查水平。对此，应严格规范信访机构人员的任职资格，提高专业性、树立权威性，保障信访工作人员的法律和政策水平，有效地履行职责。

---

① 参见胡健：《香港申诉专员的成功之道》，法制网：http://www.legaldaily.com.cn/bm/content/2009-11/03/content_1175582.htm，最后访问时间：2014年12月30日。

② 参见杨建峰：《试论我国行政信访权利救济功能的完善——对国外议会行政监察专员制度的考察》，《福州行政学院学报》2010年第6期。

③ 参见彭述刚：《信访机构在信访工作责任追究中的角色定位——中国信访制度与各国（地区）申诉专员制度的比较分析》，《法治论丛》2007年第3期。

④ 林莉红：《香港申诉专员制度介评》，《比较法研究》1998年第2期。

⑤ 参见陈志勇、罗自刚：《香港申诉专员公署绩效评估及其启示》，《理论探索》2014年第1期。

3. 信访与苦情处理

苦情处理制度与信访之间的差异表现在三个方面：

第一，制度规范的法律位阶不同。苦情处理制度主要规范于日本的《行政相谈委员法》与《行政苦情处理要领》。在这两部规范中，一部是法律，明确了行政相谈委员的法律地位，确立整个相谈制度基本体制，类似于组织法；一部是训令，明确了行政相谈工作程序，确立行政相谈法律程序即运行机制，是纯粹的程序法。这两部法规分工明确、条文简明，加上散见于其他行政机关组织法中有关行政相谈制度的法律条款复合构成了日本信访制度的完整体系。① 这些法律的位阶较高，从而保证了制度的现实效用。与之相对应，我国目前尚没有一部关于信访的法律，而只有法规层级的《信访条例》。另外，各地规章内容不一、做法各异，使得信访工作存在不同程度的混乱无序，呈现出相当大的任意性与差别性。为了更好地完善当今社会多元化纠纷解决体系，就有必要从法律层面规范信访制度、提升信访法律位阶。但是，从另一角度来看，我国的信访规范虽然位阶低，但是复合性较强。《信访条例》的优点在于篇幅长、条文多、内容丰富，不仅涉及多个主体，而且兼具程序与实体内容。

第二，侧重点不同。在我国，法律责任等规定较详细周密，推行"权责统一"、"执法要有保障"等理念，这是建设社会主义法治国家的必然要求。日本的《行政相谈委员法》则更关注行政机关工作人员的调查权。在法规文本中专节专条明确"有关提出申诉意见的事件，必要时，可以通过咨询相关行政机关等，查明意见申诉的实际情况"。法定的行政调查权显得尤为重要。《信访条例》中调查的内容散见于不同的章节中，调查权的法律地位并不十分明朗。"没有调查就没有发言权"，只有掌握最接近真实的事实，才能化解矛盾纠纷、协调各阶层利益关系。

第三，公众参与程度不同。虽然苦情制度和信访制度中都规定了社会参与，但两者在理念认同、运作模式上仍有不少差别。我国《信访条例》第13条规定，"设区的市、县两级人民政府可以根据信访工作的实际需要，建立政

① 参见章晓可：《中日信访法比较研究》，《中国行政管理》2006 年第 12 期。

府主导、社会参与、有利于迅速解决纠纷的工作机制"。① 实践工作中，一些地方通过有益的探索，取得了成功的经验，如信访听证制度、社区信访工作等，但社会参与程度不高。某种角度看来，日本苦情制度的社会参与度要高于我国信访制度。《行政相谈委员法》中规定，"委员在履行业务中所得到的有关改善行政运营的意见，可以直接向总务大臣陈述"，"接受行政机关等的照会"等。② 这些规则的设置大大加强了公众参与的可行性，增强了该制度的透明度和亲和力，表明苦情制度不仅是行政机关系统内部的监督，更是外部监督的体现，显示日本苦情制度发展的较高成熟度。

4. 信访与人民权益保护官

人民权益保护官与信访的差异主要表现在以下四个方面：

第一，法律地位不同。法国人民权益保护官在 2008 年被正式写入宪法，具有宪法地位；同时，《人民权益保护官组织法》规定人民权益保护官具有独立的法律地位。而我国现行宪法之中没有直接关于信访制度的论述，我国也没有制定有关信访的法律。整体而言，我国当前的信访立法呈现出位阶较低、约束力不强的问题。

第二，职责范围不同。法国人民权益保护官的职权范围是通过内容的方式界定，以人权保护为核心，囊括了法国人权保护领域的所有问题，投诉问题涉及行政不良行为、儿童权益保护、伦理道德安全等各类关系人权保障的问题。我国信访制度的职责围绕"信访事项"设置，信访事项指信访人的建议、意见或者投诉请求，实践中几乎涉及了我国社会矛盾的各个领域。

第三，权力设置不同。法国人民权益保护官拥有一系列特权履行职责，具体保护主动干预、诉诸法律之前的干涉、命令性力量、调查手段、通过舆论实现的惩戒权，同时法律还赋予人民权益保护官司法豁免权和独立财政地位。我国行政信访机构在履行职责的过程中，拥有的权力相对有限，主要包括转送权、交办权、督办权、行政处分建议权等"软权力"，约束力相对有限。实践中，信访机构的独立性、权威性都有待加强。

第四，内部机构设置不同。法国人民权益保护官的组织机构主要有三个

---

① 章晓可：《中日信访法比较研究》，《中国行政管理》2006 年第 12 期。
② 同上。

部门：直属委员会、工作和职能部门、投诉处理小组。这三个部门地位平等，不存在隶属关系，三者相互配合共同完成诉求处理工作。我国的信访包括专职信访机构及政府职能部门内设的信访机构两类。两类机构在中央、省、市、县各级政府均有设置，从而形成横向、纵向的机构体系。但无论在横向结构关系还是在纵向结构关系中，信访机构之间都不存在直接的权力隶属关系，而是一种相对松散的业务关系。

5. 信访与议会监察专员

议会监察专员制度与信访的差异表现在三个方面：

第一，立法保障不同。建立有行政监察专员制度的国家基本上都具有完善的行政监察专员法律规范，行政监察专员行使监察权严格按法定程序进行。英国早在1967年就制定了《议会行政专员法》、澳大利亚于1976年制定了《澳大利亚监察专员法》、荷兰于1981年制定了《荷兰国家监察专员法》等。这些专门的法律对监察专员的产生与职责权限等方面都做了详尽的安排和设计，保障了监察工作的有序展开。① 而我国信访制度的立法状况却不尽如人意。大量的信访工作依靠的是内部的政策、指令等公文来往，而不是依靠法律。时至今日，我国最高层次的信访立法当属新旧《信访条例》，尚没有一部独立的《信访法》。

第二，机构独立性不同。议会监察制度下的监察机构地位独立，具有明显的优势。对于监督者而言，唯有独立性与公正性才会建立信任和树立威望。如果人民代议机关亲自行使监察权只能是集体负责制，而集体负责易造成无人监察、无人负责，甚至推卸责任的情形。独立于权力机关的监察机构，能独自承担调查、作出裁决并承担责任。不但避免无人负责的弊端，而且能够有效提升监督效率、提高监督水平。② 我国信访机构庞杂繁多、部门林立，并没有形成一个独立有序的体系。根据《信访条例》的规定，信访工作坚持"属地管理、谁主管、谁负责"的原则，各级人民政府"分区负责"，使得信访制度缺乏相应的一致性与体系性。信息沟通不畅、难以协调共享，重复上

---

① 参见杨亲辉：《行政监察专员制度比较研究——兼论我国行政监督救济体系的完善》，《河南科技大学学报（社会科学版）》2007年第6期。

② 参见叶建勋：《瑞典监察专员制度评析》，《清华法治论衡》2002年第2期。

访、越级上访等现象频繁发生，给信访系统造成一定的混乱，从而影响了监督体系的正常运作。

第三，监察范围不同。监察专员的监察范围相当广泛，监察专员不但可以受理公众对行政机关或政府官员违法行政行为的申诉，而且也监视法律法令在公共事务中的执行，以及行政机关及公务员公权力行使中出现的不合理、不公平的行为。总体看来，监察专员一般只受理不够起诉程度的公民申诉和举报，主要是失当的行政行为。对可能提起公诉的案件，原则上不予受理。[①]反观我国《信访条例》，其只规定信访受理机构仅涵盖行政机关，而不包括立法、司法系统、群众系统及一些企业单位等，信访机构的界定范围过于狭窄。

三、借鉴域外的空间与局限

我国台湾地区陈情制度、我国香港地区申诉专员制度、法国人民权益保护官制度、日本苦情制度以及欧洲监察专员制度凸显出其独特的优势。这些已积聚诸多实践经验的制度对于我国正在摸索中的信访制度改革具有十分重要的借鉴意义。结合我国本土的制度环境，上文的对比与分析其实已显露出上述域外制度可供我国信访制度借鉴之处和应予区别对待之处。

（一）值得借鉴的制度经验

笔者认为，信访制度从域外相关制度中可资借鉴之处体现在如下三个方面：

第一，要明确制度的功能定位。随着行政管理的日益复杂，传统的诉讼渠道程序烦琐且费用高昂，人民代表受时间资源等因素的限制、投诉政治渠道难以奏效等，如何保护公众权益免受行政机关的侵扰成为一个严峻挑战。彭述刚认为，为了克服"司法单轨制"和议会监督不力带来的危机，各国纷纷借鉴起源于瑞典的申诉专员制度。[②] 我国在司法机关独立性不够、人员专业化水平不高、权力机关监督不力、行政复议公正性不强等现实条件的限制下，将信访功能设置为"法外救济渠道"，而非起补充性救济功能的"选择性救济

---

① 参见李维丝：《行政监察专员制度比较研究》，中央民族大学 2011 届硕士学位论文。
② 参见彭述刚：《信访机构在信访工作责任追究中的角色定位——中国信访制度与各国（地区）申诉专员制度的比较分析》，《法治论丛》2007 年第 3 期。

渠道"，严重背离了现实需求。杨建峰认为，"新时期下的信访救济是司法救济的补充而非取代，是一种底线救济的权利"。① 章志远认为，信访底线作用的发挥，实际上就是行政复议纠纷解决主渠道地位修复、行政诉讼纠纷解决次渠道地位巩固、行政调解纠纷解决分流功能激活的过程。② 笔者认为，信访亦应当是为了弥补行政救济形式法治的缺陷而设立的补充性的救济制度。作为国家密切联系群众的重要方式之一，应积极发挥这种权益救济方式，进一步明确信访制度的职能定位，及时将信访纳入立法的保障之中。

第二，要明确制度的价值取向。反观我国的行政监督制度，不可否认我国已经建立了完善的行政监督网络，但又不得不承认现行制度架构仍旧存在着诸多问题。滕亚为认为，中国的纠纷呈现出这样的特点："不进入法律规定的纠纷解决程序，四处申诉上访，反复申诉上访，长期上访，越级上访。"③从巨大的信访量来看，我国应进一步完善对行政行为的监督体系与公民权利救济体系。行政诉讼、行政复议和行政调解存在制度的空白。行政诉讼无法针对不良行政行为，而行政复议和行政调解都是行政体系内部运作，这必然会导致公民权利受到不良行政行为的侵害，行政复议无果时，权利得不到救济。林莉红认为，当务之急应积极促使信访制度转变，采用一个独立于行政体系的处理方式，主要解决不良或者不合理行政的信访制度，不仅能够有效解决信访制度面临的现有困境，而且能较好地弥补行政复议与行政诉讼留下的权利救济空白，使行政纠纷的解决机制内部彼此配合、相得益彰，达致"有损害必有救济"的法治理念。④

第三，要实现模式选择的一致。日本行政相谈委员是总务省以"总务大臣"名义聘请的社会志愿人士，一经聘请就有明确的法律地位。相谈委员拥有独立的地位，行使法定的职权，独立活动且具有权威性。李红勃认为，"从权力制约的角度讲，信访工作本质上是一种监督工作，是信访机构基于当事

---

① 杨建峰：《试论我国行政信访权利救济功能的完善——对国外议会行政监察专员制度的考察》，《福州行政学院学报》2010年第6期。
② 参见章志远：《信访潮与中国多元化行政纠纷解决机制的重构》，《法治研究》2012年第9期。
③ 滕亚为：《试析当前纠纷特点与完善纠纷解决机制》，《中国行政管理》2006年第1期。
④ 参见林莉红：《论信访的制度定位——从纠纷解决机制系统化角度的思考》，《学习与探索》2006年第1期。

人投诉对相关行政机关行为进行的审查和监督。作为一种特殊的权力监督机关，信访机构必须拥有独立的地位，拥有特定的职权，只有这样，监督活动才会受到尊重，才能产生预期的效果"。① 我国的信访机构想要发挥真正的监督作用，必须逐步实现相对于其他政府部门的独立，拥有与其职能相适应的调查权、建议权乃至处罚权。我国设立信访制度的根本目的是为了解决群众合理诉求、维护好群众合法权益。信访制度不是解决一切问题的唯一渠道，但信访制度有其不同于其他救济途径的解决方式、方法和效能。章晓可也认为，"要以对信访调查权进行制度化的保障和信访部门自身的努力来确立信访制度公信力，积极探索信访工作规律，不断完善督查专员制和排查调处、督查督办、复查复核、听证等工作制度，增强工作实效，切实履行工作、完善政策、行政处分建议职责，锲而不舍地促进要事解决"。② 因此，笔者认为，要确保信访制度独立地位与权威性，使其发挥作用，弥补法治的不足，真正实现公众参与、监督和评价的功能。

（二）应予注意的制度局限

事实上，植根于诸多复杂的社会因素，信访制度的困境不仅体现在制度设计层面上，还深刻表现在社会观念上的体制治理难问题。

第一，制度设计困难。范愉认为，首先，我国幅员广阔、地方差异明显，建立由中央政府统一把控的申诉机制进行救济，难度较大，并可能破坏合理的分权体制；同时，地方分权不彻底，差异化处理缺少正当性。因此，信访改革的关键所在就是需要破解中央与地方的关系。其次，倘若借鉴有关申诉专员制度的提案，由人民代表大会建立独立的申诉机构并赋予其独立地位，在我国目前体制下较难实现。而统一设立救济制度，独立集中处理申诉案件，可以有效替代复议与诉讼、节约司法资源、降低社会成本。但是如果出现申诉机关不具有相应权限和功能，当事人又不能自觉接受调解与裁决结果的情况，那么建立此类制度的成本和风险必然过高。最后，面临的是法律能否切实有效实行的问题。当前强调的是法治思维与方式，对于违法信访的惩戒正

---

① 李红勃：《北欧、日本相关制度与我国信访制度比较研究》，《信访与社会矛盾问题研究》2013 年第 1 辑。

② 章晓可：《中日信访法比较研究》，《中国行政管理》2006 年第 12 期。

在逐步落实，这无疑非常重要，然而，刚性的法治方式固然可以保证制度底线并使失控的秩序恢复正常，但并不能有效化解积怨，等积蓄到一定程度的民怨爆发，将会对制度带来巨大的消极影响。① 据此，笔者认为应通过柔性的法治方式，减少甚至消除民众对公权力的不信任，有效化解民怨。要做到把处理来信来访的过程作为了解情况、发现问题的过程；要及时倾听群众呼声、吸纳群众智慧，积极建言献策；要合理利用社会各界资源，发挥社会自我管理、自我约束作用，有效化解矛盾，妥善协调各方面利益关系；要不断总结推广已有的社会参与的工作经验，提高社会参与制度化建设水平。信访制度要为科学民主决策服务，形成"深入了解民情、充分反映民意、广泛集中民智"的决策机制。正如张宗林总结指出的，信访作为我国珍贵的制度资源，是我国既有的自下而上治理系统，是我国完善自下而上治理系统的突破口，也是倒逼各项工作走上良性发展的工具。②

第二，社会观念影响。范愉认为，社会观念对申诉机制改革的决定性影响还在于衡平救济能否正当化的问题。一方面，社会主体缺少规则和程序意识，偏好实质公正和情理、变通处理，向弱势群体过度倾斜显示出一种对个别正义和衡平的偏好。另一方面，社会观念又往往将法治思维与方式等同于简单的规则之治与国家强制，热衷于由国家权力机关作出非黑即白的刚性裁决，而对于道德、规则和协商等社会因素不屑一顾。这种矛盾的态度导致评价标准在实践运作上的失衡与混乱。③ 笔者认为，信访工作面临的复杂状况，很难通过简单的制度设计与程序建构来解决根本问题。借鉴域外制度对于改造信访制度不是一种长远思路，问题的关键在于缺少社会基础，信访改革终究必须从体制机制上下手，要结合我国政治体制进行细致完善，加强法治精神宣传，让民众在观念上有所突破。

四、展望

综观我国台湾地区陈情制度、我国香港地区申诉专员制度、日本苦情制

---

① 参见范愉：《申诉机制的救济功能与信访制度改革》，《中国法学》2014 年第 4 期。
② 参见张宗林、王凯主编：《信访与治理》，人民出版社 2014 年版，自序。
③ 参见范愉：《申诉机制的救济功能与信访制度改革》，《中国法学》2014 年第 4 期。

度、法国人民权益保护官制度与西方议会监察专员制度，都存在法制化水平高、处理及时、程序简便等特点，从而有效保证了公民的权利和自由，防止了行政机关权力的滥用，促进了法律法规的完善。信访制度是我国的独创，自建立以来为我国的民主法制建设作出了重要贡献，是我国人民监督国家各机关团体的有效途径，坚持、优化、发展这项制度，一方面可以帮助我们在全球树立制度自信、形成制度品牌，另一方面也是我们发挥制度优势、占领制度制高点引领世界的必由之路。[①] 在综合上述国家及地区的经验，结合我国国情的前提下，取长补短，对我国现行信访制度的改革无疑具有积极意义。笔者认为，根据信访制度的比较研究，未来我国信访制度的改革可借鉴以下制度经验。

第一，强化信访机构的独立性。目前，我国信访机构大都设置在国家机关内部，其运行很大程度上依赖于行政部门的支持。信访机构不具有行政的职能和权力，没有独立处理问题的权限，甚至也不是单独序列的国家机构，它只能承担"上传下转"的程序性功能，缺乏应有的独立性。"信访机构主要还是接收群众来信和接待群众来访，汇集信访信息，整理民情，在某种程度上仍具有秘书功能。"[②] 信访机构本身并无实质的调查权、处理权。没有相应的职权，就无法尽到自己的职责。而在实行监察专员制度的国家，调查权是监察专员的一项重要权力与重要标志。从国务院《信访条例》中可以发现我国信访机构有调查权、督办权和建议处分权等权力。但调查权与监察专员机构的调查权相比，有着本质区别。根据《信访条例》第32条规定，信访机构主要是对信访工作情况进行调查，而不是就信访事项本身事实进行调查。因此应赋予信访机关充分的调查、处理权，可直接或间接地对事件展开调查、作出判断，有关国家机关和社会组织应积极配合，提高信访工作机构的地位，强化其独立性。

第二，确立信访制度的法律依据。我国现行信访制度在立法理念上还存在认识上的不足，例如，不重视从民主参与、人权保障等方面进行思考，更

---

① 参见张宗林、翟校义等：《推进信访法治化，树立我国制度自信》，《信访与社会矛盾问题研究》2014 年第 4 辑。

② 席晓鸣、肖榕：《信访机制的创新与民主机制的联结》，《上海第二工业大学学报》2012 年第 2 期。

多的是把信访作为听取群众意见、维护社会稳定的一项工作，带有"自上而下"的性质。未来应首先明确信访工作和信访部门的法律地位，从法律上厘清信访制度与行政复议、司法诉讼、仲裁等其他矛盾纠纷解决机制的边界，以法律法规的形式对信访制度的工作范围、处理规则、职责权限与法律责任等方面作出明确规定，赋予信访部门必要的协调权、调查权、质询权等。在一个法治国家，在提高司法权威和社会功能的同时，应当重视并积极发展各种非诉讼纠纷解决机制。[1] 笔者认为，现行《信访条例》属于国务院颁布的行政法规，从中长期来看，应重视国家法律层面的信访立法，尽早制定《行政程序法》，将《信访法》纳入全国人大常委会立法计划，建立健全法律体系，提高信访制度的法治化、透明化、专门化，形成行政复议、行政诉讼、行政调解与信访"四足鼎立"的行政纠纷解决体系。[2]

第三，建立信访工作责任追究制。信访工作责任追究程序对于人权保障和行政效率的提高都必不可少。一些行政机构或者工作人员违法侵害公民合法权益，一些政府工作部门以各种理由推脱、不予受理，将信访人拒之门外，使信访者的合法权益受到了巨大的侵害，必须追究其责任。各地区各单位要建立科学的信访工作考评办法，把工作成效作为考核各级领导干部工作的重要内容，对因工作不力或不负责引发信访问题造成严重后果和恶劣影响的，要严肃追究有关领导和工作人员的责任。

第四，提高公民的法律维权意识。我国是一个依法治国的国家，公民法律意识的提高是推进法制建设和依法治国的重要基础和前提。目前我国已经建立起以三大诉讼法为标志的相对完善的诉讼制度，并辅之以仲裁、人民调解和信访等途径的纠纷解决机制。当公民法律意识逐渐提高并且占据主导地位时，人们在权益受到侵害时就会倾向于运用法律来维护自身权益。但有部分群众依然采取越级重复上访、常年赴省进京"缠访"等维权方式，牺牲了自己的宝贵时间，损害了社会公共安全秩序。由此可以看出，部分公民法律意识存在误区，维权方式不合理。为此，政府必须加强法制宣传工作，提高公民的法律维权意识，逐步规范维权方式，正确引导人民通过正式的诉讼渠

---

① 参见范愉：《非诉讼纠纷解决机制研究》，中国人民大学出版社 2000 年版，第 10 页。
② 参见章志远：《信访潮与中国多元化行政纠纷解决机制的重构》，《法治研究》2012 年第 9 期。

道、理性的方式解决问题，维护自己的合法权益，从而减少信访案件的出现。

　　我国正处于由传统社会向现代社会的转型期，要想缓和社会矛盾，减轻信访部门的压力，建立畅通的利益诉求渠道和权利救济机制，就必须加快推进法治进程，在社会中树立司法裁判的最高权威性，使民众不再"信访"而"信法"，务实解决信访所面临的问题。信访制度的改革进程艰难而漫长，建立怎样的信访制度，怎样建立信访制度，既需要在实践中不断摸索，也需要在理论上寻求突破。所以，慎重研究并借鉴域外经验以完善现有的信访制度，对促进国家治理体系和治理能力现代化都具有重要的推动作用。

第 八 章

信访制度改革研究述评

一、引言

    信访本是因应新中国成立时的特定政治需求而生，却在剧烈的社会转型中逐渐演变为公民表达诉求的"救命稻草"。1995 年施行的《信访条例》第一次从法律层面对"信访"进行了全面规定，既是对信访工作多年经验的总结与反思，也希冀借此约束信访活动以使其走上良性运作之路。但随着经济社会的发展，信访条例在实践中暴露出一些问题，比如原则性规定难以满足实际工作的需要，难以舒缓积蓄已久的信访压力。在 2005 年《信访条例》修订之前，信访量仍居高不下。在这一时期，信访活动相对活跃；群众集体访、重复访和赴京信访数量有所增加，并且信访规模越来越大，持续时间越来越长，行为越来越激烈，社会隐性不满[①]积聚。据国家信访局统计，2003 年国家信访局受理群众信访量上升14%，省级只上升0.1%，地级上升0.3%，而县级反而下降了 2.4%。另外，中央和国家机关受理群众信访量上升46%，省、市、县直属部门增幅较少，有的还是负增长。[②]

    长久以来，信访治理的困局使得信访改革向何处去成为学界的焦点话题，信访矛盾的化解问题也因此备受关注。概括而言，学者在信访改革的问题上出现了三种意见：一是以废除作为权利救济方式的信访、保留作为公民政治

---

    ① 隐性不满是指由于经济社会发展政策，发展过程及发展结果的偏失，导致一些社会成员产生较大的不公平感和相对剥夺感，进而对某些制度、体制、规则和群体产生偏激非理性判断的社会心态。参见张宗林：《中国信访：新视角 新思维 新理念》，中国民主法制出版社 2013 年版，第93—101 页。

    ② 参见赵凌：《国内首份信访报告获高层重视》，《南方周末》2004 年 11 月 4 日；《信访改革引发争议》，《南方周末》2004 年 11 月 18 日。

参与渠道的信访为核心思想的"废除论";二是以扩充信访机构的权力使其真正能够承担"为民做主"重任为核心思想的"强化论";三是以消解信访的纠纷解决功能使其回复到建立之初时的状态为核心思想的"还原论"。① 正是在上述背景之下,2005 年的《信访条例》在各界瞩目中公布。尽管同样被寄予厚望并发挥了很大的作用,但 2005 年至 2014 年间的信访实践同样显现出《信访条例》自身的不足。为此,总结 10 年来有关信访制度改革的学术主张,能够管窥信访制度在国家治理体系中应有的定位,促进信访制度的改革创新。

二、信访改革上的理论争鸣

综观学者对信访制度现实、历史、属性及法理的讨论,最终都落脚于信访相关问题的解决与信访改革策略的提出。信访废除论、强化论和还原论的总结固然能使人们对不同改革方案形成最为直观的认识,但却容易忽略选择某一改革方案背后的具体缘由。下文对信访改革思路的整理并不是以最终的改革路径为重心,而是以学者提出的改革方案的出发点为逻辑脉络进行述评。通读相关文献,信访改革方案的提出主要基于以下三种认识提出的:

（一）以属性定位认定为出发点的信访改革思路

明确信访的属性是大多数学者的改革思路中的切入点或者讨论改革方案时的预设前提。例如,杨伟东指出,信访的定位是构建信访制度所必须解决的首要问题。或者说,属性不明是目前信访实践混乱的根源之所在。② 应星直接将信访救济定位为一种特殊的行政救济展开讨论。③ 就目前的研究而言,在性质的认定上,学者存在以下三种思路:

---

① 有关当下官方与民间信访改革思路的系统梳理,可参见章志远:《行政法学总论》,北京大学出版社 2014 年版,第 353—356 页。

② 参见杨伟东:《我国信访制度的重构——兼论新〈信访条例〉的缺失》,《国家行政学院学报》2005 年第 6 期。

③ 参见应星:《信访救济:一种特殊的行政救济》,载汪庆华、应星编:《中国基层行政争议解决机制的经验研究》,上海三联书店 2010 年版,第 3—29 页。

第一，将信访认定为一种纠纷解决手段。① 从一定意义上来说，纠纷解决与权利救济具有一体两面的效应。有的学者认为，作为权利救济机制的信访是基于对信访实践现状的描述。例如，应星指出，信访是一种非常特殊的权利救济手段，甚至有的学者根本不承认信访是一种权利救济，"这是因为他们认为信访缺乏任何法律规范。没有法律依据，何来权利主张？然而，这些学者并没有注意到，信访其实是有法律依据的……1982 年 2 月《党政机关信访工作暂行条例（草案）》第 2 条……"② 有的学者则认为，信访作为救济手段是将来信访改革需求的一个应然选择。论者指出，"信访洪峰"的出现暴露了我国信访制度的缺陷，而信访运作不良的根本原因之一是信访功能定位的模糊，重构后的信访功能应改变新《信访条例》中的模糊定位状况，将信访明确定位于纠纷的解决、权益的救济更为适宜。③ 前述两种思路看似逻辑不同，其实却是角度不同造成的殊途同归。前者将信访归属为解纷机制或救济机制是一种尊重现实的理解。正是因为现实生活中表现出对行政救济机制的极大需求，所以需要注重这种功能，并据此进行信访改革。正如学者所言："行政解纷能力和治理能力的低下与社会公众对行政性救济的强需求形成鲜明反差，信访困境正是其深刻反映。"④ 不过，在这一认知上仍存在不同的看法，如有观点认为是《信访条例》的颁行这一立法举措促进了公民权利救济功能的发展，但是《信访条例》本身的规范不足反而导致了信访问题。⑤ 同样地，后者也认识到"信访不信法"的现实状况，而目前立法却未有效地回应这一现实，正因为定位错误所以才导致了今天信访的实践窘境，对此的纠正举措就是将信访当作一种纠纷解决机制来进行构建。虽然有部分学者站在同样的出发点，认为信访的事实功能就是解纷与救济，但却也因此形成了不同的改革

---

① "将信访明确为一项基本权利，并以此为逻辑起点，最终确立具有正当性的自洽的权利保障制度是对症良药，也是信访制度改革和法治理念并行不悖的关键。"余净植：《信访脱困的可能思路——基于权利保障维度的讨论》，《福建论坛（人文社会科学版）》2009 年第 12 期。又如林莉红：《论信访的制度定位——从纠纷解决机制系统化角度的思考》，《学习与探索》2006 年第 1 期。

② 应星：《作为特殊行政救济的信访救济》，《法学研究》2004 年第 3 期。

③ 参见杨伟东：《我国信访制度的重构——兼论〈信访条例〉的缺失》，《国家行政学院学报》2005 年第 6 期。

④ 范愉：《申诉机制的救济功能与信访制度改革》，《中国法学》2014 年第 4 期。

⑤ 参见李俊：《从公民权利救济角度看我国信访制度改革》，《求索》2007 年第 6 期。

思路。例如，有学者认为这只是信访制度本身设计的缺陷，只要进行制度调整或者完善即可避免上述矛盾。① 还有学者指出，经验和实践已经表明，试图通过废除信访制度或取消其救济功能寻求改革出路不过是一种因噎废食的短视观点。试图废除申诉信访机制或完全以司法诉讼替代的理想，不仅不可能实现，而且与时代发展和社会治理的客观需求背道而驰，实际上是本末倒置，姑且不论涉诉信访的困境和信访事项本身的复杂性，仅从解纷成本、社会效益、效果、当事人自身利益和社会资源等方面考虑，将所有法律纠纷统统送入诉讼程序也绝非一种最佳和理性的选择，而是应当将信访作为行政性申诉救济机制的一环加以重构，发挥其替代诉讼的功能。②

第二，是将信访认定为一种政治参与机制。虽然在信访改革的问题上不少学者也表现出与前述学者同样的思考方向——对信访的准确定位是破除信访困境和开展信访改革时需要解决的首要问题，但具体到信访的定位问题上却表现出与前述学者迥异的意见。这部分学者认为，信访是具有中国特色的政治表达形式，它是政治制度体系中的一种，是政治系统运作的一个环节，纠纷解决不是也不应是信访制度本质属性。③ 这一判定的依据在于信访制度的历史传统。论者通过对信访发展历史的考察，认为信访在性质上更多是以"密切联系群众"、"反对官僚主义"这样的政治意义存在的；同时，从后续的立法举措如《信访条例》的制定及其具体内容中无法解读出信访的权利属性，因此判定信访传统的政治色彩仍然没有改变。④ 对于有些学者有关信访"权利"属性的解读，则被认为是"有不适当地任意拔高信访和受访行为的法律地位之嫌"。⑤ 支持以政治参与作为信访的应然属性这一观点的学者认为，当下实践中信访成为权益救济手段的事实是信访制度功能被异化，信访部门被曲解的表征。论者认为，信访被如此误解的原因之一是信访在实际运行过

---

① 参见刘炽玲：《"信访不信法"的现实考量及应对》，《江西社会科学》2011 年第 4 期。

② 参见范愉：《申诉机制的救济功能与信访制度改革》，《中国法学》2014 年第 4 期。

③ 对此的论述具体可参阅李修琼：《信访的政治进路》，《郑州大学学报（哲学社会科学版）》2012 年第 4 期；尹艳红、尚虎平：《公民有序参与的突破：以信访组织结构变革为视角》，《中国行政管理》2009 年第 10 期等。

④ 参见张红、李栋：《中国信访制度：困境与变革》，《华中科技大学（社会科学版）》2012 年第 6 期。

⑤ 参见童之伟：《信访体制在中国宪法框架中的合理定位》，《现代法学》2011 年第 1 期。

程中体现了一定的纠纷解决机制的特点，二是中国特定历史时期无奈的选择，即"文化大革命"冤假错案的平反中信访扮演了重要角色。① 对于目前信访被错误定位进而导致信访实践陷入窘境的状况，论者给出的解决方案是重新摆正信访的位置，使之继续发挥其"密切联系群众"和"反对官僚主义"的政治功能，改变民众在纠纷裁决中对信访机构的过分偏好。只有这样，信访制度所面临的困境及其引发的民众对整个政治系统的怀疑和不信任才能得以缓解，从而稳定民众对于政治系统的信任，确保政治系统合法性的稳定。② 与此同时，不少学者还强调对信访属性进行纠偏的同时，在后续的改革中应该注意我国目前的宪法结构与政治环境。③ 此外，对于信访政治功能的实现还存在一种更为细致的讨论。例如，有学者通过对当代中国信访制度功能的历史分析，认为当代中国信访制度功能变迁的主要线索就是信访制度由政治缓冲功能为主日益向政治控制功能为主的变化，这一变化正是信访错位的表现和信访实践引发困局的原因。为此，论者给出的建议是让信访回归政治缓冲功能，使信访可以作为社会安全阀的重要组成部分，通过承担信息传递与权力监督的双重功能，在社会主义和谐社会的构建过程中发挥其应有的积极作用。④

第三，将信访认定为政治参与与权利救济兼具的机制。⑤ 与上述两种观点所不同的是，还有的学者认为信访既是一种权利救济方式也是一种政治参与方式，两者并行不悖。信访的政治属性是历史传承的结果，而权利属性则是中国转型背景这一特殊制度环境的产物。对于现行信访制度的运行不畅，有学者更多地认为是制度本身的缺陷所致。例如，信访系统设置庞杂，效率低下；信访运行程序缺失，导致非正常信访事件的增多；信访中的"潜规则"

---

① 参见张红、李栋：《中国信访制度：困境与变革》，《华中科技大学（社会科学版）》2012 年第 6 期。

② 参见孟霞、江永良：《政治信仰视角下的中国信访制度》，《武汉大学学报（哲学社会科学版）》2012 年第 3 期。

③ 例如王彦智：《我国信访制度改革的理性思考》，《甘肃社会科学》2010 年第 4 期。

④ 参见唐皇凤：《回归政治缓冲：当代中国信访制度功能变迁的理性审视》，《武汉大学学报（哲学社会科学版）》2008 年第 4 期。

⑤ 具体可参见翟天长：《信访工作创新的路径选择：基于社会管理的视角》，《学海》2013 年第 6 期；涂永前：《关于信访法律属性的再思考》，《广东社会科学》2013 年第 3 期。

对正式制度的消解，导致问题进一步的积累。因此，对于信访问题的解决，论者主张在关注中国政治现代化和法治化建设大方向、大趋势的前提下，优化现行信访制度。[①] 还有学者同样认识到信访制度本身的桎梏，并认为某种程度上现行信访体制正落入"帕金森定律"的陷阱，即"行政机构像金字塔一样不断增多，行政人员与部门利益不断膨胀，地位不断升级，每个人都很忙，但组织效率越来越低下，弊端日益严重"。与之相应的是，信访部门也承担包括公民政治参与、权利救济在内的越来越多的功能。这两种功能的并存，既表现出中国威权体制的传统，又显露出对现代国家建设民主、法治与科学精神的追求。对于这种矛盾的破除，论者所给出的方案是回到信访的宏观体制之根，推动宏观体制本身的民主化、法治化和科学化改革。[②] 此外，还有学者提出了更为具体的改革方案，首先，从权利救济的角度看，应当重构和创新整个救济、监督和解决争议机制，将信访逐步纳入法治体系；其次，从稳定和促进民主的功能上看，信访机构应打破行政内部监督的窠臼，实现对行政权的民主监控。[③]

（二）以优势对比为分析进路的信访改革思路

如果说对信访的属性认定是一种依托信访发展历程的纵向分析，那么对信访运作的成本分析或者说优劣对比则更关注一种横向的制度观察。目前，信访困局的表现之一就是相对于正规的法律救济方式，公民更倾向于借助"信访"去实现其目的，即所谓的"信访不信法"。依循这样的思路，学者首先探究的问题是"相对于诉讼或者复议，相关人在信访上所花费的成本是否更少"。现有的研究成果已表明，我国信访制度的收益非常小而成本却非常高。有学者专门从分析信访活动中不同信访主体的经济付出着手，并从信访实践中发现，"极低的信访初始成本显然具有一定的迷惑性，容易使信访人认为信访花费不大，是解决问题的一条捷径，而当信访人走上上访之路后，其投入的经济成本增加很快"。论者据此进一步认为，目前信访的运作中信访人

---

① 参见翟天灵：《信访工作创新的路径选择：基于社会管理的视角》，《学海》2013 年第 6 期；刘卫红：《法治视野下信访制度的完善》，《河北法学》2010 年第 10 期。
② 参见肖唐镖：《信访政治的变迁及其改革》，《经济社会体制比较》2014 年第 1 期。
③ 参见易虹：《宪政体制下我国信访制度功能的重构》，《求索》2007 年第 4 期。

这一"个人行为的动机并不总是符合'经济人'假定的利己和理性化原则"。①

从经济学的成本角度分析公众偏好信访的原因看似无解，实则揭露了现行信访制度本身存在的问题。有学者指出，信访的低门槛和相对简单的程序设计导致了信访成本低的表象，而机构的庞杂和执行力弱等因素又导致了信访在实际上的巨大成本。② 有学者转而从社会学和政治学等视角加以观察，认为公众偏好信访从观念上看是由于"官本位"的政治权威主义价值观的文化传统，从行为上看是由于中国司法制度解决社会冲突的低效能，从政治主体之间的关系上看是由于政党所承担的民意表达功能的缺位。③ 有学者认为，传统文化中的"清官"理念、信访制度初始带有的人治基因和特殊历史时期形成的权利救济功能，成为我国信访制度的三重路径依赖，制约着信访制度变迁的走向。④ 还有的论者认为，基于"调解"或"求和"倾向的文化性解释要优于"诉讼无效论"或"厌讼论"，中国民众不选择行政诉讼是因为对这种诉讼的程序感到陌生和排斥，信访提供了一种对抗性较低的行政纠纷解决方式，而诉讼不允许调解。⑤

对信访制度运作的经济学、政治学抑或社会学的分析更多的是为"信访不信法"现状提供一个理论解释工具，有关信访制度经济学上的讨论则揭示了信访改革的必要性与方向。对信访的历史研究已表明，信访制度的确发挥过积极作用。有学者专门运用制度经济学的理论分析我国现行的信访制度，发现我国信访制度已从制度均衡转向了制度非均衡，而正是由于信访制度处于由制度均衡向制度非均衡的转折点上，信访制度才需要改革，制度创新也呼之欲出。论者指出："虽然信访制度的净收益小于零，但与其他权利救济模式相比，仍具有相对优势。因此，我国在一段时间内还不能废除信访制度，而是应当在加强信访制度的程序性和规范性的同时，确立司法救济的权威性

---

① 参见陈丰：《经济学视野下的信访制度成本研究》，《经济体制改革》2010 年第 6 期。

② 同上。

③ 参见胡元梓：《中国民众何以偏好信访——以冲突解决理论为视角》，《华中师范大学学报（人文社会科学版）》2011 年第 2 期。

④ 参见庄士成：《我国信访"困境"的制度成因——一个制度经济学的分析视角》，《政治与法律》2011 年第 8 期。

⑤ 参见张泰苏：《中国人在行政纠纷中为何偏好信访?》，《社会学研究》2009 年第 3 期。

和有效性。"① 有论者认为，对于信访问题更有效的改革方式或许是修改《行政诉讼法》本身，降低诉讼程序的对抗性。②

（三）以分类治理为进路的信访改革思路

目前学界对信访改革的另一种讨论思路是聚焦于专门的信访问题，探究具体信访问题的解决方案或者整个信访体制的改革方案。从现有的研究成果来看，基层信访问题早已是我国国家与地方治理课题中关注的重点，尤其是近年来愈演愈烈的无理上访、越级上访等行为都被视为冲击我国社会稳定的不安定因素。针对目前我国基层的信访状况，尤其是农民的上访，学者提出了分类治理为进路的改革方案。这一思路的代表者是申端锋和陈柏峰，他们认为分类治理是一种针对信访课题的新的研究范式，是解决信访难题可能的突破口。申端锋指出："自分田到户以来分类治理就是乡村治理的一个基本手段，基层政权直接面对群众，但群众并不是铁板一块，不是一个面孔，乡村治理涉及的面广，牵涉的情况复杂，必须在合理分类的基础上，才能进行有效治理。"③ 陈柏峰指出："信访渠道淤塞的原因在于，面对成千上万的上访者束手无策。中央政府无法通过一套制度装置来对上访者的问题性质进行区分；基层政府虽然可能具备区分能力，但没有区分的动力，因为在中央的压力下，即使进行区分也不能区别对待。"④

为什么强调信访问题的解决关键在于分类治理的开展？以上两位学者均认为，以往以维权范式进行的研究以及因此得出的结论并未切中我国现存的信访问题的"要害"。陈柏峰指出："维权视角可以从一方面理解上访潮的高涨，但未能深入讨论底层民众与基层政府互动，因此很容易在脱离中国政治和社会考量模仿西方法治道路上'一厢情愿'地思考，难以真正理解当前的上访潮，难以把握上访治理的制度出路。"⑤ 虽然有一个相同的研究前提，但在最终的治理方案上，申端锋和陈柏峰却走向了不同的方向。陈柏峰认为，申端锋的分类治理方案中对治理对象（即农民）进行分类的主张"带有惩罚

① 李俊：《我国信访制度的成本与收益分析》，《南京社会科学》2005 年第 5 期。
② 参见张泰苏：《中国人在行政纠纷中为何偏好信访？》，《社会学研究》2009 年第 3 期。
③ 申端锋：《乡村治权与分类治理：农民上访研究的范式转换》，《开放时代》2010 年第 6 期。
④ 陈柏峰：《农民上访的分类治理研究》，《政治学研究》2012 年第 1 期。
⑤ 陈柏峰：《无理上访与基层法治》，《中外法学》2011 年第 2 期。

的特征，与法治时代显得有些格格不入……这种分类模式也难以发挥出全局性效用；而对农民和市民区别对待，难免带有歧视色彩，因此在当代很难具有操作性"。有鉴于此，陈柏峰主张上访的区分应当主要以是否符合法律规定为标准，并具体将上访分为三类：有理上访、无理上访和商谈型上访。"分类治理其实真正强调的是信访改革必须跳出目前权利话语的迷思，引导中国权利话语的健康发展，进而为基层政权加强治权建设开辟制度道路，最终政府能够从象征秩序和治理资源两个方面有效应对上访（尤其是无理上访）。在话语合法性基础上，享有充分的治权，基层政府就可以对现有的上访案件依法进行分类治理，有效遏制无理上访，并从治理中树立全国性的规则，这样最终必能推进公共规则在中国社会的普及，在务实的基础上推动中国法治建设。"①

　　除了申端锋和陈柏峰对信访分类治理改革思路进行过系统研究之外，不少以具体信访问题为讨论主轴的研究成果也显露出类似的改革意图。例如，很多学者讨论的信访问题就包括涉法涉诉上访、无理上访等。其中，涉法涉诉上访问题是学者关注的重点问题之一。在大多数人看来，涉法涉诉信访本身的存在就是对我国司法权威和法治建设的一大挑战。学者以这一问题为讨论的前提和主线，既是希望为此提供一个合理的解释框架，也认为这一类问题是完善现行信访制度时不可回避的问题。② 同时，以无理上访为中心的讨论其实着重针对的是日益严重的谋利型上访问题，学者认为厘清无理上访是解决目前信访淤塞问题的关键之所在。③ 此外，还有学者以信访所具体涉及的领域为分类基础，并以环境信访、涉警信访等专门领域的信访问题为讨论对象。④

---

　　① 陈柏峰：《农民上访的分类治理研究》，《政治学研究》2012 年第 1 期。
　　② 例如，祁雪瑞：《涉诉信访的困境与出路探析》，《中州学刊》2008 年第 6 期；张文国：《试论涉诉信访的制度困境及其出路》，《华东师范大学学报（哲学社会科学版）》2007 年第 2 期；易虹：《涉诉信访制度困境与解决机制的整合》，《江西社会科学》2010 年第 2 期；姜晓贞：《涉法涉诉信访问题的理性思考》，《郑州大学学报（哲学社会科学版）》2012 年第 4 期。
　　③ 参见田先红：《从维权到谋利——农民上访行为逻辑变迁的一个解释框架》，《开放时代》2010 年第 6 期；陈柏峰：《无理上访与基层法治》，《中外法学》2011 年第 2 期。
　　④ 参见林辉煌：《涉警上访与转型中国的法治困境》，《法制与社会发展》2004 年第 2 期；祁玲玲、孔卫华、赵莹：《国家能力、公民组织与当代中国的环境信访——基于 2003—2010 年省际面板数据的实证分析》，《中国行政管理》2013 年第 6 期。

三、信访改革时的前提性考量

目前有关信访改革的研究主要还集中在信访存与废、强化抑或弱化的宏大叙事上。趋于一致的认识是：信访是我国在特定历史时期为实现民主政治目的创设的一种制度，对于我国的民主政治建设和社会稳定曾经发挥过积极作用；随着我国政治、经济的发展，信访制度虽然进行了局部调试，却总是显现出"排斥"反应，出现的各种信访异象成为国家整治的对象。在具体的改革方案上，各方出现了偏重于不同相关因素的考量，进而呈现出的是不一致的改革方案。从上文的梳理中可以看出，信访改革问题上的分歧主要表现为对以下两方面内容的不同认识：一是信访与我国法治建设的关系；二是信访与司法权威的关系。由于时下的信访运作是我国政治传统、文化特性、现代法治理念等多种因素的角力场，因此单纯进行信访强化或者弱化的论断并不可取。相反地，厘清信访与法治和司法权威之间的关系却是理解信访改革方向的前提性问题。

（一）信访与法治观

信访是什么？就目前的实践来看，信访既可以作为一种纠纷解决或者权利救济手段存在，又可以作为一种民主参与方式存在，还可以作为一种公共政策评估机制存在。[①] 这仅是对信访实然层面的描述，当下信访问题的关键是信访应当作为一种什么制度而存在。将信访定位为权利救济机制或政治参与工具抑或兼具法律与政治功能的制度，归根到底还是一种价值偏好上的选择。这些价值偏好都宣称是基于法治追求，那么，这是否表明存在以下可能，即作为共同基础的"法治"被赋予了不同的内涵。因为所依据的法治观不同，往往会导致对同样的信访现实作出不一致甚至相反的解读。法治建构的内容中，充斥着对相关的制度安排和法律价值的取舍。相应地，基于不同价值偏好所作出的相关的制度安排也显示出不同内涵的法治观念。

信访废除论者的立论基础是，作为计划经济时代产物的信访制度已经不

---

① 张宗林提出，通过信访渠道反映出来的民意诉求能够在很大程度上反映公共政策的效能，信访是公共政策评估的重要依据，信访能预防和化解社会隐性不满，减少执政风险。参见张宗林：《中国信访：新视角 新思维 新理念》，中国民主法制出版社2013年版，第130—154页。

适应我国当下的市场经济环境，它的存续将使得国家政治认同性进一步流失。基于此建议将信访废除的观点并不是完全脱离法治的，因为它也试图解决现行信访与司法权威悖反的窘境，也是以实现法治为终极目标的，只不过这里的法治试图立基于"经验主义的合法性"。"经验主义的合法性"的典型表达是："合法性是指政治系统使人们产生和坚持现存政治制度是社会的最适宜制度之信仰的能力。当代民主政治系统的合法程度，主要取决于解决造成社会历史性分裂的关键问题的途径。"① 以当下国家所处的情境去迎合历史存在正当性，这本身是存在问题的。如同著名哲学家哈贝马斯对经验主义的合法性所批评的那样，经验主义的合法性进路的确关照了政治秩序的大众认同，却忽视了这一认同的价值所在。② 通过政治学及法哲学的观察，以废除信访为改革突破口似乎无法解决信访实践中的现实困难。将喷涌而来的社会矛盾交由尚未成熟的现有正式的纠纷解决机制并非明智之选，而民众对信访的心理倾向也难以通过制度废除得以转变。

将信访作为一种权利救济机制进行改革的观点，看似是一种事实确认，其实也是法治观转向上的一个呼吁。信访的发展史是中国法制化进程的一个注脚。信访制度完善的外在表现之一是运作规则的规范化与细致化，如2005年新修订的《信访条例》的亮点就包括公开听证制度的引入、信访便民原则的细化、信访责任机制的强化等。1995年《信访条例》的出台，为信访"合法律性"提供了相应的标准。暂且不论其中的"标准"适当与否，至少使信访有了一个对于"法"与"不法"明确的判断依据。随后，"升级版"的《信访条例》力图依循法治理念应对激增的社会纠纷以及与之相伴的转型风险，并且无损法治建设与司法权威。这样的改革举措希望通过彰显程序正义，通过对既定行为规则的适用实现信访的良性运作。然而，民众试图通过信访获得救济恰恰期待的是信访实现"结果正义"的可能。如果无视信访活动中

---

① ［美］西摩·马丁·李普塞特：《政治人——政治的社会基础》，张绍宗译，上海人民出版社1997年版，第55页。德国著名社会学家马克斯·韦伯是经验主义合法性理论的典型代表，他认为，任何一种真正的通知关系都包含着一种特定的最低限度的服从愿望，任何统治都企图唤起并维持对它的"合法性"的信仰。参见［德］马克斯·韦伯：《经济与社会》（上卷），林荣远译，商务印书馆1997年版，第238—239页。

② 参见［德］尤尔根·哈贝马斯：《重建历史唯物主义》，郭官义译，社会科学文献出版社2000年版，第262页。

潜藏的本土情境而单方面地开展"规则之治"，那么再如何改革都只能在泥沼之中越陷越深。概括而言，我国当前信访改革所依循的信条以及据此所进行的制度安排只能算是一种形式法治上的追求，而要真正实现信访实践与法治的和谐状态还需要关注更多实质法治的特质，并将其用于对信访改革的原则性指导。① 在我国致力于实现法治的进程中，被看作带有为人治因素的信访是否需要清除？其实，即便时下的信访在某种程度上是传统文化中"清官意识"、"申冤"等救济路径的延续，也早就不是过去那种全凭意气而缺乏具体规范的机制。② "根据信访实践，我们愈发感到，信访越来越成为公民面临问题时优先选择的救济渠道，同时，信访制度承担的政治参与、代表党和政府接受人民群众监督等功能可以推动政府把决策、执行和监督的整个过程纳入法治化轨道，为法制政府的建设做出贡献。"③ 因此，信访被明确定位为一种权利救济机制，同时配置相应的法律规范，就可脱离"人治"的窠臼。更为关键且棘手的问题是，进行何种制度设计的信访才能同时被国家与民众安然接受？也就是说，真正有效的信访不仅需要具备形式上的"合法律性"，还需要具备让民众接受的实质上的合法性。信访救济与法治关系的两面性既预示了信访救济被纳入行政法制化轨道的可能性，也表明了信访救济与法制建设相互协调的艰巨性。④

（二）信访与司法权威

"信访不信法"之中的信访与司法权威的悖论如何消解一直是信访改革的重要议题。已有研究表明，信访救济相较于司法救济而言的一个显著特征就是它的非程序性。有学者指出："这并不意味着信访救济的运作完全没有规则，而是说其运作没有明确的、稳定的、普遍主义的规则，而是另有一套模

---

① 有关形式法治与实质法治内涵的系统说明可参见何海波：《实质法治——寻求行政判决的合法性》，法律出版社 2009 年版，第 9—15 页。

② 信访制度是儒家人治背景下的必然结果，但是信访对儒法两家的逻辑都有所悖反。详见徐艳阳：《中国信访制度历史源流考评》，《学术界》2011 年第 12 期。

③ 张宗林等：《信访工作的新思维与新理念》，《中国行政管理》2013 年第 6 期。

④ 参见应星：《信访救济：一种特殊的行政救济》，载汪庆华、应星编：《中国基层行政争议解决机制的经验研究》，上海三联书店 2010 年版，第 27 页。

糊的、变动的、特殊主义的'潜规则'"。① 正是目前这样的制度表现，导致了民众对信访成本上的误判，其所带来的现实后果就是民众选择救济途径上的信访倾向。当公民一旦走上信访这一"中国式维权"的道路后，其行动逻辑就不是经济学原理可以解读的了，而更接近于价值理性，从而形成我国救济现实中普遍存在的"信访不信法"。②

按照上述逻辑，对于信访与司法权威的关系可以明确为两点：其一，司法权威的确保与信访无关。即便信访的最终成本多于正规救济途径所花费的成本公民仍然偏向信访的现实说明，司法救济或其他常规救济本身就存在权威不足。诸多经过正规救济程序的纠纷仍走向信访的现实，在一定程度上说明现有的正规纠纷解决渠道无法避免二次冲突，真正做到"案结事了"。有学者通过对诉讼实践的观察判定，"社会冲突在特定主体之间的化解和消除（即使是在形式上的化解和消除）并不以裁判的作出为充足条件。首先，裁判不能直接消除冲突主体的心理上的对抗和敌视……其次，裁判尽管对冲突消除的实体内容作出了判断，但裁判并不是冲突已经消除的体现……""诉讼强制在微观层次上的使命不只是维护司法裁判行为的权威，更现实的作用在于防止或解决'二次冲突'，从而使先前的冲突得到最终解决"。③ 当然，这一状况与我国民众执着于结果正义的价值取向有关。事实上，结果正义的表现并不一定是真正的分配公平，而是一种心理上的认可，冲突主体对裁判公正性的评价是以其自身的利益角度和主观感受为基础的。④ 因此，面对公民在"结果正义"上的需求，并不当然地表示排除了援用当前正统的纠纷解决机制的可能性，而是揭示出应更多地关注诉讼、复议等救济程序的设计，以使得公民因对结果的认同而相信程序。信访则需要在现有法制的框架下，在现有的纠纷解决机制充分发挥其效能的情况下划定它的活动空间。司法的权威并不

---

① 应星：《信访救济：一种特殊的行政救济》，载汪庆华、应星编：《中国基层行政争议解决机制的经验研究》，上海三联书店 2010 年版，第 11 页。

② 应星、汪庆华：《涉法信访、行政诉讼与公民救济行动中的二重理性》，《洪苑评论》第 3 卷第 1 辑。

③ 顾培东：《社会冲突和诉讼机制》（修订版），法律出版社 2004 年版，第 172、175 页。

④ 张泰苏的研究可以印证这一判断，参见张泰苏：《中国人在行政纠纷中为何偏好信访？》，《社会学研究》2009 年第 3 期。

是来自于程序的公正，而是结果的"公正"。① 其二，司法权威的减损与信访有关。涉诉信访无疑是对司法权威的直接挑战，信访与司法权威之间悖论的消解这一理论课题的现实表现是寻求涉诉信访问题的解决之道。事实上，这也一直是我国信访治理的重点。2013 年 1 月召开的全国政法工作会议把涉法涉诉信访改革确定为政法系统的重点改革之一，明确了试点先行的工作思路，分四批部署全国政法机关逐步开展试点工作，并于 2013 年 10 月在全国推开。最高人民法院院长周强在 2014 年 3 月 10 日第十二届全国人民代表大会第二次会议上所作的报告中则强调，要"改革审判工作运行机制，积极推进审判权运行机制改革、涉诉信访工作机制改革"。

　　在实践中，减损司法权威的信访活动远不止于涉诉信访，闹访、缠访、越级上访等异化的信访行为更使得正常的司法活动、司法规则陷于尴尬境地。早在 1979 年 10 月 22 日，《人民日报》就发表了题为《正确对待上访问题》的评论员文章，指出迫使国家突破现行政策规定的做法是十分错误的，也是根本做不到的。"不仅无理不能取闹，有理也不能取闹。"据此可知，"闹访"向来有之。对此已有学者提出，应从观念上抛弃所有信访都是正当维权的想法，建立起一套分类治理的体系。②

四、展望

　　信访制度作为在我国政治发展进程中运行长达 60 余年，且影响深远的一项机制，其改革将往哪个方向去成为关注的焦点。信访改革是一项牵一发而动全身的系统性工作，涉及面极广，每一步都会引发社会的强烈关注。学界关于信访改革的讨论不绝于耳、纷繁复杂。学者在论述信访问题时，都提出自身关于信访改革的一些思考，这些都为信访改革的进一步探索提供了有益借鉴。结合党的十八大、十八届三中全会、十八届四中全会文件精神指导及

---

　　①　目前官方表达的改革思路是，实行诉讼与信访分离制度，把涉及民事、行政、刑事等诉讼权利救济的信访事项从普通信访体制中分离出来，由政法机关依法处理。对已经进入法律程序处理的涉法涉诉信访问题，政法机关应依法按程序，在法定时限内公正办结。对已经穷尽法律程序，涉法涉诉信访人反映的问题已经得到公正处理，符合法律规定的，依法不再启动复查程序。

　　②　参见申端锋：《乡村治权与分类治理：农民上访研究的范式转换》，《开放时代》2010 年第 6 期；陈柏峰：《农民上访的分类治理研究》，《政治学研究》2012 年第 1 期。

信访工作实际，我们认为，未来信访改革的方向主要集中在三个方面：①

（一）推进以信访立法为抓手的信访法治化进程

党的十八届三中全会提出，要"改革信访工作制度，实行网上受理信访制度，健全及时就地解决群众合理诉求机制。把涉法涉诉信访纳入法治轨道解决，建立涉法涉诉信访依法终结制度"，这就为信访改革的法治化方向指明了路径。当前，法治已成为治国理政基本方略，法治已成为实践工作的运行指导和检验标准，信访亦不例外，特别是信访与法治能否和谐共生成为学界关于信访争论的热点时，信访主动转向法治化轨道，将是对"信访废除论"的一种有力回应。推进信访工作法治化不仅非常必要，而且刻不容缓。信访改革必须以实现"法治中国"为取向，以法治思维和法治方式为指导，以信访立法为抓手，最终实现信访的法治化。

首先，信访改革的取向是实现"法治中国"。2013 年年初，习近平同志在就如何做好新形势下政法工作问题上的一个重要批示中首次提出了建设"法治中国"的新要求，2013 年 11 月党的十八届三中全会通过的《中共中央关于全面深化改革若干重大问题的决定》，将"推进法治中国建设"确立为我国新时期法治建设的新目标和全面深化改革的重大内容。"法治中国"无疑已成为当前党和国家各项改革的聚焦方向。在信访改革方向的考量上，我们必须注意到，信访作为党和政府密切联系群众的一项重要制度设计，当前面临诸多制约改革和发展的因素，如何突破这一瓶颈、树立正确的改革取向成为摆在信访改革决策者面前的重大难题。信访的法治化改革有利于从源头上预防和减少信访问题的发生，在此基础上，实现依法信访、有序信访，使信访真正成为新时期民主政治的有效形式，在法治中国的取向上捍卫公民权益、稳固社会秩序。

其次，要以法治思维和法治方式推进信访改革。党的十八大报告提出，要提高领导干部运用法治思维和法治方式深化改革、化解矛盾、推动发展、维护稳定的能力。党的十八届四中全会明确提出法治是治国理政的基本方式，要求把信访纳入法治化轨道，保障合理合法诉求依照法律规定和程序就能得

---

① 参见张宗林：《信访改革的方向越来越清晰》，中国网，http://www.china.com.cn/guoqing/2015-08/14/content_36304089.htm，最后访问时间：2015 年 8 月 11 日。

到合理合法的结果。这些都为我们运用法治思维和法治方式推进信访工作制度改革提出了更高要求。信访改革必须以促进社会公平正义、维护群众合法权益为出发点和落脚点，坚持用法治思维和法治方式深化改革，破除制约信访工作科学发展的体制机制障碍，深入推进信访工作制度化、规范化、法治化，进一步提升信访工作效能和公信力。通过改革，最终实现信访渠道更加畅通、秩序更加规范、流程更加公开、工作更加有效。信访改革只有坚持运用法治思维和法治方式，才能确保改革沿着法治化方向前进。

最后，信访立法是实现信访法治化的重要抓手。有法可依是法治化实现的前提，一部科学、规范、先进的法律是推动相关领域法治化的重要抓手。当前，我国信访工作的法律依据主要是《信访条例》，但《信访条例》存在宪法依据不足、法律位阶较低、适用范围较窄等问题，直接影响到信访工作的有效开展，因此，制定一部科学规范和指导信访工作的信访法势在必行，是推进信访工作法治化的深刻要求，也是信访法治化进程中具有里程碑意义的一项重大举措，对于提高政府依法行政的水平，从源头上预防和减少信访和社会矛盾问题的发生将起到积极的促进作用。当前，关于信访立法的各项工作正在有序推动，信访立法已上升为国家意志，其必将成为信访法治化实现的重要抓手。

（二）推进信访制度成为国家治理体系下的重要制度设计

2014 年 9 月，国家信访局组织的全国信访局长学习贯彻习近平总书记重要讲话精神专题培训班在北京顺利举办，18 日，该培训班全体学员参加了北京市信访矛盾分析研究中心举办的"国家治理体系下的信访制度"论坛，国家信访局副局长张恩玺同志发表了重要讲话，肯定了信访制度将成为国家治理体系下的一项重要制度设计。国家治理体系，就是保证党领导人民有效治理国家的制度体系，这些制度紧密相连、相互协调，是党领导人民治理国家的基本依托。在我国现代治理结构中，信访是社会成员参与治理的重要途径，也是社会矛盾处理的兜底结构，对于国家治理体系的完善意义重大。

首先，信访天然蕴含丰富的"治理"理念。国家治理体系突出强调"治理"而非"管理"，这是一次重大的理念变革。从某种程度上可以说，信访天然蕴含的正是治理理念而非管理理念。信访制度的属性和定位决定着其更多承担的是对社会矛盾和问题的治理功能，而非直接行使管理权限，自上而下的行政命令色彩较淡，因此，信访制度是一种现实而有效的治理方式。同时，国家治理体系其最突出的特点是摒弃"头痛医头，脚痛医脚"的传统治理理念，强调综合性、全方位治理。信访在制度设计和功能定位上就是一套完整的发现、预防、化解和评判社会矛盾及其治理成效的重要机制，避免了单一治理的弊端，体现了治理的系统性、全面性，与国家治理体系存在共鸣，为国家治理体系的构建和完善提供理念上的重要支撑。

其次，信访制度是国家治理体系中重要的协同机制。国家治理体系是一个复杂的系统，由一系列治理主体、治理制度、治理手段组合而成，具有治理领域宽泛、服务对象多元及公共目标复杂等特点，这就决定了国家治理机制的多样性、复杂性，如何协调促进体系内各项机制的和谐共生成为难题。通过对信访的追根溯源，我们发现，信访作为具有中国特色的珍贵本土制度资源，符合社情民意，符合国家治理机制的内生性要求，与国家治理体系内部诸多机制存在较强的契合性、适应性。信访作为党和政府发现决策瑕疵或漏洞的自下而上的机制，也是从背面反映国家治理能力和水平、减少社会发展代价的重要途径。同时，信访制度通过对社会矛盾的全面化解、权力的有效监督、民主的有效促进来推动国家治理在各个领域的全面落实和协调发展，对国家治理体系起到了黏合和协同的作用，以保证这些机制所构建体系的完整性和有效运作。

最后，从国家治理体系战略高度推进信访制度改革。信访可以反映国家治理的能力，可以成为衡量国家治理民主化、法治、效率、公共权力运行的制度化和规范化等能力的标尺，在一定程度上它可以促进国家治理水平的提高，从而成为国家治理体系现代化的重要内容。[①] 所谓信访改革并不能局限于信访工作层面的提高和改进，而是要针对现行信访制度进行深入性、系统性变革，必须将其纳入国家治理体系环节中加以考虑。从制度设计而言，信访改革的目的是将信访制度纳入国家治理体系下进行考量，一方面促进信访制度自身的完善与发展，另一方面充分利用自身治理机制和治理优势，推进国家治理体系的构建和完善，这也信访改革的重要意义所在。

---

① 参见张宗林、郑广淼：《信访与法治》，人民出版社2014年版，第5页。

（三）推进信访机构成为国家重要的特色智库

信访机构长期以来更多地被刻画为"二传手"的形象，无论是在学界还是在党政系统中，其地位和作用有时被忽视。中共中央办公厅、国务院办公厅印发的《关于加强中国特色新型智库建设的意见》（以下简称《意见》）提出，要从我国国情和实际需要出发，构建中国特色新型智库发展格局，结合信访机构自身职能和资源优势，信访机构朝着特色智库方向发展具备了可能性和契机。

首先，信访机构的特色资源为智库建设提供内生优势。特色智库的一个重要考量标准就是其所掌握资源的特色性，也是其在智库机构林立竞争环境下的生存之本，相较于传统智库而言，信访机构所掌握的特色资源构成了其建设成为特色智库的内生优势。信访机构长期服务于全面深化改革一线，与现实社会问题高度契合、深度关联，对经济社会发展面临的问题有充分的感受和直观的认知，成为收集反映群众诉求相关数据的重要渠道，这些都为党和政府的科学决策提供了最翔实的一手材料①。这种以客观事实为依据、以问题为导向、以服务政府决策为目的，且研究成果具有战略性、思想性、对策性特征的信访特色研究资源，都将为信访机构的特色智库建设提供原生动力。

其次，信访领域的先期探索为智库建设提供了实践支撑。理论研究成果的数量和质量是衡量智库的重要标准，也是智库建设的先决条件。近年来，信访领域关于信访理论的研究方兴未艾，研究成果层出不穷，特别是众多专家学者对于信访制度及其改革问题投入了极大的研究热情，为信访机构的特色智库建设奠定了理论基础。同时，随着信访机构信息化建设步伐的加快，网上信访工作体系将逐步健全，信访信息的获取将更加公开、透明、便捷、高效，这些都将为信访机构的智库建设提供有力的技术支持。信访机构在智库建设方面也有了先期探索，北京市信访办早在六年前就设立了信访和社会矛盾问题专门研究机构——北京市信访矛盾分析研究中心，其众多研究成果得到了国家部委及北京市委、市政府领导的高度认可和直接批示，为相关部门决策提供了重要依据，成为信访机构推进特色智库建设的重要实践。

---

① 参见张宗林、叶明珠主编：《使命与愿景——北京市信访矛盾分析研究中心发展报告（2009—2014）》，人民出版社 2014 年版，第 194 页。

最后，信访机构朝着特色智库方向发展是信访改革的重大突破。传统上，党政部门更多是作为决策部门存在，很少发挥自身的咨询功能，利用自身的优势资源为其他党政部门提供决策咨询更是少之又少。大数据时代对政策量化分析的日益重视为信访机构的特色智库建设提供了契机。信访机构掌握大量关于信访和社会矛盾问题的客观数据，通过对这些数据的量化分析，并根据党和政府决策需要开展重大课题研究，可以有效促进公共决策的科学性，从而使信访机构真正成为具有中国特色的、具有资政辅政功能的智囊机构。信访机构作为我国党政机构的重要组成部分，如若朝着国家重要的特色智库方向发展，必将会迎来一次历史性的变革，具有积极的引领和示范意义，是信访改革领域的一次重大突破。

第 九 章
信访立法基本问题研究述评

一、引言

　　文献搜索显示，目前对信访立法问题的专门性研究十分有限，关于信访立法的论述多散见于信访法治化、信访制度改革等相关论著中。当前，信访制度面临的首要问题就是要不要上升为法律的问题，也即需不需要由全国人大常委会制定《信访法》并颁布实施的问题。① 这是信访制度改革的根本问题，"一种制度得以长期且普遍的坚持，必定有其存在的理由，即具有语境化的合理性；因此首先应当得到后来者或外来者的尊重和理解"。② 正如中南财政政法大学副校长陈小君在《关于推进信访立法的必要性和可行性研究》一文中所提出的："一条走渐进性整合信访制度的思路逐渐受到各方的重视。在整合过程中，我们必须坚持'依法治国'的基本方略，在尊重和结合中国既有的政治体制结构和法律制度的前提下，站在中国宪法体制这一具有全局性的体系框架下，寻求问题的解决。因此，中国信访制度的运作必然应由全国人民代表大会审议通过的，具有普遍效力的全国性的法律，予以调整。"在依法治国的背景下，认真探讨和研究信访立法所面临的基本问题，对于信访制度自身的变革、社会主义法治体系的完善以及依法治国方略的实施都具有重要的现实意义。

---

　　① "法律"一词具有广义和狭义两个概念。广义的概念泛指一切规范性文件；狭义的概念指全国人大及其常委会制定的规范性文件。此处采用狭义的概念。

　　② 朱苏力：《送法下乡》，中国政法大学出版社 2000 年版，第 90 页。

二、信访立法研究的现状

从信访法制体系的现状及其存在的问题角度，分析信访立法的必要性是学术界主张信访立法的一个现实视角。国务院《信访条例》的法律位阶低，难以对所有的信访行为及信访工作进行规范和调整是信访法律体系存在的首要问题。就信访立法的数量来讲，我们形形色色的立法数量并不少，各省基本都有信访法规或规章，许多地方也有相应的红头文件来规范信访。但是，我国信访最高层次的立法却是国务院 1995 年 10 月 28 日发布、2004 年修改的《信访条例》。张宗林认为，依法行政是法治社会的根基，要实现依法行政首先要建立完善的法制体系，信访法治化也概莫能外。① 梁映敏认为，当前信访法制仍然停留在行政立法的层面，其权威性和可操作性都有待继续完善，她主张健全信访法律体系，尽快出台《信访法》，这是将信访纳入法治轨道，实现信访的程序化、法制化的必经阶段。② 《信访条例》属于行政法规，在我国法律体系中法律位阶较低，对信访的性质、地位、作用、原则、程序的规定，仅限于条例或者文件中。信访制度作为国家整体制度设计中的一环，与诉讼、行政复议和其他纠纷解决方式共同构成了解决纠纷的制度体系，但是由于缺乏法律的正名，使得当前信访机制与其他法律机制衔接失当。完整规范的法律体系是实现信访法治化的前提和保障，提高《信访条例》的法律位阶，尽快出台《信访法》有利于规范我国信访法制化建设，推进我国信访制度的进一步完善发展。孙涉认为，信访法制体系还存在一些亟须解决的问题：一是齐抓共管的信访处理体制，难以实现信访法制；二是《信访条例》难以解决大信访格局中的法制统一问题；三是信访处理权限的多元，增加了法治的困难。③ 《信访条例》还存在法律原则不全面、矛盾源头预防机制缺失、程序规范性差、责任不明确、非正常信访处罚力度不够等问题。信访的法治化程度不高，信访法治缺乏总体制度设计，信访的程序性差这些都是信访立法亟须解决的问题，亟须通过信访立法明确信访制度在法治环境中的定位，实现信

---

① 参见张宗林：《依法行政是法治社会的根基》，《信访与社会矛盾问题研究》2015 年第 7 期。
② 参见梁映敏：《基于法理分析的信访制度研究》，《黑河学刊》2011 年第 6 期。
③ 参见孙涉：《论信访制度与法治趋向》，《学海》2007 年第 5 期。

访法治化。

有些学者从信访面临的困境出发，将以信访立法为主导的信访法治化视为解决信访问题和化解社会矛盾的良方。周楠生从信访的困境出发，认为信访制度的法治化是解决信访困境的根本出路，应该改革现行信访制度，健全民意表达机制，完善矛盾纠纷解决机制，规范信访处理程序和终结制度，强化司法独立，维护信访权和惩治滥用信访权利并重。[①] 韩秀义从"论证性正义"的角度出发，认为信访法治化改革应依循法治中国的目标，将信访分为"政治利益型信访"和"非政治利益型信访"，信访立法应该重点规定和明确信访机构的组织与权能、信访监督问责机制，对信访中的论证方式、论证过程和论证资源的选择等进行论证与设计。[②] 郝燕认为，转型期信访制度面临难以回避的现实困境，一是民众信访权利与基层政府截访之间的对立，二是维权渠道的畅通与社会稳定之间的对立。[③] 郑广森认为，由于社会转型期各种矛盾比较突出，缠访、闹访现象还无法有效解决，这就需要从立法上明确什么行为属于缠访闹访，缠访闹访的信访人应该负有什么样的法律责任，这样可以有效避免缠访闹访现象的发生。[④]

信访应该立什么样的法？应该制定什么样的信访法？信访法应当体现什么样的价值？这些问题是信访立法研究必须解答的问题。信访法的首要目标是落实公民的宪法权利，统一协调信访，避免信访工作政出多门。实现争议解决协调有序、分层次，公民权利救济及时有效，保障公民政治参与有序进行，保障司法权威。肖进中和王秀哲对20世纪80年代至90年代中期各省的信访立法情况进行了分析，发现"秩序至上"成为这一时期信访立法的基本宗旨，这与转型期安定团结的社会需要密切相关。信访立法中信访秩序的维护与信访人权利的维护既是相互矛盾也是相辅相成的，立法宗旨在这两个价值上的取舍表明了对信访立法价值目标选择的立场。当时信访立法内容的重

---

① 参见周楠生：《困境与出路：信访制度的法治化改革》，《岭南学刊》2011年第2期。

② 参见韩秀义：《"草地故事"、论证性政治与中国信访出路》，《辽宁大学学报（哲学社会科学版）》2012年第1期。

③ 参见郝燕：《信访制度的发展困境及其法治化分析》，《法治与社会》2012年第15期。

④ 参见许一航：《信访新政呼唤立法支持》，《法治与社会》2014年第7期。

点均表现为对信访人的限制，尤其是对集体上访的限制。① 社会转型期信访立法应当体现约束行为和规范程序的宗旨。既要约束信访人的行为，更要约束信访机构工作人员及政府工作人员的行为，这应是信访法的根本要义。通过执行信访法明确信访机构的法律地位，规范信访工作程序，明确信访机构的权限和责任。

法律规则是构建法律秩序的要素，法律秩序是法律对社会进行有效调整的结果，针对信访立法的具体内容和实现路径，很多学者也提出了不同的设想。苗大成认为，建立科学合理的利益纠纷解决机制、完善公民权利救济机制和保障公民参与政治权利是信访法制化的三大本质，并提出了制定《信访法》，实现信访制度法制化的具体路径：整合资源，明确职权，统一信访接受主体；清晰定位，剥离职能，规范信访接受内容；遵循法治，严格程序，规范信访事项解决方式；吸收补充，正确导向，规范信访工作类别。此外，在信访立法内容上，很多学者都主张《信访法》必须明确规定如下几个方面的内容：一是信访机构的法律地位；二是信访法律关系主体的权利义务；三是信访责任，包括信访人、信访机构和原行为机关不作为或延迟作为的责任；四是信访机构处理信访案件的必要权力；五是信访程序等。张红认为，信访立法要实现由具有基本法律性质的信访法来框定信访的性质、范围及有关机构的职权。信访立法不仅可以有效畅通民意，更重要的是确立法制权威，为建设法治社会打下良好基础。翟校义持如下观点：现有很多信访形式比如各级领导大接访、信访联席会议、人大对信访的督办检查，都是很有益的工作机制，应该立法予以确认。信访立法要从两个方面着手，一方面要改变信访的制度框架，在立法的同时，完善各种配套机制，使群众信访、机关接访都有法可依；另一方面，改变信访的运作模式，从法律上确立"信访公开透明"原则，同时设立纠错机制，督促政府依法行政。②

三、信访立法可行性研究

党的十八大报告指出，要完善中国特色社会主义法律体系，加强重点领

---

① 参见肖进中、王秀哲：《秩序至上——20 世纪 80 年代至 90 年代中期各省信访立法分析》，《徐州师范大学学报（哲学社会科学版）》2012 年第 5 期。

② 参见许一航：《信访新政呼唤立法支持》，《法治与社会》2014 年第 7 期。

域立法，要提高领导干部运用法治思维和法治方式深化改革、推动发展、化解矛盾、维护稳定能力。加强信访工作法制建设，推进信访工作制度化、规范化、法制化，进而使信访工作者运用法治思维，依据有关信访法律开展信访工作，是落实中央会议精神和领导讲话的必然要求，是引领信访工作继续开创新局面的基本遵循。作为信访矛盾问题专业研究机构，北京市信访矛盾分析研究中心在推进信访立法工作中付出了大量努力，自成立以来，围绕信访立法设置的众多研究课题，特别是"信访法立法的必要性和可行性研究"课题对信访立法工作具有重要的推动意义。课题组在深入调查研究的基础上，完成信访立法可行性研究总报告，对《信访条例》作了总体评估和修改建议，拟定了信访法草案，对信访制度的属性和功能定位进行了再审视，从信访角度探究了建设"法治中国"的理论和实践，以信访法治化为契机，推进政府依法行政。同时，研究中心组建的由 26 名国内外知名专家组成的"信访立法专家委员会"更是为信访立法提供了高层次、专业性的指导，在理论和实践层面对信访立法的科学论证和规范完善信访制度作出了重要贡献。

（一）现行信访的制度规范体系

形成较为完备的法律规范体系，是信访工作法制建设的核心，也是衡量信访工作法制程度的重要标准。经过多年的信访工作法制建设，目前，我国已形成了以《中共中央国务院关于进一步加强新时期信访工作的意见》为纲领，以《信访条例》为主体，以违反信访工作纪律实行责任追究的两个法规性文件和领导干部定期接访、机关干部下访，矛盾纠纷排查化解等制度性文件为重要补充，以地方、部门相关法规、规章和制度为衔接配套的信访制度规范体系。

2007 年 3 月，中共中央、国务院下发了《中共中央国务院关于进一步加强新时期信访工作的意见》，该意见对新时期信访工作的定位、指导思想、目标任务、工作原则、工作机制、工作重点、加强领导等若干重大问题提出了明确的要求。这是新中国成立以来第一次以党中央、国务院的名义对信访工作进行全面安排和部署的纲领性文件。1995 年 10 月 28 日出台的《信访条例》标志着我国信访工作步入法制化轨道，但随着社会发展变化加速，该条例的一些条款明显已不适应社会发展的实际需要。2005 年 1 月 10 日，时任国务院总理温家宝签署第 431 号国务院令，公布了新修订的国务院《信访条例》。作为规范各级人民政府及其工作部门信访部门的重要行政法规，新修订的《信访条例》在保护信访人的合法权益、维护信访秩序等方面发挥了重要作用，是信访工作法律制度体系中的主体性法规，也是最基本的法规。中纪委《关于违反信访工作纪律适用〈中国共产党纪律处分条例〉若干问题的解释》，监察部、人力资源和社会保障部、国家信访局联合发布的《关于违反信访工作纪律处分暂行规定》、《关于领导干部定期接待群众来访的意见》、《关于中央和国家机关定期组织干部下访的意见》、《关于把矛盾纠纷排查化解工作制度化的意见》形成了信访制度规范体系中的补充性规定。除此之外，各地各部门在贯彻落实《意见》和《信访条例》的过程中，根据本地本部门的实际情况，出台了一系列配套的地方性法规和规章，细化和丰富了《意见》和《信访条例》的规定。

（二）信访立法的必要性和可行性研究

解决信访制度的存废之争、现有信访制度法律体系的规范与完善、实现信访的制度功能、有效化解信访矛盾和信访困境、实现信访机制的良性运转，这些都需要信访立法加以解决。[①] 目前指导中国信访活动的法律规范体系在实践中突出的问题主要表现在法律规范效力层级低、各级信访部门之间缺乏协调以及信访机构功能和各级信访立法不统一三个方面。信访矛盾之所以多发且突出，主要是因为没有真正地用现代化的理念管理现代社会，信访矛盾大多与官员、政府和政策有关。要减少信访矛盾的产生，就需要约束政府及其官员的行为，真正实现依法行政，依法行政的关键就在于运用法律，规范政府及其官员的行为，降低信访矛盾发生的可能及其扩大的风险。因此，统一信访法的制定不仅能使群众通过信访活动更好地监督政府及其官员的行政行为，迫使其依法行政，而且使群众表达利益诉求的渠道更加规范、畅通，信访的从属性矛盾、隐性矛盾和裂痕性矛盾不至于激化、变质。从信访立法的可行性来看，我国《宪法》为统一信访法的制定提供了依据，党和国家对信访工作的法治化要求为统一信访法的制定提供了政治保障，现有信访理论研

---

① 参见张宗林、郑广淼主编：《信访与法治》，人民出版社 2014 年版，第 159—164 页。

究成果为统一信访法的制定提供了理论基础，涉法涉诉信访法治化改革为统一信访法的制定探明了方向，现有信访工作实践为统一信访法的制定提供了实践支持，国外相似制度的立法为统一信访法的制定提供了域外经验。制定统一信访法不论对于中国特色社会主义法律制度的完善、法治社会的建设和推进、和谐社会和中国梦的实现，还是对于信访事业本身的发展、人民群众合法权益的保障以及社会的稳定都极为重要。目前，制定统一信访法的时机已经成熟，条件已经具备，信访立法势在必行。

（三）信访立法需要解决的主要问题

通过对信访法治化历史的梳理及现行《信访条例》的分析评估，我们认为，未来信访立法需要解决的主要问题主要有以下几方面：一是信访立法的立法理念和核心指导思想；二是信访的概念和受理范围问题；三是信访制度的性质和法律定位问题；第四，信访法与其他法律法规的衔接性问题。

1. 信访立法的立法理念和核心指导思想

立法理念和指导思想是贯穿一部法律始终的灵魂，决定一部法律的立法品位和旨趣，也决定一部法律的效力以及是否能够在实际工作中发挥效用。信访立法首先需要确定立法的理念和核心指导思想。立法是人的一种实践活动，因而不能离开一定的理论指导。只有科学地确立了立法理念，才能正确地界定立法的本质，并有效地指导立法活动。信访在当前社会背景下更多的是作为一种事后补救或问题处理机制而存在，忽视了信访对社会矛盾和问题发生的预防作用。因此，在信访立法过程中，必须对立法理念进行一次革新，从原先的事后处理理念转变为源头治理理念。因为信访工作是群众工作的重要组成部分，制定信访法，推动信访法治化，实际上就是推动群众工作法治化，是对群众路线的具体实践。推动信访法治化可以进一步推动执政党的法治理念，进一步推动依法行政、依法执政的水平，进而减少社会矛盾和信访矛盾的产生，实现从源头上预防社会矛盾和信访矛盾。源头治理理念的梳理不但提升了信访法的立法水平和质量，更是有利于充分发挥信访在社会矛盾和问题领域的预防作用，对于从源头上减少社会矛盾问题具有重大而现实的意义。同时，立法的核心指导思想直接决定着一部法律的有效性、适用性，相较于现行《信访条例》而言，信访立法的核心指导思想必须从重视程序转向实体与程序并重，从而制定一部真正意义上的规范信访行为和秩序的良好法律。信访立法的核心指导思想是进一步约束行为、规范程序，这里的约束行为首先是约束党政机关工作人员的行为，其次才是信访人的行为。① 通过约束行为要进一步提高党政机关工作人员依法行政、规范行政的水平，从而进一步提高依法执政的水平。同时，还要进一步约束信访人的行为，促进信访秩序的改善和好转。约束行为、规范程序的立法核心指导思想是源头治理理念的具体体现，整个信访法立法工作应当围绕这个理念和核心指导思想开展。

2. 信访的概念、受理范围问题

信访立法的首要问题是对信访的概念进行明确的界分，划定信访的受理范围。传统上，信访有广义、狭义之分。广义的信访是指"人民群众向各级党委、政府、人大、公检法机关、人民政协、人民团体、新闻媒体等机构以各种方式反映情况，提出意见、建议、要求和申诉、控告或检举的活动"。② 广义的信访既包括行政信访，也包括人大信访、涉法涉诉信访等。狭义的信访是指根据国务院《信访条例》第 2 条第 1 款所规定："本条例所称信访，是指公民、法人或者其他组织采用书信、电子邮件、传真、电话、走访等形式，向各级人民政府、县级以上人民政府工作部门反映情况，提出建议、意见或者投诉请求，依法由有关行政机关处理的活动。"这种定义是一种形式上的概括，所有具有所规定形式的来信来访都被纳入信访。这样信访的受案范围就非常宽泛，既包括咨询类、批评建议类，也包括投诉类、求决类，不仅和行政复议、行政诉讼的受案范围有重叠，也和信息公开、行政监察以及《治安管理处罚法》有重叠，这必然会产生实践工作中法律适用的竞合。当前，实践中比较突出的问题是：信访部门将信访事项转交给相关职能部门，相关职能部门并未按照相关法律作出行政决定，而是按照《信访条例》的规定出具信访事项答复意见书，但信访事项答复意见书的法律效力缺少相关规定，这就导致了相关职能部门利用此种漏洞规避行政决定可能带来的被诉风险。这

---

① 参见张宗林：《依法行政是法治社会的根基》，《信访与社会矛盾问题研究》2015 年第 7 期。
② 张丽霞：《民事涉诉信访制度研究——政治学与法学交叉的视角》，法律出版社 2010 年版，第 16 页。

就容易产生作为下位法的《信访条例》调整上位法的实践困境。① 另外，关于信访事项、投诉请求以及受理、办理、处理等概念也处于模糊使用状态。信访事项和投诉请求的界定标准模糊，信访部门收到初信初访可以是受理，复查复核也是受理，转交给职能部门也可能是受理，这些"受理"的概念是否相同？同时，信访实践中涉及大量"举报"类的信访，对这类"举报"的概念是否也需要规范，以便与相关法律、行政法规对接。因此，我们必须重新考量"信访"这一基本概念的内涵和外延。结合信访的历史发展和现实运行，我们可以认为，信访是信访人发起的、相应的人民政府或工作部门参与的信访活动、信访行为和信访工作的总称。其中，信访活动强调的是规范和过程，信访行为强调的是性质和结果，信访工作强调的是程序和效率。信访只有把这三个层面的内容涵盖进去，才能确保信访概念的可适用性。

3. 信访的定性和定位②问题

信访立法的另一重要问题是明确信访的定性和定位问题。定性是指某一事物的本质属性，是本体论范畴，即"是什么"。定位是某一事物在某个范畴内所处的地位和位置。"定性问题回答了信访到底是什么，定位问题决定了将信访'放在哪里'，这两个问题对于架构新的信访制度具有重大意义。"③ 事实上，信访到底是政党的功能还是政府的功能，在理论和实践中一直模糊不清，界定不明。因此，信访的政治和法律双重属性也就不足为奇。当一项制度具有多重属性时，就需要从国家体制、国家治理的高度着手建构、顶层设计，这样才能更巧妙地消解各种属性之间的内在张力。"把信访纳入法治化轨道"，在全面推进依法治国的背景下，国家已经开始从国家治理和顶层设计的角度审视信访制度，试图把信访制度纳入建设社会主义法治体系中。实践层面和理论研究层面都对信访制度的定位进行了大量的研究，但实践层面的研

---

① 信访答复意见书或者复查复核决定书是否可以申请复议和诉讼的问题，既是学术讨论的重要问题，也是信访实践面临的重要问题。在个别地方信访实务工作中，信访答复意见或者复查复核决定中如果具有行政决定的内容，法院是予以受理的。

② 有关信访的定性与定位的研究，最具代表性的著作是王浦劬等著的《以治理民主实现社会民生——对于行政信访的再审视》，北京大学出版社 2012 年版。

③ 王浦劬等：《以治理民主实现社会民生——对于行政信访的再审视》，北京大学出版社 2012 年版，第 75 页。

究更多偏重于解决实际问题，主要集中在"发扬民主、了解民情、联系群众、接受监督、维护权益、促进和谐"方面；理论研究偏重于逻辑推理，主要集中在信访制度功能定位上的模糊不清、信访部门归属地位上的从属辅助、争议处理中的办而无权、参与决策中的可有可无等，有关信访定位的研究始终缺少理论和实践的有机联系。我们认为，在信访法治化进程中，关于信访的定位可以集中在公众参与和补充救济这两个方面，然后围绕这两个方面进行法律设计，人民民主理念、社会动员理念和约束行为理念可以巧妙地融入公众参与当中，然后围绕补充救济就可以处理与行政复议、行政诉讼的关系，进而实现对信访的科学合理定位。

4. 信访法与其他法律法规的衔接性问题

由于信访制度相较于其他法律法规而言，更具有开放性和关联性，信访问题的涉及面更广、成因更复杂，加之信访具有主体多方性、内容多样性、形式灵活性、效力直接性等特点，使得信访与相关法律法规在内容上多存在重合或断裂之处，造成信访制度在实际运行中备受诟病，有学者认为信访是对法治的干扰，有学者认为信访的制度设计造成很多矛盾和问题终而不结，因此，在信访立法过程中，尤其需要注意与其他相关法律法规的衔接性问题。

具体而言，未来信访立法一要注意与宪法的效力衔接，严格遵循下位法服从上位法的法律原则，落实宪法关于信访的相关规定；二要符合立法法的原则与规定；三要注意与行政复议、行政诉讼、仲裁等的衔接，如在信访事项的受理范围、受理程序、信访事项处理意见的法律效力等方面，科学界定信访与其他法定渠道之间的界限；四要注意与治安管理处罚法、集会游行示威法等的衔接，对信访活动中非法行为的处理作出明确界定；五要注意与监察法等的衔接，使信访在社会监督方面的职能通过立法得到保证。

四、展望

2015 年，北京市信访矛盾分析研究中心对全国 34 个省、自治区、直辖市以及中央机关、国家部委的信访法制情况进行了梳理，搜集整理信访法制文件 88 篇，并汇集成书——《全国信访法律文件汇编（2015）》。我们发现，目前各级信访法规文件的法律效力参差不齐，尚没有一部统一的信访法明确信访的实体功能、规范信访行为和程序，制约了信访制度的健康良性发展。中国政治体制改革的成功经验表明，信访的改革必须立足于中国的历史和现实，走法治化道路是深化和完善信访制度改革的根本途径。制定统一信访法是一项系统性庞大工程，涉及的具体内容非常庞杂，远不止上述所列举的几个基本问题，而是需要全盘统筹考虑，制定具体立法操作计划。随着信访立法工作的不断推进，信访立法已上升为国家意志，统一信访法的制定将步入正轨。在全面推进依法治国、建设社会主义法治体系的背景下，推动信访立法，把信访纳入法治化轨道显得必要而又紧迫，但同时也对统一信访法的立法技术提出了诸多问题和挑战，既要考虑逻辑上的周延细密，也要考虑实践中的经验做法，既要从国家治理角度顶层设计，又要尊重基层实践。相信随着信访理论研究的不断兴起、信访立法前期准备工作的日益充分，一部注重顶层设计和尊重基层实践，不负时代、不辱历史、体现中国本土特色的信访法将会在我国政治发展进程中发挥其独特优势和作用。

结语：行进在特色智库建设的路上
——北京市信访矛盾分析研究中心信访理论研究成果概述

北京市信访矛盾分析研究中心于 2009 年 11 月 25 日正式获得批复成立，是全国信访系统成立的第一个，也是目前唯一一个现代理论与信访实践交汇的前沿研究平台。早在研究中心成立之初，即将发展目标定位为新型特色智库，并严格按照智库评价标准体系开展工作，时至今日，完美契合了中共中央办公厅、国务院办公厅印发的《关于加强中国特色新型智库建设的意见》关于特色智库建设的要求。

信访机构长期服务于全面深化改革一线，与现实社会问题高度契合、深度关联，对经济社会发展面临的问题有充分的感受和直观的认知，更是掌握了大量的信访和社会矛盾问题研究素材，这些都为党和政府的科学决策提供了最翔实的一手材料。这种以客观事实为依据、以问题为导向、以服务政府决策为目的，且研究成果具有战略性、思想性、对策性特征的信访特色研究资源，都将为信访机构的特色智库建设提供原生动力。但是，长期以来这种特色优势资源处于被忽视甚至是漠视的状态。研究中心成立后，在逐步利用信访数字资源过程中，充分认识到了这些信访数字背后隐含的规律及现实意义，及时提出了"以数字反映矛盾规律，以规律促进科学决策"的宗旨，以大量翔实的信访数据和资料为基础，对信访矛盾和社会问题进行深层次的分析和研究，为政府科学决策提供了有效支持和参考，在特色智库建设道路上取得了一定的成果。

一、建立了稳定且运作规范的实体性研究机构

研究中心成立以来，以"和谐、创新、协作、开放"为价值观，将自身

的组织机构细化为办公室、理论研究部、专题研究部、政策法规研究部、编辑部、数据资料部、交流合作部七个部门。目前有 22 名专职工作人员，其中教授 1 名，副教授 2 名，博士研究生 4 名，硕士研究生 13 名。同时，研究中心汇集了我国各研究领域享有盛誉的专家，建立了包含 1968 位专家资料的专家库，涵盖了法学、社会学、政治学、公共管理学、社会心理学等各个领域。与其中 100 多位长期关注信访理论研究的专家建立定期联络，并邀请国内相关领域的 54 位权威专家、担任研究中心的指导专家、理论期刊的学术顾问及信访立法专家委员会委员。

二、建立了良好的国际学术交流与合作平台

不断增强我国的国际影响力和国际话语权是中国特色新型智库的重要作用。当前研究中心已经逐步形成了多形式、多层次、多角度的国际交流合作格局。研究中心现成为国家信访局在全国设立的唯一的信访理论研究基地，并成为其认可的"接待各国来华访问团，就信访制度开展国际交流"唯一的研究机构，更成为对外传播我国信访制度的窗口单位。成立六年来，研究中心与意大利、德国、奥地利、法国、英国、丹麦、新加坡、韩国、新西兰、澳大利亚等多个国家及我国香港、澳门、台湾等地区，总计近 20 多所知名大学和科研机构实现了交流与合作。自 2012 年起，每年均受邀参加国际重要学术会议或论坛演讲并作主题发言，并邀请国外知名专家到中心作专题演讲，为信访干部开阔国际视野、创新思维理念搭建了国际化学习平台。研究中心还创设了"社会矛盾冲突与应对国际论坛"、"社会公共治理亚洲论坛"、"中法人民权益保护制度论坛"等三个国际性、常设性高端论坛。这三个论坛的成功搭建表明研究中心在中国特色新型智库建设的道路上迈出了非常重要的一步。

三、长期关注信访矛盾分析研究领域并取得了一定成果

研究中心成立以来，共有 51 项课题立项，完成专题研究 41 个，社会热点研究 37 个，思考与建议 33 个，公开出版理论著作 26 部，发表学术文章 62 篇，每年定期发布年度报告 3 个，上述研究成果得到领导重要批示 220 次，

其中省部级以上领导批示 129 次。六年来，研究中心站在国家治理体系和治理能力现代化的高度，把法治思维和源头预防理念融入信访理论研究中，在信访制度改革、信访法治建设、信访工作理念创新、信访学科建设、公共政策制定等方面提出诸多创新理念。在信访理论研究过程中逐渐形成了自己独创性、突破性的特色研究品牌和成果。信访立法的系统性研究填补了我国立法研究领域的空白；社会矛盾指数研究开启了数据监测社会矛盾的新时代；①创立了全国第一份也是唯一一份从信访角度研究社会矛盾和社会问题的理论刊物《信访与社会矛盾问题研究》等。2012 年 7 月，研究中心被国家人力资源和社会保障部、国家信访局联合授予"全国信访系统先进集体"荣誉称号，2014 年 11 月，获得"中国法治政府奖"和"北京市第十三届哲学社会科学优秀成果二等奖"。

四、建立了信访系统最完备的信息采集分析系统

研究中心成立后，在"以数字反映矛盾规律，以规律促进科学决策"的研究宗旨的指导下，创建了国内唯一一个"信访与社会矛盾综合研究数据平台"。该平台构建了"数据资料采集与统合利用系统"、"信访数据深度挖掘与决策支持系统"、"中心门户网站工作平台与信息资源支撑系统"等三个系统，创新工作理念，为信访研究提供了有力的技术支持，大力推动了首都信访工作走在全国前列。其中，"数据资料采集与统合利用系统"是平台的重要基础。系统内有 20 个数据库，储存多媒介、多语种数据文献总量达 15 亿条，并以每年 5%—7% 的速度增长，实现了信访实践经验与理论研究成果的有机结合。数据平台中有 15 个数据库从设计到内容均具有自主知识产权，已成为国内首个为信访与社会矛盾研究提供基础数据资料的专业性数据库。

五、围绕信访理论研究建立了多层次的学术交流平台

首先，在学术合作建设上，研究中心与意大利比萨圣安娜大学、奥地利

---

① 参见刘二伟：《社会矛盾指数研究——创新信访工作的新路径》，中国民主法制出版社 2013 年版。

维也纳大学、法国巴黎高等社会科学学院、英国约克大学、新加坡南洋理工大学、澳大利亚邦迪大学等 6 所知名研究机构建立了深度合作关系。与北京大学、清华大学、中国人民大学等国内 30 多所高校开展交流合作，针对科研机构的学科优势先后建立了 14 个分中心，2 个研究所，形成了"1 + X"的研究机制。自 2013 年起，先后受邀成为北京大学、中国政法大学、北京工业大学成立的"国家治理协同创新中心"、"国家司法文明协同创新中心"、"社会建设与管理协同创新中心"的协同单位和研究基地。其次，在学术基地建设上，一方面，研究中心从 2011 年开始在全国高校推动信访高等教育，首批推动的北京城市学院"信访与社会矛盾冲突管理"方向硕士研究生已顺利毕业，同时积极推动中国政法大学、北京联合大学设立信访方向硕士研究生。特别是研究中心与中国政法大学共同设置的我国第一个信访领域的博士培养方向——"信访政策量化分析"得到了社会广泛关注和认可。此外，研究中心还先后推动中南财经政法大学、西北政法大学等高校在本科、研究生教学中设立了与信访相关的课程。研究中心联合全国 11 所高校成立了"全国信访高等教育联盟"，这是我国首个以推动信访领域高等教育发展为目标的行业团体。共同推进我国信访高等教育事业的发展。另一方面，研究中心利用自身优势，联合我国目前现有的 5 所政法大学以及北京大学社会学系、清华大学社会学系、中国人民大学社会学系，成立了"信访立法研究基地"。最后，在信访论坛建设上，研究中心从 2009 年开始定期举行由信访实务工作者与理论研究者共同参与的"小论坛"，在带动首都信访工作者加强信访实践的理论探索，总结发现信访规律方面发挥了重要作用。此外，研究中心推动中国社会学年会、中国公共政策学年会首次集中设立信访相关议题，在中国法学会行政法学研究会下设信访法治化专业委员会，大大提升了信访理论研究的广度和深度，在国内掀起并引领了信访理论研究的高潮。

特色智库建设是一个长期的历程，作为一个成立刚刚六年的研究机构，其过程之艰辛可想而知，但是，可喜的是，研究中心边行进、边总结、边创新，在特色智库建设上取得了明显成果。特别是近期，由中国网"智库中国"编制的"智库名录"将研究中心收入其中，这意味着研究中心被认定为与中央党校、国家行政学院、中国社会科学院、国务院发展研究中心等机构并列的国家级智库机构，同时，国务院发展研究中心主办的"中国智库网"对研究中心的加入表示欢迎，并与研究中心逐步开展了实质性合作，这些都是对研究中心已有智库建设成绩的充分肯定。当下，研究中心需要站在国家治理体系现代化的高度下，以创新的理念、现代化的思维来思考自身的发展与建设，努力打造成为符合时代要求、体现信访特色、辅助科学决策的重要的特色智库。

附录一

近十年信访理论研究重点文献

一、著作类

1. 张宗林、郑广淼主编:《信访与法治》,人民出版社 2014 年版。

2. 张宗林、叶明珠主编:《使命与愿景——北京市信访矛盾分析研究中心法制报告(2009—2014)》,人民出版社 2014 年版。

3. 张宗林、王凯主编:《信访与治理》,人民出版社 2014 年版。

4. 郑广淼主编:《聚焦 透视 思考——国内外重大社会热点事件综述(2013)》,中国民主法制出版社 2014 年版。

5. 吴镝鸣主编:《信访理论研究》,人民出版社 2014 年版。

6. 刘二伟主编:《论坛与点评》,人民出版社 2014 年版。

7. 冯声康:《信访法治:依法处理信访事项的探索》,福建人民出版社 2014 年版。

8. 张恩玺:《大变革大发展时代的人民信访》,人民出版社 2013 年版。

9. 张宗林、郑广淼主编:《中国信访:新视角 新思维 新理念》,中国民主法制出版社 2013 年版。

10. 吴镝鸣主编:《当代中国信访与社会建设》,中国民主法制出版社 2013 年版。

11. 王凯主编:《信访制度与国外相关制度分析研究》,中国民主法制出版社 2013 年版。

12. 刘二伟主编:《社会矛盾指数研究——评估社会矛盾的新视角》,中国民主法制出版社 2013 年版。

13. 包利民主编:《聚焦 透视 思考——国内外重大社会热点事件综述(2011—2012)》,中国民主法制出版社 2013 年版。

14. 宋协娜：《信访和谐问题研究》，人民出版社 2013 年版。

15. 全国人大常委会办公厅信访局编：《〈人大信访工作情况交流〉创刊 20 周年征文获奖作品集》，中国民主法制出版社 2013 年版。

16. 徐艳阳：《涉诉信访问题研究——以制度博弈论为视角》，人民日报出版社 2013 年版。

17. 中共中央组织部办公厅编：《组织部门信访案例编选》，党建读物出版社 2013 年版。

18. 徐观潮：《信访救济手记》，中国检察出版社 2013 年版。

19. 黄灵辉、聂军编著：《当代中国信访制度》，知识产权出版社 2013 年版。

20. 张永和：《常县涉诉信访：中国基层法院涉诉信访研究报告》，人民出版社 2013 年版。

21. 徐军：《以法治为原点——涉诉信访问题治理机制研究》，法律出版社 2013 年版。

22. 张宗林主编：《中国信访史研究》，中国民主法制出版社 2012 年版。

23. 薄钢主编：《信访学概论》，中国民主法制出版社 2012 年版。

24. 刘树年主编：《高级信访工作实务》，中国民主法制出版社 2012 年版。

25. 刘林主编：《冲突与危机管理》，中国民主法制出版社 2012 年版。

26. 陈小君主编：《信访法制》（上、下），中国民主法制出版社 2012 年版。

27. 王浦劬等：《以治理的民主实现社会民生——对行政信访的再审视》，北京大学出版社 2012 年版。

28. 张铎：《中国信访制度研究——公民主权与普通人政治》，华夏出版社 2012 年版。

29. 肖萍、刘冬京：《信访制度的法理研究》，群众出版社 2012 年版。

30. 蒋冰晶：《重复信访行动研究》，知识产权出版社 2012 年版。

31. 余卫东：《信访政治：乡村社会中农民的价值诉求与利益表达》，国家行政学院出版社 2012 年版。

32. 田先红：《治理基层中国——桥镇信访博弈的叙事（1995—2009）》，社会科学文献出版社 2012 年版。

33. 陈丰：《中国信访制度成本问题研究——基于制度成本理论的视角》，华东理工大学出版社 2012 年版。

34. 徐启荣：《信访的思考与实践》，光明日报出版社 2012 年版。

35. 季长友、拓锐平编著：《张云泉群众信访案例解析》，中共中央党校出版社 2012 年版。

36. 张严：《当代中国信访——以构建社会主义和谐社会为视角》，法律出版社 2012 年版。

37. 刘大为：《说法访谈》，红旗出版社 2012 年版。

38. 张宗林主编：《首都信访：创新与实践》，中国民主与法制出版社 2011 年版。

39. 李育波：《解决群众信访的实践与思考》，华南理工大学出版社 2011 年版。

40. 陈小君、张红、李栋等：《涉农信访与社会稳定研究》，中国政法大学出版社 2011 年版。

41. 唐淑凤：《中国社会转型中的信访问题研究》，辽宁教育出版社 2011 年版。

42. 席宏斌编著：《关键是解决问题——太行山下的信访记忆》，中国文联出版社 2011 年版。

43. 赵威：《信访学》，辽宁大学出版社 2010 年版。

44. 张丽霞：《民事涉诉信访制度研究：政治学与法学交叉的视角》，法律出版社 2010 年版。

45. 胡冰：《信访工作者胜任特征及其影响因素》，中国社会出版社 2010 年版。

46. 张玮：《信访法律问题与对策研究》，中国华侨出版社 2009 年版。

47. 王庆元：《阳光信访》，南京出版社 2009 年版。

48. 杨德爽编著：《信访工作实践与理论研究》，武汉出版社 2009 年版。

49. 张玮：《公民的权利表达及其机制建构——来自基层信访状况的研究报告》，人民出版社 2009 年版。

50. 中国法制出版社编：《信访与诉讼》，中国法制出版社 2009 年版。

51. 李微：《涉诉信访：成因与解决》，中国法制出版社 2009 年版。

52. 李秋学编著：《中国信访史论》，中国社会科学出版社 2009 年版。

53. 张永和、张炜：《临潼信访——中国基层信访问题研究报告》，人民出版社 2009 年版。

54. 王学军：《中国信访制度改革与发展》，山东人民出版社 2009 年版。

55. 刘圣汉：《信访学》，中国矿业大学出版社 2008 年版。

56. 王新田主编：《新时期信访工作创新与实践（上、中、下）》（第 2 版），中央编译出版社 2008 年版。

57. 张宇、董鹏祥编著：《信访工作理论与实务》，中国民主法制出版社 2008 年版。

58. 李宏勃编著：《农民信访法律指导》，中国法制出版社 2008 年版。

59. 李宏勃：《法制现代化进程中的人民信访》，清华大学出版社 2007 年版。

60. 金国华、汤啸天主编：《信访制度改革研究》，法律出版社 2007 年版。

61. 朱应平：《行政信访若干问题研究》，上海人民出版社 2007 年版。

62. 上海市信访办公室、上海市信访协会编：《开拓与创新：上海市基层信访工作经验汇编》，上海人民出版社 2007 年版。

63. 邹守卫：《信访工作概论》，南方出版社 2007 年版。

64. 徐槟主编：《纪检监察信访举报工作教材》，中国方正出版社 2007 年版。

65. 山东信访学会编：《社会转型期山东信访形势分析与对策研究》，山东人民出版社 2006 年版。

66. 中共中央组织部办公厅编：《组织部门信访工作案例选编》，党建读物出版社 2006 年版。

67. 高聚慧主编：《新时期教育信访工作探索》，高等教育出版社 2005 年版。

68. 中国行政管理学会信访分会编：《信访学概论》，中国方正出版社 2005 年版。

69. 王立新主编：《新时期基层信访工作探索与实践实务全书》，光明日报出版社 2005 年版。

70. 商伟、王飞编著：《维权与信访》，北京出版社 2005 年版。

二、论文类

1. 张宗林、翟校义等：《推进信访法治化，树立我国制度自信》，《信访与社会矛盾问题研究》2014 年第 4 辑。

2. 薛刚凌、罗智敏：《论信访制度的功能》，《信访与社会矛盾问题研究》2014 年第 6 辑。

3. 刘国乾：《行政信访处理纠纷的预设模式检讨》，《法学研究》2014 年第 4 期。

4. 林辉煌：《涉警上访与转型中国的法治困境》，《法制与社会发展》2014 年第 2 期。

5. 王浦劬：《新型城镇化、社会矛盾与公共政策——基于行政信访的视角》，《北京行政学院学报》2014 年第 1 期。

6. 王健清：《"涉诉信访"司法成本研究》，《江西社会科学》2014 年第 1 期。

7. 李贺楼、彭宗超：《信访研究：两个既有主题与未来发展方向》，《南京社会科学》2014 年第 10 期。

8. 陈慧荣：《信访制度绩效与上访策略升级》，《上海交通大学学报（哲学社会科学版）》2014 年第 3 期。

9. 陈红英：《"法治中国"语境下社会法治精神的重构——以"信访不信法"、"唯权不唯法"为切入点》，《中国人民公安大学学报（社会科学版）》2014 年第 2 期。

10. 陈锋：《从抗争政治、底层政治到非抗争政治——农民上访研究视角的检视、反思与拓展》，《南京农业大学学报（社会科学版）》2014 年第 1 期。

11. 闫锋：《当前我国信访存在的主要问题及其治理对策》，《中州学刊》2014 年第 9 期。

12. 石佑启、黄喆：《论网上信访及其制度保障》，《中南民族大学学报（人文社会科学版）》2014 年第 9 期。

13. 王弘宁、刘佩；《论信访制度的功能定位》，《东北师大学报（哲学社会科学版）》2014 年第 4 期。

14. 吴家庆、刘厚见：《论用群众工作统揽信访工作》，《湖南师范大学社会科学学报》2014 年第 2 期。

15. 范愉：《申诉机制的救济功能与信访制度改革》，《中国法学》2014 年第 4 期。

16. 刘正强：《信访的"容量"分析——理解中国信访治理及其限度的一种思路》，《开放时代》2014 年第 1 期。

17. 李红勃：《信访的法治规训：基本内涵与路径选择》，《法律适用》2014 年第 6 期。

18. 鄯爱红：《信访矛盾规律与基层政府治理》，《北京行政学院学报》2014 年第 2 期。

19. 刘旭：《信访法治化进路研究——以信访的司法分流为视角》，《政治与法律》2013 年 3 期。

20. 李红勃：《北欧、日本相关制度与我国信访制度比较研究》，《信访与社会矛盾问题研究》2013 年第 1 辑。

21. 陈朝兵：《化解我国信访制度困境的理性路径论析——基于信访制度改革争论的反思》，《云南社会科学》2013 年第 4 期。

22. 杨小军：《信访法治化改革与完善研究》，《中国法学》2013 年第 5 期。

23. 张玉、李小龙：《论中国信访制度的职能重点与信访机构的改革路径》，《学术研究》2013 年第 9 期。

24. 涂永前：《关于信访法律属性的再思考》，《广东社会科学》2013 年第 3 期。

25. 祁玲玲、孔卫拿、赵莹：《国家能力、公民组织与当代中国的环境信访——基于 2003—2010 年省际面板数据的实证分析》，《中国行政管理》2013 年第 7 期。

26. 张宗林、张建明、刘雯：《信访工作的新思维与新理念》，《中国行政管理》2013 年第 6 期。

27. 詹红菊：《新时期化解基层群体性事件的路径创新——以中部 R 市信访困境为调查与分析对象》，《社会主义研究》2013 年第 4 期。

28. 余卫东：《村委会换届选举中的农民信访动机研究》，《社会主义研究》2013 年第 2 期。

29. 李靖：《社会矛盾多元化的解决路径探析——以信访制度重构为例》，《河北学刊》2013 年第 6 期。

30. 付军化、苏佰礼、张恒：《在新形势下如何更好地开展环境信访工作》，《中国人口资源与环境》2013 年第 1 期。

31. 翟天灵：《信访工作创新的路径选择：基于社会管理的视角》，《学海》2013 年第 6 期。

32. 祁玲玲、孔卫拿：《环境信访的政治压力与缓解方略》，《环境保护》2013 年第 14 期。

33. 李玉文：《国有企业信访工作研究》，《山西财经大学学报》2013 年第 1 期。

34. 杨芍、陈巧英：《桥头堡战略下边疆地区信访工作的新特色及新思路》，

《云南社会科学》2013 年第 3 期。

35. 李春德：《郑州：多措并施推进环境信访工作》，《环境保护》2013 年第 23 期。

36. 王雪彬、吴捷盈：《配强队伍、理顺机制，做好新形势下环境信访工作》，《环境保护》2013 年第 22 期。

37. 黄梅芳：《"信访妇女"专业社工队的诞生与运作——上海市闵行区白云兰社区案例分析》，《人民论坛》2013 年第 35 期。

38. 邱春新、邱新有：《"有限信访和有效信访"：中国信访改革的新路径——基于有限政府和有效政府理论》，《理论导刊》2013 年第 2 期。

39. 邱春新、邱新有：《冲突和合作：中国信访与有限政府的关系研究》，《领导科学》2013 年第 5 期。

40. 李靖、钟哲：《从扩权到扩容：社会管理创新视角下信访制度改革的思路转向——以吉林省安图县为例》，《长白学刊》2013 年第 1 期。

41. 汪春翔、胡宜：《当前我国农村信访的主要趋向及对策分析》，《求实》2013 年第 4 期。

42. 邓春林、周波：《电子信访绩效评估研究》，《湘潭大学学报（哲学社会科学版)》2013 年第 6 期。

43. 杨景涛：《法治化进程中我国信访工作权力关系的重构》，《理论导刊》2013 年第 7 期。

44. 魏昊、杨瑞萍：《我国社会转型期信访与司法契合的必要性及路径选择》，《理论导刊》2013 年第 5 期。

45. 裴小梅：《化解涉诉信访问题的法律思考》，《领导科学》2013 年第 35 期。

46. 武文霞、刘良山：《加强党的执政能力建设路径探索——基于信访工作的视角》，《前沿》2013 年第 16 期。

47. 李善鹏、陈兆森、谷秀莲：《加强信访工作法治保障的创新路径》，《领导科学》2013 年第 9 期。

48. 马怀德：《信访到信法的距离有多远——网上信访难以单兵突进》，《人民论坛》2013 年第 22 期。

49. 袁周斌：《论非正常上访问题的困境与解决路径》，《人民论坛》2013 年第 11 期。

50. 吕德文：《上访钉子户的诉求》，《人民论坛》2013 年第 23 期。

51. 申端锋：《上访利益链的三个节点》，《人民论坛》2013 年第 23 期。

52. 封丽霞：《上访困局中的各方情况》，《人民论坛》2013 年第 23 期。

53. 袁刚：《信访"德政"的扭曲与改革》，《人民论坛》2013 年第 23 期。

54. 黑小兵：《涉诉信访视角下司法公信力提升路径探讨》，《人民论坛》2013 年第 23 期。

55. 李昌平：《农民上访的无奈》，《人民论坛》2013 年第 82 期。

56. 李连江：《重建信访制度》，《人民论坛》2013 年第 82 期。

57. 储建国：《信访制度的中层设计》，《人民论坛》2013 年第 82 期。

58. 完颜昭元：《历史上的"中国式上访"》，《人民论坛》2013 年第 82 期。

59. 尹利民：《台湾民众为何不爱"上访"》，《人民论坛》2013 年第 30 期。

60. 张千帆：《种种上访怪象的制度症结》，《人民论坛》2013 年第 30 期。

61. 骆成明：《破解信访难题须回归法治路径》，《中国党政干部论坛》2013 年第 5 期。

62. 杨小军：《网上信访便民 更需跟进落实》，《中国党政干部论坛》2013 年第 8 期。

63. 常本勇：《浅议检察环节的涉法涉诉信访工作》，《人民检察》2013 年第 18 期。

64. 朱孝清：《完善信访制度的几点思考》，《人民检察》2013 年第 3 期。

65. 周本立：《一起上访案件中的法与情》，《人民检察》2013 年第 10 期。

66. 朱颖平：《做好外来务工人员信访工作的建议》，《人民检察》2013 年第 18 期。

67. 王立新：《浅议司法公信与涉诉信访》，《山东社会科学》2013 年第 S1 期。

68. 石发勇：《人大信访：中国信访改革方向——兼与任剑涛教授商榷》，《探索与争鸣》2013 年第 7 期。

69. 浦德民：《涉诉信访问题实证研究》，《人民司法》2013 年第 7 期。

70. 陈娴灵、杨光琳：《涉诉信访正当性之确实及异化分析》，《长白学刊》2013 年第 4 期。

71. 王瑞娟、丁彩霞：《试论无序上访问题解决机制——以内蒙古为例》，《前沿》2013 年第 3 期。

72. 娄必县、张仁虎：《司法公信力的检讨与重塑——基于二审改发率、上诉率和信访变迁的三维考察》，《法律适用》2013 年第 1 期。

73. 刘慧：《微博时代高校大信访工作格局的实践探索——以南京大学为例》，《教育学术月刊》2013 年第 9 期。

74. 林莉红：《信访对行政诉讼的影响分析》，《江苏行政学院学报》2013 年第 3 期。

75. 陈丰：《信访制度的社会稳定功能：一个悖论及其解释》，《南昌大学学报（人文社会科学版）》2013 年第 1 期。

76. 谢非非：《信访制度下公民权利表达》，《学术交流》2013 年第 12 期。

77. 封丽霞：《中国人为什么"偏好"上访？——一个法文化视角的观察》，《理论与改革》2013 年第 4 期。

78. 黎津平：《重大群体性上访事件的特点和原因》，《求实》2013 年第 1 期。

79. 陈丰：《转型时期信访中的政治认同和政治参与》，《求实》2013 年第 2 期。

80. 冯仕政：《国家政权建设与新中国信访制度的形成及演变》，《社会学研究》2012 年第 4 期。

81. 张海波、童星：《社会管理创新与信访制度改革》，《天津社会科学》2012 年第 3 期。

82. 王浦劬、龚宏龄：《行政信访影响公共政策的作用机制分析》，《中国行政管理》2012 年第 7 期。

83. 陈柏峰：《农民上访的分类治理研究》，《政治学研究》2012 年第 1 期。

84. 田先红：《基层信访治理中的"包保责任制"：实践逻辑与现实困境——以鄂中桥镇为例》，《社会》2012 年第 1 期。

85. 王浦劬、龚宏龄：《行政信访的公共政策功能分析》，《政治学研究》2012 年第 2 期。

86. 张红、李栋：《中国信访制度：困境与变革》，《华中科技大学（社会科学版）》2012 年第 6 期。

87. 田先红：《农民行动单位与上访行为逻辑的区域差异——一个解释模型》，《人文杂志》2012 年第 4 期。

88. 田先红、焦长权：《社会中心范式下的农民上访研究及其拓展》，《华中科技大学（社会科学版）》2012 年第 3 期。

89. 孟霞、江永良：《政治信仰视角下的中国信访制度》，《武汉大学学报（哲学社会科学版）》2012 年第 3 期。

90. 常倩：《盈利型上访、盈利型经纪与基层社会参与》，《东南学术》2012 年第 3 期。

91. 马修道、王展：《涉法涉诉信访听证的功能价值与制度完善》，《中国刑事法杂志》2012 年第 5 期。

92. 陈柏峰：《特定职权群体上访的发生机制》，《社会科学》2012 年第 8 期。

93. 童星：《完善信访制度，推进政务公开》，《南京大学学报》2012 年第 2 期。

94. 蔡武进：《法治与善治：我国行政信访制度的改革图景——以行政协商为视角》，《甘肃政法学院学报》2012 年第 6 期。

95. 李祖佩：《农民上访：类型划分、理论检视与化解路径》，《中州学刊》2012 年第 5 期。

96. 吕普生：《中国行政信访的体制结构及其改革》，《华中师范大学（人文社会科学版）》2012 年第 6 期。

97. 侯猛：《进京上访的社会管理——从"黑监狱"现象切入》，《法学》2012 年第 5 期。

98. 吴超：《新中国信访制度的创建和发展（1949—1957）》，《党的文献》2012 年第 4 期。

99. 李君甫等：《关于信访制度基本功能的思考》，《信访与社会矛盾问题研究》2012 年第 4 辑。

100. 钟开斌：《越级上访：特点、成因及其治理》，《理论探讨》2012 年第 1 期。

101. 程平源：《青天、村霸、能人：农民上访与抗争中的三个关键词》，《青年研究》2012 年第 2 期。

102. 汪志强、梁玉红：《当代中国信访制度的困境与应对》，《北京行政学院学报》2012 年第 6 期。

103. 姜晓贞：《涉法涉诉信访问题的理性思考》，《郑州大学学报（哲学社会科学版)》2012 年第 4 期。

　　104. 郭忠华：《创造公正的治理——农民上访研究的视角转换》，《人文杂志》2012 年第 4 期。

　　105. 臧乃康、韩裕庆：《纪检监察信访举报工作规范性缺失与制度安排》，《科学社会主义》2012 年第 4 期。

　　106. 刘太宗、李高生：《刑事涉检信访工作探讨》，《中国刑事法杂志》2012 年第 12 期。

　　107. 相庆梅：《解决纠纷视角下的信访制度研究》，《社会科学家》2012 年第 4 期。

　　108. 陈怀远：《信访制度的法社会学引证》，《汉江论坛》2012 年第 9 期。

　　109. 宋心然：《论人大常委会在涉诉信访工作中的功能》，《甘肃政法学院学报》2012 年第 2 期。

　　110. 李修琼：《信访的政治进路》，《郑州大学学报（哲学社会科学版）》2012 年第 4 期。

　　111. 刘振勇、李玉华：《信访次生问题及其防范治理》，《河北学刊》2012 年第 2 期。

　　112. 朱荣辉：《充分发挥新形势下信访工作的重要作用》，《求是》2012 年第 12 期。

　　113. 唐淑凤：《从经验到原则：解读信访工作新理念》，《社会科学辑刊》2012 年第 4 期。

　　114. 郭蓓：《我国信访救助制度规范化路径思考》，《新疆社会科学》2012 年第 6 期。

　　115. 赵志凌：《新形势下如何提高环境信访满意率》，《环境保护》2012 年第 13 期。

　　116. 李英娟：《对公民上访"维权"活动的理性分析及法治策略》，《社会科学战线》2012 年第 8 期。

　　117. 杨文杰：《关于涉诉信访治理绩效的调查》，《社会科学家》2012 年第 1 期。

　　118. 孙延彦：《公安信访转型论》，《社会科学战线》2012 年第 9 期。

　　119. 尹利民：《"表演型上访"：作为弱者的上访人的"武器"》，《南昌大学学报》2012 年第 1 期。

120. 刘莉芬：《宗族离散、治权弱化与农民集体上访——以赣北 S 镇为考察对象》，《南昌大学学报（人文社会科学版）》2012 年第 6 期。

121. 周力：《"大日子"涉诉信访中的主体分析》，《人民论坛》2012 年第 36 期。

122. 赵伯麟：《从合法性角度论信访改革的重要性》，《人民论坛》2012 年第 5 期。

123. 李凤军：《法律援助介入信访案件的路径探讨》，《人民论坛》2012 年第 32 期。

124. 毋晓蕾：《法治视野下涉诉信访问题的理性探究》，《人民论坛》2012 年第 11 期。

125. 于宁：《信访事项办理意见在特定情况下可诉》，《人民论坛》2012 年第 15 期。

126. 张弦：《日韩台湾地区信访制度对中国信访改革的启示》，《人民论坛》2012 年第 14 期。

127. 张敏：《当前信访突出问题的特点、表现形式及发展趋势》，《前沿》2012 年第 23 期。

128. 黎晓武：《对我国信访制度本质的法理学思考》，《求实》2012 年第 1 期。

129. 蒋冰晶：《沟通视域下农民信访化解研究》，《安徽农业科学》2012 年第 4 期。

130. 陈宇宙：《关于新时期农民信访问题的理性思考——分形学的视角》，《理论导刊》2012 年第 6 期。

131. 张义烈、朱力：《和谐信访文化：概念、理念及其建构》，《学术探索》2012 年第 1 期。

132. 张千帆：《上访体制的根源与出路》，《探索与争鸣》2012 年第 1 期。

133. 姜杰、李振山、王兵：《检察机关应对涉法涉诉信访案件策略》，《人民检察》2012 年第 20 期。

134. 徐金模：《涉检信访矛盾排查处置途径》，《人民检察》2012 年第 2 期。

135. 刘树桥：《信访的权利救济功能与制度设计》，《人民检察》2012 年第

11 期。

136. 冀永生：《扎实做好新形势下检察举报工作——全国检察机关举报暨涉检信访工作座谈会综述》，《人民检察》2012 年第 13 期。

137. 王茜：《建国初期中央秘书室对信访工作的开拓与建设》，《河南科技大学学报（社会科学版）》2012 年第 4 期。

138. 赵旭东：《警惕"底层冤化"——也谈信访制度》，《探索与争鸣》2012 年第 3 期。

139. 杨福忠：《论法治视野下信访功能的定位》，《云南行政学院学报》2012 年第 1 期。

140. 何国强、秦小建：《论信访制度改革的"内卷化"——以社会稳定为视角》，《中国人民公安大学学报（社会科学版）》2012 年第 4 期。

141. 何国强、秦小建：《信访制度的价值变迁与改革逻辑》，《云南行政学院学报》2012 年第 4 期。

142. 林肃娅：《浅谈创新社会管理机制与涉法信访问题的解决》，《西南民族大学学报（人文社会科学版）》2012 年第 8 期。

143. 佟博：《浅析涉诉信访的文化成因及有效应对》，《山东社会科学》2012 年第 5 期。

144. 江永良、孟霞：《社会转型视角下的信访制度研究》，《理论月刊》2012 年第 5 期。

145. 江永良、孟霞：《社区社会资本与信访实例分析》，《湖北社会科学》2012 年第 6 期。

146. 黎津平：《涉及民族宗教因素群体性上访事件应对》，《求实》2012 年第 2 期。

147. 王晓东、王宇飞：《涉农上访问题解决机制探析》，《农业经济》2012 年第 2 期。

148. 易花萍：《涉诉信访法官权势语言征显》，《理论月刊》2012 年第 11 期。

149. 刘振勇：《信访衍生问题及其防范治理》，《理论探索》2012 年第 2 期。

150. 李延舜：《涉诉信访与衡平法的比较研究》，《前沿》2012 年第 6 期。

151. 李静：《涉诉信访治理的困境与对策》，《人民司法》2012 年第 17 期。

152. 万进福：《信访事项办理意见在特定情况下可诉》，《人民司法》2012 年第 8 期。

153. 张学群：《涉诉信访终结工作中的疑难问题研究》，《人民司法》2012 年第 9 期。

154. 赵汎：《深入贯彻落实"四个必须、五项制度"努力实现涉诉信访工作良性发展》，《人民司法》2012 年第 9 期。

155. 容志：《生成逻辑与路径选择：信访困局的政治学分析》，《上海行政学院学报》2012 年第 6 期。

156. 赵立双：《提高信访监督质量的探索与实践》，《山东社会科学》2012 年第 S2 期。

157. 陈天翼：《网上信访中越级现象的博弈分析》，《领导科学》2012 年第 17 期。

158. 张平亮：《信访工作创新的对策思考》，《领导科学》2012 年第 7 期。

159. 姬亚平：《我国信访制度的法治走向》，《法学杂志》2012 年第 11 期。

160. 吴超：《新中国信访制度的创建和发展（1949—1957）》，《党的文献》2012 年第 4 期。

161. 郭亮、杨蓓：《信访压力下的土地纠纷调解——来自湖北 S 镇的田野经验》，《当代法学》2012 年第 2 期。

162. 任剑涛：《信访制度是否适应时代潮流》，《探索与争鸣》2012 年第 1 期。

163. 贺然：《信访制度与监察专员制度比较研究》，《学术探索》2012 年 2 月。

164. 肖进中、王秀哲：《"秩序至上"——20 世纪 80 年代至 90 年代中期各省信访立法分析》，《徐州师范大学学报（哲学社会科学版）》2012 年第 5 期。

165. 饶静、叶敬忠、谭思：《"要挟性上访"——底层政治逻辑的农民上访分析框架》，《中国农村观察》2011 年第 3 期。

166. 吴京典：《和谐信访需要树立正确的导向》，《信访与社会矛盾问题研究》2011 年第 3 辑。

167. 童之伟：《信访体制在中国宪法框架中的合理定位》，《现代法学》2011 年第 1 期。

168. 陈柏峰：《无理上访与基层法治》，《中外法学》2011 年第 2 期。

169. 刘平：《单位制的演变与信访制度改革——以信访制度改革的 S 市经验为例》，《人文杂志》2011 年第 6 期。

170. 章剑生：《论信访处理行为的可复议性——基于〈信访条例〉有关规定所展开的解释》，《法商研究》2011 年第 6 期。

171. 王浦劬：《以治理民主实现社会民生——我国行政信访制度政治属性解读》，《北京大学学报（哲学社会科学版）》2011 年第 6 期。

172. 胡元梓：《中国民众何以偏好信访——以冲突解决理论为视角》，《华中师范大学学报（人文社会科学版）》2011 年第 2 期。

173. 贺雪峰：《国家与农民关系的三层分析——以农民上访为问题意识之来源》，《天津社会科学》2011 年第 4 期。

174. 房清侠：《上访者"被精神病"现象的法社会学思考》，《河北法学》2011 年第 1 期。

175. 田文利：《信访制度的性质、功能、结构及原则承接性研究》，《行政法学研究》2011 年第 1 期。

176. 张红：《农地纠纷、村民自治与涉农信访——以北京市调研为依据》，《中国法学》2011 年第 5 期。

177. 庄士成：《我国信访"困境"的制度成因——一个制度经济学的分析视角》，《政治与法律》2011 年第 8 期。

178. 秦小建：《压力型体制与基层信访的困境》，《经济社会体制比较》2011 年第 6 期。

179. 吴超：《中国当代信访史基本问题探讨》，《当代中国史研究》2011 年第 1 期。

180. 王锴、杨福忠：《论信访救济的补充性》，《法商研究》2011 年第 4 期。

181. 任喜荣：《作为"新兴"权利的信访权》，《法商研究》2011 年第 4 期。

182. 吴玉岭、杨志刚：《难以承受之重——论审判权在涉诉信访中的限度》，《华南师范大学学报（社会科学版）》2011 年第 1 期。

183. 王国华、王雅蕾：《网民政府形象认知定势现象研究——以农民上访后"出逃"事件为例》，《情报杂志》2011 年第 6 期。

184. 史全增、查志刚：《论宪政视角下信访制度的功能》，《学术界》2011 年第 12 期。

185. 李绍章：《信访权力配置及其对信访权利的规范功能》，《新疆社会科学》2011 年第 4 期。

186. 闫博慧：《信访工作法制化之设想》，《河北法学》2011 年第 4 期。

187. 徐艳阳：《中国信访制度历史源流考评》，《学术界》2011 年第 12 期。

188. 吴超：《当代中国社会转型与信访治理》，《毛泽东邓小平理论研究》2011 年第 11 期。

189. 刘烁玲：《"信访不信法"的现实考量及应对》，《江西社会科学》2011 年第 4 期。

190. 杜爱霞：《对完善我国转型期涉法涉诉信访制度的思考》，《中州学刊》2011 年第 5 期。

191. 曾维：《用群众工作统揽信访工作》，《求是》2011 年第 1 期。

192. 王永利：《非制度化信访的成因及对策研究》，《江淮论坛》2011 年第 6 期。

193. 柯汉民：《加强和改进新形势下的涉检信访工作》，《求是》2011 年第 9 期。

194. 卢少峰：《惯习、策略与规则：司法场域视野中的涉诉上访》，《中州学刊》2011 年第 5 期。

195. 齐景海：《做好信访工作的关键在抓落实》，《求是》2011 年第 7 期。

196. 顾春铵：《治本清源、疏堵结合——海门环境信访的实践经验》，《环境保护》2011 年第 14 期。

197. 尹利民：《"分类治理"：国家信访治理中的偏好及其限度》，《湖北行政学院学报》2011 年第 3 期。

198. 尹利民：《信访的政治：民众表达与国家治理》，《南昌大学学报（人文社会科学版）》2011 年第 1 期。

199. 刘冬京：《信访法律责任的理论分析与制度完善》，《南昌大学学报（人文社会科学版）》2011 年第 6 期。

200. 徐晶、王萍华：《"控制型"公安信访工作初探》，《中国人民公安大学学报（社会科学版）》2011 年第 1 期。

201. 应勇：《"涉诉信访"不等于信访——关于涉诉信访问题的若干思考》，《中国党政干部论坛》2011 年第 6 期。

202. 陆锦冲、丁建生：《刍议高校信访监督机制的创新》，《人民论坛》2011年3月中。

203. 邱晓霞：《论涉诉信访的成因及其解决对策》，《人民论坛》2011年第24期。

204. 李俊青：《农民涉法上访的成因解析》，《人民论坛》2011年第24期。

205. 胡娟：《从工会视角浅议职工集体上访原因及其对策》，《中国劳动关系学院学报》2011年第5期。

206. 郑欣：《村民上访：国家与社会关系的互动与重构——一个博弈论的分析视角》，《江苏行政学院学报》2011年第2期。

207. 余净植：《对"非正常上访"的法学思考》，《理论学刊》2011年第10期。

208. 张立刚：《宪政视野中的涉诉信访治理》，《长白学刊》2011年第3期。

209. 王雨静、刘远景：《法治化进程中的信访制度改革研究》，《法学杂志》2011年第S1期。

210. 严惠民：《关于"十二五"期间信访工作的若干思考》，《法学杂志》2011年第S1期。

211. 秦新承：《涉检信访终结制度若干问题研究》，《法学杂志》2011年第S1期。

212. 冉光仙：《非直接利益冲突视域下诉求表达机制的构建——缘于信访救济的探讨》，《吉首大学学报（社会科学版）》2011年第1期。

213. 肖进中：《徘徊在法治边缘的信访——当前信访立法缺陷分析》，《吉首大学学报（社会科学版）》2011年第1期。

214. 贾少涵：《功能分流：中国信访制度改革的根本出路》，《中共福建省委党校学报》2011年第4期。

215. 张柏峰：《关于健全涉诉信访联动工作机制的调查与思考》，《法律适用》2011年第10期。

216. 高洪宾：《疏导信访与韧性维稳》，《法律适用》2011年第5期。

217. 张永红：《英国法院的"信访"体制》，《法律适用》2011年第3期。

218. 尹利民、聂平平：《国家性与自主性：信访生成的双重动因——兼论信访生成的不同类型》，《求实》2011年第10期。

219. 陈丹：《行政复议与信访衔接问题研究》，《理论探索》2011 年第 3 期。

220. 聂爱平：《化解信访困境的必由之路：完善权力制约机制》，《求实》2011 年第 12 期。

221. 于晓琪、吕成：《加强信访与行政复议的衔接互动》，《理论探索》2011 年第 6 期。

222. 徐敏宁：《破解信访问责难题的一种有效方式——论构建橄榄型信访结构》，《长白学刊》2011 年第 1 期。

223. 杨泽良：《浅谈基层国税人力资源与信访工作的合力问题》，《山东社会科学》2011 年第 S1 期。

224. 尹利民：《确定性与不确定性：信访的实践逻辑及其风险》，《理论与改革》2011 年第 1 期。

225. 张伟豪：《社会安全阀制度与信访问题处理机制探析》，《领导科学》2011 年第 6 期。

226. 曹英：《问题终结机制是解决部门信访难题的应急之道》，《领导科学》2011 年第 30 期。

227. 刘炳君：《涉法涉诉信访工作的法治化研究》，《法学论坛》2011 年第 1 期。

228. 章彦英：《涉法涉诉信访之案件成因、制度困局与破解之道》，《法学论坛》2011 年第 1 期。

229. 魏治勋：《涉诉信访的"问题化"逻辑与治理之道》，《法学论坛》2011 年第 1 期。

230. 张晓晓：《涉法信访制度浅议》，《人民检察》2011 年第 15 期。

231. 胡帅：《涉诉信访工作重心下移问题研究》，《人民司法》2011 年第 17 期。

232. 白雅丽：《诉讼与信访分离的司法意义》，《人民司法》2011 年第 1 期。

233. 金霞：《用信访登记表申请行政机关履行法定职责的效力》，《人民司法》2011 年第 8 期。

234. 赵锦成：《运用诉前立案指导功能预防涉诉信访案件的发生》，《人民司法》2011 年第 13 期。

235. 杜大力：《通向和谐的道路——对中国政府信访工作系统的制度分析》，

《河北师范大学学报（哲学社会科学版）》2011 年第 5 期。

236. 颜如春：《完善信访制度研究》，《行政论坛》2011 年第 2 期。

237. 高丽娜：《宪法视野中的信访问题治理研究》，《前沿》2011 年第 10 期。

238. 石晶：《乡镇信访工作面临的困境及其深层次原因》，《农村经济》2011 年第 11 期。

239. 程洁：《信访投诉纳入行政复议范围的法理论纲》，《江苏大学学报（社会科学版）》2011 年第 6 期。

240. 陈晓莉：《信访维稳的现实困境与出路——基于基层调研的分析》，《云南行政学院学报》2011 年第 5 期。

241. 焦长权：《政权"悬浮"与市场"困局"：一种农民上访行为的解释框架——基于鄂中 G 镇农民农田水利行为的分析》，《开放时代》2010 年第 6 期。

242. 王天林：《中国信访救济与司法最终解决原则的冲突——以涉诉信访为中心》，《学术月刊》2010 年第 10 期。

243. 田先红：《从维权到谋利——农民上访行为逻辑变迁的一个解释框架》，《开放时代》2010 年第 6 期。

244. 申端锋：《乡村治权与分类治理：农民上访研究的范式转换》，《开放时代》2010 年第 6 期。

245. 易虹：《涉诉信访制度困境与解决机制的整合》，《江西社会科学》2010 年第 2 期。

246. 刘明兴、刘永东、陶郁等：《中国农村社团的发育、纠纷调解与群体性上访》，《社会学研究》2010 年第 6 期。

247. 倪宇洁：《我国信访制度的历史回顾与现状审视》，《中国行政管理》2010 年第 11 期。

248. 陈丰：《信访制度变迁：从路径依赖到路径创新》，《江海学刊》2010 年第 2 期。

249. 班文战：《我国信访制度的权利救济功能及其有效性分析》，《政法论坛》2010 年第 2 期。

250. 杨瑞龙、尹振东、桂林：《上访对地方官员问责：一个新政治经济学的视角》，《经济研究》2010 年第 12 期。

251. 田先红：《当前农村谋利型上访凸显的原因及对策分析——基于湖北省

江华市桥镇的调查研究》，《华中科技大学（社会科学版）》2010 年第 6 期。

252. 李春锋：《"半直接利益冲突"：诠释农民上访行动的新视角——对豫东 S 村一起上访事件的解读》，《浙江学刊》2010 年第 4 期。

253. 陈奎、梁平：《论纠纷解决视野下信访制度的现代转型》，《河北学刊》2010 年第 6 期。

254. 刘卫红：《法治视野下信访制度的完善》，《河北法学》2010 年第 10 期。

255. 陈丰：《信访制度成本：一个中国式社会问题》，《东南学术》2010 年第 6 期。

256. 张陆庆：《信访制度的法制化研究》，《河北学刊》2010 年第 6 期。

257. 秦后国：《论我国信访制度的困境及其完善》，《社会主义研究》2010 年第 5 期。

258. 梁伟发：《建设镇街综治信访维稳中心，创新基层社会矛盾化解机制》，《求是》2010 年第 1 期。

259. 王彦智：《我国信访制度改革的理性思考》，《甘肃社会科学》2010 年第 4 期。

260. 陈丰：《经济学视野下的信访制度成本研究》，《经济体制改革》2010 年第 6 期。

261. 李平、王希雯：《环境信访"十"字模式——基层环境信访的新探索》，《环境保护》2010 年第 2 期。

262. 谭波：《论我国中央与地方行政信访分权体制的完善》，《内蒙古社会科学》2010 年第 1 期。

263. 闫耀军、宋协娜、张美莲：《信访问题预警的理论模型及指标体系》，《国家行政学院学报》2010 年第 3 期。

264. 钟福国、闫天灵：《上访博弈的生成与蔓延——裕固族地区"马拉松改制"再研究》，《中南民族大学（人文社会科学版）》2010 年第 2 期。

265. 王巧连：《农民群体上访事件频发的组织根源》，《河北学刊》2010 年第 3 期。

266. 曾煜东、林大卫：《建国后党的第一代领导集体对人民信访工作的探索》，《毛泽东思想研究》2010 年第 3 期。

267. 张森：《"强行组织化"现象的出现——华东地区 L 村一起上访事件平息

的过程分析》,《甘肃社会科学》2010 年第 4 期。

268. 《广东推出手机上访》,《国际新闻界》2010 年第 8 期。

269. 张英能:《开拓吉安环境信访新局面》,《环境保护》2010 年第 4 期。

270. 夏炎:《古代的"越级上访"一越越到金銮殿》,《人民论坛》2010 年第 33 期。

271. 马国辉:《涉法涉诉上访成因分析》,《人民论坛》2010 年第 6 期。

272. 袁刚:《中外"上书"的当前启示——谈中国特色的上书信访》,《人民论坛》2010 年第 10 期。

273. 弋振立:《对解决信访难题的思考》,《领导科学》2010 年第 33 期。

274. 许晓君:《公诉案件信访风险评估防范机制之构建》,《人民检察》2010 年第 20 期。

275. 刘太宗、马晓敏:《全面贯彻落实〈实施意见〉着力提升涉检信访工作水平》,《人民检察》2010 年第 14 期。

276. 薛丽、薛培君:《六个方面加强涉检信访工作》,《人民检察》2010 年第 21 期。

277. 丁同民:《化解非制度化信访的路径探析》,《红旗文稿》2010 年第 12 期。

278. 梁海磊:《探索农村信访工作的新规律》,《红旗文稿》2010 年第 15 期。

279. 冯自海:《怎样做好新时期的信访工作》,《红旗文稿》2010 年第 23 期。

280. 张兰:《环境纠纷 ADR 解决机制视野下的环境信访制度价值研究》,《求实》2010 年第 5 期。

281. 多志勇:《近年来内蒙古自治区群体性上访事件的特点、成因及对策》,《前沿》2010 年第 5 期。

282. 刘美萍:《论信访制度的异化及其克服》,《理论与改革》2010 年第 5 期。

283. 刘日:《如何建立非正常上访终结机制》,《中国党政干部论坛》2010 年第 2 期。

284. 钱美兰:《我国信访机制改革的六个着力点》,《中国党政干部论坛》2010 年第 6 期。

285. 李少平:《正确处理人民内部矛盾的实践与思考——以预防和化解涉诉

信访问题为视角》，《中国党政干部论坛》2010 年第 11 期。

286. 钱云灿：《涉检信访问题工作机制探微》，《法学杂志》2010 年第 6 期。

287. 杨美蓉、陈守权：《涉诉信访的立法原因及对策研究》，《求实》2010 年第 10 期。

288. 栗峥：《申诉还是上访：司法内外的策略选择》，《山东社会科学》2010 年第 3 期。

289. 宋协娜：《信访工作标准化问题研究》，《山东社会科学》2010 年第 3 期。

290. 余净植：《信访的困境与出路》，《山东社会科学》2010 年第 6 期。

291. 王海港、李伟巍、罗凤金：《什么样的农民容易上访？——对失地农民上访倾向的实证分析》，《世界经济文海》2010 年第 2 期。

292. 孙敬林：《税费改革后信访不合理诉求增加原因探析》，《河南师范大学学报》2010 年第 2 期。

293. 孙悦良：《协商民主与信访困境消解之道》，《苏州大学学报（哲学社会科学版）》2010 年第 4 期。

294. 张林海：《转型期非制度化信访的突出问题及矫正路径探析》，《理论导刊》2010 年第 6 期。

295. 张泰苏：《中国人在行政纠纷中为何偏好信访？》，《社会学研究》2009 年第 3 期。

296. 吴超：《新中国六十年信访制度的历史考察》，《中共党史研究》2009 年第 11 期。

297. 湛中乐、苏宇：《论我国信访制度的功能定位》，《中共中央党校学报》2009 年第 2 期。

298. 湛中乐、苏宇：《论我国信访制度的功能定位》，《国家行政学院学报》2009 年第 3 期。

299. 李俊：《欧洲监察专员制度对我国信访制度改革的启示》，《国家行政学院学报》2009 年第 5 期。

300. 林喆：《信访制度的功能、属性及其发展趋势》，《中共中央党校学报》2009 年第 1 期。

301. 朱应平：《信访在宪法实施方面的成就与问题》，《华东政法大学学报》

2009 年第 5 期。

302. 张示明：《信访终结机制研究》，《中共中央党校学报》2009 年第 1 期。

303. 班文战：《我国信访制度救济功能的有效性问题》，《中共中央党校学报》2009 年第 1 期。

304. 王长江：《民主与法治建构下的信访定位》，《中共中央党校学报》2009 年第 1 期。

305. 廖晓明、张蓉：《基于电子政务的信访管理系统的研究与开发》，《中国行政管理》2009 年第 7 期。

306. 谢天长：《信访：过滤纠纷过程和压力机制》，《福建论坛（人文社会科学版）》2009 年第 6 期。

307. 刘素华：《信访制度运行中的成本分析》，《中共中央党校》2009 年第 1 期。

308. 傅思明：《中国信访立法探究》，《中共中央党校学报》2009 年第 1 期。

309. 宋协娜：《社会主义和谐信访问题研究》，《当代世界与社会主义》2009 年第 3 期。

310. 肖立辉：《县委书记视野中的农村信访问题》，《中国行政管理》2009 年第 12 期。

311. 尹艳红、尚虎平：《公民有序参与的突破：以信访组织结构变革为视角》，《中国行政管理》2009 年第 10 期。

312. 戴炜、周明：《论信访在中国环境保护制度构建中的作用——兼谈环境公益诉讼的可行性》，《西北大学学报（哲学社会科学版）》2009 年第 1 期。

313. 丁同民：《构建和谐中原视野下的制度化信访及其完善路径研究》，《中州学刊》2009 年第 6 期。

314. 余净植：《信访脱困的可能思路——基于权利保障维度的讨论》，《福建论坛（人文社会科学版）》2009 年第 12 期。

315. 王雅琴：《治理语境下的信访制度》，《中共中央党校学报》2009 年第 1 期。

316. 魏旋君：《我国转型期信访工作系统创新探索》，《管理世界》2009 年第 9 期。

317. 谭大辉：《以科学发展观为指导解决信访问题》，《理论前沿》2009 年第

15 期。

318. 竺效：《污染受害者为何"喜"上访而不"喜"起诉?》，《环境保护》2009 年第 16 期。

319. 齐有主：《邢台拓展环境信访平台为民解忧》，《环境保护》2009 年第 16 期。

320. 陈海星、花建中：《象山以信访为鉴强化环保能力》，《环境保护》2009 年第 21 期。

321. 熊丙奇：《"信访专业"的信访难题》，《教育与职业》2009 年第 22 期。

322. 张乐天、国云丹：《城市社区选举制度化与另类政治参与——对上海 H 区居委会选举信访的实证研究》，《理论与改革》2009 年第 2 期。

323. 孔维凤：《从孙法武事件看信访工作的制度缺失》，《河南社会科学》2009 年第 5 期。

324. 陈兆森：《对加强信访督查督办工作的思考》，《领导科学》2009 年第 9 期。

325. 裴小梅：《化解涉法涉诉信访问题的主要思路》，《领导科学》2009 年第 9 期。

326. 胡海军：《基层政府如何在信访困境中突围》，《领导科学》2009 年第 11 期。

327. 秦维强：《群体性上访事件的成因及化解方式》，《领导科学》2009 年第 5 期。

328. 邓强：《新形势下做好信访工作的对策》，《领导科学》2009 年第 9 期。

329. 邱金义：《信访法制化建设的探索》，《领导科学》2009 年第 10 期。

330. 苗加清：《政治参与：正确认识信访问题的新视角》，《领导科学》2009 年第 16 期。

331. 肖萍、程样国：《行政信访的范围研究》，《求实》2009 年第 3 期。

332. 张清娥：《信访工作的社会心理学分析》，《求实》2009 年第 8 期。

333. 刘树枝：《坚持用群众工作理念解决信访问题》，《中国党政干部论坛》2009 年第 8 期。

334. 梁超：《制度性缺陷：现阶段我国信访的突出问题》，《中国党政干部论坛》2009 年第 11 期。

335. 张敏：《困惑与出路：转型期法院涉诉信访制度的理性探究》，《法律适用》2009 年第 6 期。

336. 田雷：《认真对待本土资源：论"变法"中的人民信访制度》，《法律适用》2009 年第 1 期。

337. 王丽英、杨翠芬：《论信访程序的完善》，《河北师范大学学报（哲学社会科学版）》2009 年第 3 期。

338. 潘彩霞、高东、张同乐：《信访工作化解社会矛盾述论——以十年社会主义建设探索时期信访案例为例》，《河北师范大学学报（哲学社会科学版）》2009 年第 4 期。

339. 孙敬林：《民意表达机制的建立与农村信访问题》，《河南师范大学学报（哲学社会科学版）》2009 年第 3 期。

340. 黄涧秋：《论信访的行政救济功能及其与行政复议的关系》，《理论导刊》2009 年第 8 期。

341. 徐喜林：《论信访监督》，《河南社会科学》2009 年第 4 期。

342. 史嵩宇：《社会利益和谐与信访制度功能的完善》，《理论学刊》2009 年第 2 期。

343. 魏旋君、周维德：《农民工权益保护与信访问题研究》，《江西财经大学学报》2009 年第 5 期。

344. 王兆雷：《破解基层信访难题》，《人民论坛》2009 年第 6 期。

345. 人民论坛"千人问卷"调查组：《网络 PK 信访：什么是最有效的"减压阀"?》，《人民论坛》2009 年第 15 期。

346. 闫继勇：《涉诉信访权利基律动模式研究》，《人民司法》2009 年第 15 期。

347. 赵贵龙：《司法与信访：从冲突走向融合》，《人民司法》2009 年第 7 期。

348. 天津市检察机关联合课题组：《涉诉信访存在的问题与解决路径》，《法学杂志》2009 年第 2 期。

349. 孙敬林：《税费改革后农村信访的困境与出路》，《河南社会科学》2009 年第 4 期。

350. 傅江浩：《我国信访制度分析与改革》，《湖北社会科学》2009 年第

12 期。

351. 张国斌、钟天明、董海潮：《浙江省涉地信访分析》，《中国土地》2009年第 3 期。

352. 尹利民：《作为利益表达的信访之行动逻辑——一个解释框架及其应用》，《南昌大学学报（人文社会科学版）》2009 年第 1 期。

353. 林来梵、余净植：《论信访权利与信访制度——从比较法视角的一种考察》，《浙江大学学报（人文社会科学版）》2008 年第 3 期。

354. 尹利民：《政治机遇与限制：信访发生的机理与行动逻辑——基于两个信访案例的解读》，《华中师范大学学报（人文社会科学版）》2008 年第 5 期。

355. 唐皇凤：《回归政治缓冲：当代中国信访制度功能变迁的理性审视》，《武汉大学学报（哲学社会科学版）》2008 年第 4 期。

356. 叶笑云、闫巧玲：《非均衡发展中"倒逼"效应与开源式治理——转型社会的信访制度实证研究》，《浙江社会科学》2008 年第 11 期。

357. 沈跃东：《完善信访制度的宪政维度》，《福建师范大学学报（哲学社会科学版）》2008 年第 2 期。

358. 祁雪瑞：《涉诉信访的困境与出路探析》，《中州学刊》2008 年第 6 期。

359. 陈晋胜：《中国特色的信访制度与和谐社会之构建》，《中国特色社会主义研究》2008 年第 2 期。

360. 尹利民：《信访研究的进路及反思：框架与方法》，《社会主义研究》2008 年第 6 期。

361. 沈跃东：《完善信访制度的宪政之维》，《青海社会科学》2008 年第 2 期。

362. 潘彩霞：《信访工作在建国初期社会建设中的作用》，《当代中国史研究》2008 年第 3 期。

363. 刘素华：《重视信访诉求 促进宪政文明》，《理论前沿》2008 年第 19 期。

364. 陈杲：《导向基层、导向法治、导向参政议政——新时期党报信访工作的三大目标初探》，《新闻记者》2008 年第 2 期。

365. 王作安：《信访工作"四个零"》，《求是》2008 年第 2 期。

366. 王宏伟：《解决信访难题要从领导干部抓起》，《求是》2008 年第 18 期。

367. 孙颖、李辉：《陕西略阳环境信访数量逐渐下降》，《环境保护》2008 年第 20 期。

368. 《甘当铺路石的信访局长潘作良》,《求是》2008 年第 15 期。

369. 尹利民、黄成华:《当前我国信访研究的演进与转向》,《南昌大学学报（人文社会科学版）》2008 年第 1 期。

370. 陈洪玉:《发挥好信访工作在构建和谐社会中的作用》,《领导科学》2008 年第 5 期。

371. 王剑波:《构建群众信访源头治理机制》,《领导科学》2008 年第 15 期。

372. 陈乐文:《群众信访代理制的实践与思考》,《领导科学》2008 年第 18 期。

373. 孟新军:《信访·和谐·法制》,《领导科学》2008 年第 16 期。

374. 陈晋胜:《和谐社会构建视野下的中国信访制度分析》,《法学论坛》2008 年第 3 期。

375. 窦秀英:《论检察信访之心理疏导机制》,《法学杂志》2008 年第 3 期。

376. 肖萍:《信访性质辨析》,《法学杂志》2008 年第 4 期。

377. 牛学理:《推行双向承诺工作机制及时化解涉检信访》,《人民检察》2008 年第 10 期。

378. 李世佼:《新时期高校信访工作的现状及对策研究》,《教育与职业》2008 年第 8 期。

379. 曾坚、卢露:《信访制度的法经济学分析》,《广东商学院学报》2008 年第 6 期。

380. 舒绍福:《政治文化视野中的农民上访研究》,《理论导刊》2008 年第 1 期。

381. 胡荣:《农民上访与政治信任的流失》,《社会学研究》2007 年第 3 期。

382. 张文国:《试论涉诉信访的制度困境及其出路》,《华东师范大学学报（哲学社会科学版）》2007 年第 2 期。

383. 杨寅:《信访与行政复议衔接疑难问题解析》,《法学》2007 年第 6 期。

384. 林荫茂:《信访工作责任追究制若干问题思考》,《法学》2007 年第 2 期。

385. 邵华:《信访制度变革与弱势群体权利救济》,《河北法学》2007 年第 2 期。

386. 孙涉：《论信访制度与法治趋向》，《学海》2007 年第 5 期。

387. 易虹：《宪政体制下我国信访制度功能的重构》，《求索》2007 年第 4 期。

388. 李俊：《从公民权利救济角度看我国信访制度改革》，《求索》2007 年第 6 期。

389. 易虹、万绍文：《宪政视野下信访制度及其改革》，《甘肃社会科学》2007 年第 6 期。

390. 王学军：《进一步加强和改进新时期信访工作》，《求是》2007 年第 17 期。

391. 李秋学：《新中国建立后中共权力观的生成：情境、语境与困境》，《湖南师范大学社会科学学报》2007 年第 4 期。

392. 张锡杰：《党的群众路线与新形势下的信访工作》，《理论前沿》2007 年第 6 期。

393. 高建中、陆永先：《试论计划生育信访工作在和谐社会建设中的作用》，《人口与经济》2007 年第 5 期。

394. 董瑞丰：《"上访村"里看民情》，《瞭望新闻周刊》2007 年第 4 期。

395. 北京市第一中级人民法院：《创新涉诉信访工作机制》，《人民司法》2007 年第 17 期。

396. 福建省高级人民法院课题组：《人民法院预防和减少涉诉信访的对策》，《人民司法》2007 年第 11 期。

397. 中央党校进修一班第 40 期 A 班社会发展方向第三课题组：《从信访工作中存在的突出问题看和谐社会建设的难点重点》，《中国党政干部论坛》2007 年第 3 期。

398. 樊春芳：《如何畅通信访举报渠道》，《中国党政干部论坛》2007 年第 3 期。

399. 贺新莲：《新时期信访工作需要把握好的几个关键问题》，《中国党政干部论坛》2007 年第 2 期。

400. 宋协娜：《略论信访问题预警系统建设》，《理论学刊》2007 年第 2 期。

401. 姜乐军：《试论当前农村群众集体上访的成因及对策》，《云南行政学院学报》2007 年第 4 期。

402. 谭鹏：《妥善解决无理上访，促进社会和谐稳定》，《云南行政学院学报》2007 年第 4 期。

403. 李严昌：《文化整合视角下的信访治理》，《云南行政学院学报》2007 年第 4 期。

404. 束锦：《信访是民意诉求的一种重要表达方式》，《求实》2007 年第 5 期。

405. 乔希玲：《信访听证调解：解决信访案件的有效途径》，《理论探索》2007 年第 3 期。

406. 张修成：《信访制度与诉讼等纠纷解决途径之比较研究》，《理论学刊》2007 年第 4 期。

407. 陈丰林：《有效解决集体上访问题的思考与实践》，《领导科学》2007 年第 21 期。

408. 张能峰：《做好新时期信访工作的几点思考》，《领导科学》2007 年第 19 期。

409. 陈丹、唐茂华：《试论我国信访制度的困境与"脱困"——日本苦情制度对我国信访制度的启示》，《国家行政学院学报》2006 年第 1 期。

410. 周永坤：《信访潮与中国纠纷解决机制的路径选择》，《暨南学报（哲学社会科学版）》2006 年第 1 期。

411. 朱最新、朱孔武：《权利是迷思：法秩序中的信访制度》，《法商研究》2006 年第 2 期。

412. 陈继清：《我国信访制度存在的问题及其完善措施》，《中国行政管理》2006 年第 6 期。

413. 游正林：《集体行动何以成为可能——对一起集体上访、静坐事件的个案研究》，《学海》2006 年第 2 期。

414. 林莉红：《论信访的制度定位——从纠纷解决机制系统化角度的思考》，《学习与探索》2006 年第 1 期。

415. 黄新宇：《落实〈信访条例〉完善信访听证——信访听证制度解析》，《中国行政管理》2006 年第 6 期。

416. 朱最新、朱孔武：《信访制度的法理探析》，《河北法学》2006 年第 6 期。

417. 姜苏莉：《我国信访听证制度研究》，《政治学研究》2006 年第 4 期。

418. 周作翰、张英洪：《当代中国农民的信访权》，《当代世界与社会主义》2006 年第 1 期。

419. 章晓可：《中日信访法规比较研究》，《中国行政管理》2006 年第 12 期。

420. 李蓉蓉：《信访与地方政府治理中的问题》，《中国行政管理》2006 年第 1 期。

421. 孙大雄：《论信访的权利属性》，《社会主义研究》2006 年第 1 期。

422. 戴小明：《论行政信访》，《中南民族大学学报（人文社会科学版）》2006 年第 6 期。

423. 史嵩宇：《信访听证制度评析与设计》，《中国行政管理》2006 年第 4 期。

424. 王学军：《深入贯彻落实〈信访条例〉进一步密切党和政府同人民群众的联系——写在〈信访条例〉实施一周年之际》，《求是》2006 年第 12 期。

425. 李莹：《制度堕距与集体行为——对企业职工集体上访事件的分析》，《青年研究》2006 年第 3 期。

426. 杜吉明：《做好信访工作，构建和谐社会》，《求是》2006 年第 7 期。

427. 马永卿：《媒体信访工作的若干思考和实践》，《新闻记者》2006 年第 6 期。

428. 赵仁伟、李均德、李俊义：《"问题村干部"成为信访热点》，《瞭望新闻周刊》2006 年第 38 期。

429. 杜承铭：《"信访权"之宪法定位》，《辽宁大学学报（哲学社会科学版）》2006 年第 6 期。

430. 方耀楣、王兵团：《城市拆迁上访的社会学思考》，《中共福建省委党校》2006 年第 9 期。

431. 董鑫：《从信访的权利性质看其制度定位》，《理论学刊》2006 年第 6 期。

432. 马一平：《对涉诉上访的调查与思考》，《人民司法》2006 年第 8 期。

433. 苏泽林：《认真贯彻"公正司法，一心为民"指导方针开创人民法院涉诉信访工作新局面》，《人民司法》2006 年第 2 期。

434. 刘嵘、柳福华：《法院的立场与策略——来自涉诉信访座谈会的观点》，

《人民司法》2006 年第 2 期。

435. 唐柱宏：《涉检信访接待须"因案制宜"》，《人民检察》2006 年 6 月下。

436. 柴琳、黄泽勇：《反思信访困境分解信访功能建设法治国家》，《理论与改革》2006 年第 4 期。

437. 李庆钧：《利益表达与和谐社会的构建——中国社会转型期的信访制度改革》，《理论与改革》2006 年第 5 期。

438. 王楠：《行政组织中信访机构的组织变革理论分析》，《求实》2006 年第 2 期。

439. 王亦白、宋檀：《解决土地信访问题的法学思考》，《中国国土资源经济》2006 年第 6 期。

440. 朱应平：《论建立健全科学合理的信访终结说明理由制度》，《学术论坛》2006 年第 3 期。

441. 贺海仁：《上访救济的功能转化及其命运》，《法律适用》2006 年第 6 期。

442. 陶蛟龙：《信访制度的反思与重构兼谈建立涉诉上访经常性工作机制的思路和体系》，《法律适用》2006 年第 5 期。

443. 林建：《试论农村妇女非正常上访的原因及对策》，《中共福建省委党校学报》2006 年第 9 期。

444. 张金龙：《跳出信访怪圈——河南省焦作市建立五级平台破解信访难题》，《领导科学》2006 年第 4 期。

445. 闻滇楚：《宿迁市构建大信访工作格局的成功实践》，《领导科学》2006 年第 13 期。

446. 陈于平：《我国的信访制度及其完善》，《理论探索》2006 年第 6 期。

447. 郑文靖：《信访制度与信访实践再思考——着眼和谐社会的政策回应渠道建设》，《理论探索》2006 年第 5 期。

448. 刘冬京、肖萍：《信访制度价值解析》，《南昌大学学报（人文社会科学版）》2006 年第 5 期。

449. 郑卫东：《信访制度与农民利益表达》，《山西师大学报（社会科学版）》2006 年第 5 期。

450. 卢学英：《信访制度之进退——对信访机构功能定位的思考》，《当代法学》2006 年第 3 期。

451. 陈广胜：《将信访纳入法治的轨道——转型期信访制度改革的路径选择》，《浙江社会科学》2005 年第 4 期。

452. 杨伟东：《我国信访制度的重构——兼论〈信访条例〉的缺失》，《国家行政学院学报》2005 年第 6 期。

453. 左卫民、何永军：《政法传统与司法理性——以最高法院信访制度为中心的研究》，《四川大学学报（哲学社会科学版）》2005 年第 1 期。

454. 张清：《农民阶层的宪政分析——以平等权和上访权为中心的考察》，《中国法学》2005 年第 2 期。

455. 李俊：《我国信访制度的成本与收益分析》，《南京社会科学》2005 年第 5 期。

456. 皮修平、侯健康：《当前农民群体上访的问题及对策——衡阳农民群体上访问题调查和思考》，《湖南师范大学社会科学学报》2005 年第 4 期。

457. 陈红梅：《解读信访制度》，《学术界》2005 年第 6 期。

458. 房桂芝、董礼刚：《建立完善的农民利益表达与沟通渠道——对农民集体上访的几点思考》，《国家行政学院学报》2005 年第 3 期。

459. 田文利：《信访机关权力的理论探索及实证分析》，《国家行政学院学报》2005 年第 6 期。

460. 邱锐：《变"人治"信访为法治信访——兼论新〈信访条例〉》，《北京行政学院学报》2005 年第 3 期。

461. 布小林：《谈信访制度的改革与发展》，《理论前沿》2005 年第 9 期。

462. 王学军：《正确认识信访形势，认真贯彻〈信访条例〉》，《国家行政学院学报》2005 年第 3 期。

463. 王亚明：《涉法信访的价值、成因及改革设想》，《国家行政学院学报》2005 年第 6 期。

464. 王宝明：《用信访激活国家监督机制的运作》，《国家行政学院学报》2005 年第 S1 期。

465. 汤啸天：《以善治为标准改革我国信访制度》，《理论前沿》2005 年第 13 期。

466. 严明清、李广平：《关于建立和完善有效化解社会冲突的地方信访工作制度》，《汉江论坛》2005 年第 12 期。

467. 邱锐：《加强信访工作的几点建议》，《中国行政管理》2005 年第 6 期。

468. 曹康泰：《贯彻新的〈信访条例〉大力促进社会和谐》，《国家行政学院学报》2005 年第 3 期。

469. 王学军：《加强和改进新形势下的信访工作——认真贯彻新修订的〈信访条例〉》，《求是》2005 年第 9 期。

470. 马永卿：《一个信访新闻记者的困惑》，《新闻记者》2005 年第 8 期。

471. 储瑞耕：《"信访"之实在"访"外》，《瞭望新闻周刊》2005 年第 41 期。

472. 邓志辉、庄会宁：《河南公安实现"信访突破"》，《瞭望新闻周刊》2005 年第 5 期。

473. 陈光明：《建立处理信访难题长效机制》，《瞭望新闻周刊》2005 年第 42 期。

474. 刘国明：《把上访案结束在上访人家中——下访工作中做群众思想工作的一些体会》，《领导科学》2005 年第 7 期。

475. 申占群：《办理涉法信访案件要着力治本》，《人民检察》2005 年第 20 期。

476. 刘冰：《创新工作机制依法处理涉法上访——郑州市人民检察院试行公民涉法来访责任书制度的做法》，《人民检察》2005 年第 16 期。

477. 刘铁鹰等：《充分利用非诉手段处理涉法信访案件——辽宁省盘锦市人民检察院的探索和实践》，《人民检察》2005 年第 22 期。

478. 娄义鹏：《检察机关处理涉法信访思考》，《人民检察》2005 年 7 月下。

479. 黄秀元：《检察信访"七诊"》，《人民检察》2005 年第 2 期。

480. 冷铁勋、纪文：《处理涉法上访相关问题探讨》，《法律适用》2005 年第 12 期。

481. 徐建新：《涉诉信访的现状及机制完善探讨》，《法律适用》2005 年第 5 期。

482. 王亚新：《非诉讼纠纷解决机制与民事审判的交织——以"涉法信访"的处理为中心》，《法律适用》2005 年第 2 期。

483. 张汉华：《创新信访机制维护社会稳定》，《领导科学》2005 年第 14 期。

484. 苏荣：《构建以领导干部为责任主体的信访机制》，《领导科学》2005 年第 12 期。

485. 孟新军：《信访工作与党的执政能力建设》，《领导科学》2005 年第 15 期。

486. 马雁：《对农民上访行为的法理思考》，《云南行政学院学报》2005 年第 6 期。

487. 姜明安：《改革信访制度创新我国解纷和救济机制》，《中国党政干部论坛》2005 年第 5 期。

488. 汪玉凯：《重要的在于推动信访服务模式的创新》，《中国党政干部论坛》2005 年第 5 期。

489. 曹康泰：《认真贯彻实施〈信访条例〉努力构建社会主义和谐社会》，《中国党政干部论坛》2005 年第 5 期。

490. 何慎均：《改革信访制度还是完善权利救济的法律途径》，《中国改革》2005 年第 1 期。

491. 刘大生：《上访权的实现与接访压力的化解》，《中国改革》2005 年第 5 期。

492. 于向阳：《论法治信访建设》，《山东社会科学》2005 年第 2 期。

493. 孟喆、郭平：《涉法上访问题的成因与对策》，《求实》2005 年第 4 期。

494. 邓玮：《信访的困境与出路》，《求实》2005 年第 3 期。

495. 陈庆云：《信访改革取向与制度创新问题研究》，《法学杂志》2005 年第 6 期。

496. 高洪宾：《信访制度与再审制度》，《人民司法》2005 年第 4 期。

497. 胡道才、刘慎辉、魏俊哲：《徐州法院涉诉信访情况调查及对策》，《人民司法》2005 年第 3 期。

498. 李剑：《制度互补与制度替代——政治参与视野下的人大与信访》，《云南行政学院学报》2005 年第 4 期。

499. 刘顶夫：《中国古代信访源流考》，《湘潭大学学报（哲学社会科学版）》2005 年第 5 期。

附录二

北京市信访矛盾分析研究中心六年出版成果简介

成立 6 年来，北京市信访矛盾分析研究中心紧密结合当前信访工作和社会矛盾发展的形势，积极开展系统的理论研究，编撰出版了全国第一份公开出版的信访理论期刊和 26 部信访理论相关著作。这些出版成果不仅着眼于信访工作实际，更注重开展信访基础理论研究，透过信访窗口挖掘社会矛盾和社会问题背后深层次的原因及规律，为政府科学决策提供支持。通过编撰出版这些成果，研究中心构建了信访理论研究与实践工作交融的平台，推动了信访工作从表层汇总型信访向深层剖析型信访，从实务操作型信访向理论研究型信访，从参与保障型信访向服务决策型信访的深层转变，充分引领社会各界力量参与信访与社会矛盾问题研究，赢得广泛关注和普遍赞誉。

一、全国第一份信访理论刊物

2010 年，研究中心创建了《信访与社会矛盾问题研究》理论刊物，这是新时期首都信访工作创新发展的标志性事件。该刊面对全国公开发行，填补了北京乃至全国信访系统没有理论研究型刊物的空白。《信访与社会矛盾问题研究》从创刊至今已经 4 年，始终保持全国信访系统唯一一份信访理论研究期刊的历史纪录。

《信访与社会矛盾问题研究》作为全国第一个从信访角度研究社会矛盾和社会问题的理论性刊物，设置专家访谈、理论视野、信访观察、探索与思考、社会管理与社会建设、社会调查与案例分析等栏目，以创新性、前瞻性、问题导向性为诉求，积极探索、努力搭建信访理论创新、观点交流的新平台。期刊以"研究社会矛盾，创新工作思路"为办刊宗旨，以问题研究为导向，坚持理论性、指导性、前瞻性相统一的原则，探索信访基础理论，如信访的基础概念等，研究信访热点、难点问题，研判信访发展趋势。

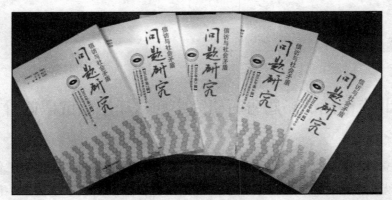

刊物邀请北京大学政治发展与政府管理研究所所长王浦劬教授、中国人民大学国家社会发展研究院常务副院长李路路教授、清华大学社会学系沈原教授、北京大学社会学系谢立中教授担任学术顾问，由社会学、法学、政治学和公共管理学等相关领域 45 位知名专家担任编委。截至 2014 年 11 月，刊物已经公开发行 17 期，订阅范围已经覆盖全国 82.4% 的省份，在学术界和实务界均产生了重要影响力，带动了全国信访系统理论研究的风气，成为新时期信访理论研究的重要平台。

二、全国首套信访研究生教材

2011 年，研究中心推动设立了全国第一个"信访与社会矛盾冲突管理"方向研究生班。为满足研究生班课程设置的需要，研究中心汇聚了多元学科的知名专家学者及研究中心全体研究人员，共同编写了全国首套信访方向研究生教材。该套教材共 6 本，约 180 万字，具体包括《信访学概论》、《高级信访工作实务》、《中国信访史研究》、《冲突与危机管理》、《信访法制》（上、下）。此套教材紧密贴合当前的信访与社会形势，对信访工作进行深层次的理论探讨，展现了信访工作历史发展脉络、现实运行状态，并探讨了信访制度未来发展趋势。该套教材综合运用政治学、法学、社会

学、公共管理学、心理学等多元学科的专业知识，推动了信访工作的科学化、学科化、专业化和数字化。

《信访学概论》一书立足信访实践，采用新视角、新思维、新理念，梳理了信访的起源与发展，厘清了信访、信访工作、信访学等基本概念，并对信访事项的提出、受理、办理以及信访的督办、听证和终结机制等一系列专业概念作了详尽的理论阐述。该书丰富和拓展了信访研究的理论体系和理论视野，对于把握信访现象的本质，总结信访工作的特点和规律，探寻解决信访问题的思路和对策起到了积极作用。

《高级信访工作实务》一书坚持"依法、规范、创新"的理念，重在理清信访实务工作的整体脉络。全书分为基础理论篇、信访实务篇、信访技能篇三大部分（共12章），综合运用多元学科专业知识，深入系统介绍了信访工作的法律政策依据，信诱工作的组织机构、机制和制度，信访业务工作的法定程序以及信访工作者需具备的基本技能。该书注重理论性、知识性和应用性的统一，既明确工作定位，又突出工作方法；既追求工作结果，又重视工作过程；既强调创新理念，又注重提高能力。

《中国信访史研究》从学理的角度诠释了信访的渊源与存在价值，从历史的角度阐述了类似"信访"制度的嬗变和演化以及当代信访制度的创立与发展，并站在历史和当前的角度，展望了未来信访的发展方向。该书第一次把古代、近现代类似信访现象纳入研究范畴，重点研究了当代信访制度的历史演变和创新发展。全书不仅有翔实的历史事实，更深入探讨信访制度的历史制度渊源、理论渊源和属性渊源，探索信访制度萌芽、确立、发展和变化的深层规律。

《冲突与危机管理》主要阐述了冲突和危机管理的一般理论问题，包含冲突与危机的定义、过程、类型等，从不同领域和角度对冲突和危机管理进行分述。作为研究生专用教材，该书在编写内容上，吸收国际国内新近研究成果，注重理论深度与实际操作并重，系统总结了适合于中国本土化的冲突管理方式。同时，该书面向研究生定位，根本目的在于培养读者发现问题、分析问题和解决问题的能力。

《信访法制》（上、下）介绍了中国特色社会主义法律体系的概况，在构建宏观体系性认识的基础上，使读者对法学基本理论有一个概况性的了解，并掌握各个部门法的基本知识。该书在编写过程中，十分注重对社会改革脉搏的把握，结合社会矛盾化解和信访工作实际，重点美注与信访有关的实体法律、法规、政策和程序性规定，侧重务实、兼顾理论，力求内容的科学性、先进性和实用性相统一。

三、《聚焦　透视　思考——国内外重大社会热点事件综述》①

该书是研究中心根据国内外重大社会热点事件出版的系列图书，目前已经出版了三本，分别聚焦了 2011—2012 年、2013 年、2014 年国内外发生的与民生问题息息相关的重大社会热点事件，涉及经济、社会、国家主权等多个领域。主要内容包括三个方面：一是社会热点事件生成、演进和扩散效应过程；二是社会热点事件引发的多方反映，社会各界对公共管理、公共政策的

---

① 郑广森主编：《聚焦　透视　思考——国内外重大社会热点事件综述（2013）》，中国民主法制出版社 2014 年版；包利民主编：《聚焦　透视　思考——国内外重大社会热点事件综述（2011—2012）》，中国民主法制出版社 2013 年版；王凯、郭晓燕主编：《聚焦　透视　思考——国内外重大社会热点事件综述（2014）》，中国民主法制出版社 2015 年版。

认知与理解，政府、媒体、专家、民众中不同群体间的互动和反映；三是社会热点事件的启示与思考，理性分析社会事件对政府执政和经济社会发展的影响。该书用通俗的语言梳理了事件的经过，理性分析事件发生与形成的社会、经济缘由及背景，评述政府的应对得失，力图使读者在回顾重大社会热点事件的过程中得到一些理性与实践的启示。

四、《信访理论研究》①

为适应社会发展，实现信访工作科学化、学科化、专业化和数字化的新要求，2012年，北京市信访矛盾分析研究中心与北京城市学院共同开创了信访领域研究生培养模式，在北京城市学院社会工作专业设立信访与社会矛盾

---

① 吴镝鸣主编：《信访理论研究》，人民出版社2014年版；吴镝鸣主编：《信访理论研究》，人民出版社2016年版。

冲突管理方向硕士研究生，以培养符合新时期信访工作需要的高层次人才。至 2015 年，该方向研究生已连续两年在北京市信访办领导及北京城市学院专业导师的共同指导下，完成硕士研究生论文的撰写并顺利通过答辩，《信访理论研究》一书正是对这些论文的一次集中展现。这些论文视野开阔、选题新颖，紧紧围绕新时期社会发展转型中出现的社会矛盾和社会冲突，结合信访理论和实践，对矛盾的预防和化解做了深入的分析和探讨。这些研究成果不仅填补了国内高等教育相关领域的空白，而且对社会工作以及信访工作也具有重要的参考价值和指导意义。

五、《首都信访——创新与实践》①

该书是对研究中心成立一周年暨第三届信访工作座谈会的总结与延伸，展示了研究中心成立第一年的理论研究成果。该书共收纳了 28 篇理论文章，其中包括 14 名专家学者有关社会管理和信访工作方面的理论文章和 14 篇延伸阅读文章。这些理论文章涵盖了对当前经济转轨、社会转型时期社会宏观经济形势、信访工作和具体实践的思考与评价、回顾与展望，社会矛盾纠纷的预防与化解等各个方面，内容聚焦民生期待，捕捉信访热点，凝聚了政府、理论界的共识。该书凝聚很

多新理念、新思维，对于开展信访理论研究、信访工作实务都具有较强的指导意义。

---

① 张宗林主编：《首都信访：创新与实践》，中国民主法制出版社 2011 年版。

六、《涉农信访与社会稳定研究》①

该书分为上下两篇。上篇是调研报告，通过对北京市、湖南省、广西壮族自治区和陕西省的涉农信访与维稳工作进行调研，密切结合当前理论与实务界的观点，系统分析了我国当前涉农信访与维稳工作中存在的问题，并有针对性地提出了解决办法；下篇为专题研究，包括当代中国"三农"与信访问题研究、中国信访与社会稳定问题研究、当代中国信访制度困境与改革出路研究几个专题。该书通过对涉农信访的类型、特点及发生原因等问题的探索，可为我国其他欠发达地区在经济社会发展过程中所遇到的涉农信访问题的解决提供有益的经验与借鉴。

七、《中国信访：新视角　新思维　新理念》②

该书采用独立篇章的形式，分别论述了信访工作的新视角、新思维和新理念，对于我国社会矛盾和信访工作现实状况和发展趋势、信访工作定位与职能、信访与公共政策、社会建设、创新社会管理之间的关系等信访工作核心命题进行了独到新颖和系统透彻的分析和论述，对于信访相关的理论和方法进行了创新性探索。同时，该书在回应信访实践的基础上，不仅系统提炼和分析了纷繁复杂的信访与社会矛盾现象和问题，而且切实准确性地提供和阐释了操作性较强的相应解决方案，为创新信访工作提出的新视角、新思维与新理念，对信访工作具有

---

① 陈小君、张红、李栋、张宗林等编：《涉农信访与社会稳定研究》，中国政法大学出版社 2011 年版。

② 张宗林、郑广淼主编：《中国信访：新视角　新思维　新理念》，中国民主法制出版社 2013 年版。

极强的现实指导意义。

八、《当代中国信访与社会建设》①

该书在当代中国信访与社会建设这一宏观命题
的统揽之下，分别从当代中国信访制度、信访与中
国社会建设、信访与社会管理创新、信访与政府治
理、信访与法治建设五个方面进行探讨，论述信访
领域备受关注的系列理论问题。该书的出版在一定
程度上引导我们如何在社会建设的过程中，更多地
关注从信访窗口反映出来的民生矛盾；在政策制定
的过程中，更多地考量从信访渠道反映出来的民生
诉求；在法治建设过程中，更多地注重法治在国家
治理和社会管理中的重要作用，进一步完善信访制
度的法治建设，推进信访工作的制度化、规范化和法制化。

九、《社会矛盾指数研究——评估社会矛盾的新视角》②

该书在梳理社会矛盾相关理论的基础上，用
历史唯物辩证的方式分析了马克思主义社会矛盾
学说以及以科塞为代表的西方社会矛盾冲突理论
学说，阐释了社会矛盾指数研究的理论基础和依
据，最后通过实践案例的方式向读者展示了社会
矛盾指数在实践中的具体操作。该书关于社会矛
盾指数研究在国内尚属首次，开启了用社会学方
法定量分析从信访渠道反映出来的社会矛盾和社
会问题研究的先河，在研究框架制定、评价指标
设计等方面均有很强探索性，是对社会矛盾领域
研究的一大创新，也是信访工作创新的具体表现。

---

① 吴镝鸣主编：《当代中国信访与社会建设》，中国民主法制出版社 2013 年版。
② 刘二伟主编：《社会矛盾指数研究——评估社会矛盾的新视角》，中国民主法制出版社 2013 年版。

十、《信访制度与国外相关制度分析研究》①

　　该书整理、翻译了研究中心近年来收集的外文第一手资料，在此基础上，针对我国信访制度运行过程中面临的挑战，紧紧抓住"信访制度创新"这一核心议题，选择瑞典、英国议会监察专员制度，德国的公民申诉制度，法国的人民权益保护官制度，日本的行政相谈和苦情制度作为研究对象，剖析了相关制度的法律依据、运作机制、功能特点，并将信访制度与相关制度进行比较分析，为信访制度发展完善提供了借鉴。该书重视从一个国家整体制度设置的角度审视信访制度与国外相关制度，尽力避免研究具体制度时容易出现的局限性、片面性，该书的出版，有助于启发信访理论研究者以及实务工作者从更新的、更广阔的视野去思考、审视我国信访制度的现状及未来。

十一、《信访与法治》②

　　该书以信访制度的历史、规范体系、机构设置为切入口，通过分析信访制度的政治属性、法律属性以其历史嬗变和工作机制运行规律，重新审视了信访制度的制度基础、基本功能和内涵价值。该书分析了信访制度目前面临的现状和困境，明确了信访立法需要确定的立法理念和核心指导思想以及信访法治化应该注意的基本原则，同时提出了信访法治化的具体路径。我国目前关于信访立法的专著并不多见，该书的出版对我国信访立法工作实践具有重要的参

---

① 王凯主编：《信访制度与国外相关制度分析研究》，中国民主法制出版社2013年版。
② 张宗林、郑广淼主编：《信访与法治》，人民出版社2014年版。

考价值和借鉴意义。

十二、《信访与治理》①

本书围绕国家治理体系和治理能力现代化进行了深入探讨。国家治理体系与国家治理能力现代化的本质是将现代社会的科学、民主、法治的精神，以及由此而形成的公共理性贯穿到国家治理体系与国家治理能力建设当中。就未来而言，信访将成为国家治理体系与治理能力现代化的一个突破。信访作为我国珍贵的制度资源，是我国既有的自下而上治理系统，是我国完善自下而上治理系统的突破口，也是倒逼各项工作走上良性发展的工具。

本书结合党的十八届三中全会、四中全会精神，以"信访与治理"为主题，从治理视角探讨当前信访领域的理论与实践问题，涉及信访与国家治理、政府治理、社会治理相关理论问题的探讨，并探讨当前信访与社会矛盾热点、难点问题的治理实践创新。本书集合了众多国内外知名专家学者的精彩论作，本书的出版有利于理论界和实务界创新"信访与治理"理念，更好地认识、理解和把握国家治理现代化的问题。

十三、《使命与愿景——北京市信访矛盾分析研究中心发展报告（2009—2014）》②

该书回顾和总结了北京市信访矛盾分析研究中心成长和发展的轨迹，详细介绍了研究中心成立的背景、宗旨和价值观、定位和职能以及运作模式，客观描述了中心起到的作用、取得的成果以及影响力，深刻剖析了中心发展

---

① 张宗林、王凯主编：《信访与治理》，人民出版社 2014 年版。
② 叶明珠主编：《使命与愿景——北京市信访矛盾分析研究中心发展报告（2009—2014）》，人民出版社 2014 年版。

过程中存在的不足，梳理了中心未来发展的方向和主要任务。该书的内容为信访工作的改革创新提供一种新的路径选择或"样本"参考，对于国内其他研究机构的建设和发展有较强的参考借鉴意义。更为重要的是，该书能够给人一个重要的启发：对于一个急需要进行改革的领域，可以采用什么样的思维和路径推动改革。

十四、《论坛与点评——社会转型过程中的中国信访》①

该书是北京市信访矛盾分析研究中心矛研论坛成果的梳理和总结。全书整理了三年来历次矛研论坛中的主题发言和专家点评，论坛主题包括中东地区社会动荡的思考与启示、"十二五"期间北京市社会矛盾发展趋势预测、社会管理创新视角下的群众工作、群众工作与信访工作、国际形势与国内社会矛盾、信访工作的创新发展、从信访角度看依法行政等。内容涉及信访与社会矛盾问题研究、依法行政、群众工作、社会管理创新等与信访工作密切

相关的重大问题。本书的出版为政府决策和信访工作提供了重要的参考，也是信访工作创新、理论联系实际的重要标志。

---

① 刘二伟主编：《论坛与点评——社会转型过程中的中国信访》，人民出版社 2014 年版。

十五、《全国信访法律文件汇编（2015）》①

该书系当前国内第一本公开编辑出版的信访法律制度汇编，按照法律的效力等级进行编排，分为宪法、行政法规、地方性法规、部门规章、规范性文件等五个部分，包含了目前现行且常用的大部分信访法律规范。这些法律规范都是经过反复实践、深化认识、不断总结、逐步完善形成的，是信访工作实践经验的结晶和提升。本书的特点是针对性强、相对完整、体例合理，其出版对于进一步提高各级人民政府及其工作部门依法做好信访工作的能力，进一步提高各级干部依法按政策解决信访问题的水平，进一步引导群众依法反映诉求、自觉维护信访秩序，进一步推动信访立法工作不断深入，从而更好地推动信访法治化进程将起到一定积极意义。

十六、《中国信访理论的新发展（2005—2014）》②

该书是国内第一本系统梳理国务院《信访条例》颁布以来信访理论研究脉络的专门著作，全书通过对 2005 年至 2014 年间具有重要学术影响的 70 多本著作、近 500 篇文章按照信访问题领域进行分类的基础上，对十年来信访已有理论研究成果进行了概括和整理，主要从信访制度存在正当性、信访制度权利属性、信访制度功能、信访制度区域性、信访制度类型化、信访制度关联性、信访制度比较、信访制度改革、信访立法基本问题九个方面进行了系统、全面、深入的归纳整理，

---

① 北京市信访矛盾分析研究中心编：《全国信访法律文件汇编（2015）》，人民出版社 2016 年版。
② 张宗林、章志远等著：《中国信访理论的新发展（2005—2014）》，人民出版社 2016 年版。

并对这些领域的下一步研究进行了展望。本书是信访理论研究领域的一项基础性、创新性成果，对于信访理论研究的进一步丰富和发展将起到积极的引领和推动作用。

十七、《信访法治化研究》①

该书结合党的十八届四中全会"把信访纳入法治化轨道"的最新精神，探讨了信访法治化涉及的前沿理论问题，是目前学界第一本关于信访法治化研究的理论专著，分为上下两篇。上篇（总论）分析信访法治化的历史渊源和现实背景，从顶层设计角度宏观勾勒信访法治化的制度环境、路径探索，并结合当前全球化的时代背景，探索类信访制度法治化的先进经验，为中国信访法治化建设提供借鉴。通过上篇的论述，从宏观层面整体论述信访法治化的重大理论问题。

下篇（分论）重点探讨当前推进信访法治化进程中涉及的一些核心理论问题，如信访法治化的基础概念、指导思想、信访程序正义、信访权利义务、信访执行与监督等。

十八、《依法行政：法治社会的根基》②

该书主要介绍了依法行政在法治社会中的重要作用。人们对法治的追求可以上溯到古希腊时代，从历史发展经验看，法治对于整个社会的发展具有实质意义的推动作用，是保证一个国家、一个民族、一个社会长久稳定繁荣的最重要手段之一。在法治社会建设过程中，依法行政是根基，尤其是在我国经济社会发展过程中，如何进一步提高依法行政的水平，进一步完善依法行政的体制机制，对于整个法治社会、法治政府、法治国家的建设具有重要的意义。信访是我国特有的一项制度，从实践工作看，以信访为窗口能够观

---

① 翟校义、张宗林等著：《信访法治化研究》，人民出版社 2016 年版。
② 张宗林、郑广淼主编：《依法行政：法治社会的根基》，中国政法大学出版社 2016 年版。

察到依法行政过程中的不足。推动信访立法、完善公共政策决策体制对于完善和提高依法行政水平具有重要的作用。

十九、《亚洲类信访制度比较研究》①

该书立足制度文化视角，选择了在制度安排上具有一定文化相似性的亚洲国家和地区作为比较对象，开展类信访制度比较研究，这在国内理论界尚属首次。本书通过搜集、梳理、翻译大量外文原始资料及其他丰富研究素材，运用宏观、微观相结合的视角，对日本、韩国、印度、新加坡、以色列以及港澳台地区的类信访制度进行了对比性研究，总结了这些制度的渊源、特点和价值，提出了一些有益思考。该书的出版有助于总结类信访制度设置的普遍规律，对于在新形势下重新审视信访制度的定性、

定位和功能，进一步完善信访制度的运行机制，推进信访制度的法治化、规范化具有积极的促进意义。

---

① 江利红、王凯主编：《亚洲类信访制度比较研究》，人民出版社 2016 年版。

后　记

　　信访制度自 20 世纪 50 年代初设置以来，在密切联系群众、预防和化解社会矛盾、促进依法行政和科学决策等方面发挥着愈益明显的作用，是观察社情民意的重要窗口，但甚为遗憾的是，长期以来，我们疲于应对信访具体事务，而忽视了信访实践工作背后基础理论研究匮乏、大量信访案例和数据等研究素材被束之高阁的现状。随着 2005 年《信访条例》的颁布实施，众多实务工作者和专家学者开始意识到信访相关理论研究的重要性，研究成果开始不断涌现，至 2009 年北京市信访矛盾分析研究中心成立，为系统性、高端性、前沿性信访理论研究搭建了重要平台，在研究中心的示范引领下，信访理论研究成果日益丰富。本书正是立足于这样的背景下应运而生，系统分类梳理了 2005 年至 2014 年十年间的信访理论研究成果，为信访理论研究的进一步丰富和发展提供了最基础、最原始的材料，是信访理论研究领域不可或缺的一部史料性研究成果，对于信访实践工作也具有重要的推动意义。

　　由于涉及大量基础性材料的梳理和分类，本书的策划和撰写是一项繁杂而艰辛的工作，是众多同志通力合作的结晶。张宗林同志基于多年信访工作领导实务及对信访理论研究的高瞻远瞩，对于本书的构思、撰写和出版付出了大量心血和劳动。章志远、黄娟、张立荣、张兵、马瑞辰、魏茹等很多同志在书稿策划和撰写过程中作出了大量艰辛努力。还要特别感谢北京市信访矛盾分析研究中心郑广淼主任、吴镝鸣副主任对于本书构思和编写工作的大力支持，以及研究中心王凯、张晓锐等其他同志在书稿完善过程中提供的众多有益建议，人民出版社邓创业编辑在本书出版过程中提供了非常宝贵的修改完善、排版编辑建议，在此对上述人员为本书所付出的辛勤劳动表示衷心感谢。

信访理论研究是一项专业性要求极高的工作，需要对信访制度有深层次的理解和把握，需要具备多学科、多领域的知识，限于研究能力和水平，本书难免存在不足和疏漏之处，敬请广大专家学者、信访实务工作者和读者朋友提出批评和建议，也希冀本书能起到抛砖引玉的作用，带动信访理论研究愈益丰富和发展。

编　者
2015 年 12 月

责任编辑:邓创业
装帧设计:胡欣欣
责任校对:吕　飞

图书在版编目(CIP)数据

中国信访理论的新发展:2005—2014/张宗林等 著. —北京:
　人民出版社,2016.1
ISBN 978－7－01－016192－1

Ⅰ.①中…　Ⅱ.①张…　Ⅲ.①信访工作-研究-中国-2005—2014
　Ⅳ.①D632.8

中国版本图书馆 CIP 数据核字(2016)第 096481 号

中国信访理论的新发展(2005—2014)
ZHONGGUO XINFANG LILUN DE XINFAZHAN(2005—2014)

张宗林　章志远　张立荣　黄 娟等　著

人 民 出 版 社 出版发行
(100706　北京市东城区隆福寺街 99 号)

北京中印联印务有限公司印刷　新华书店经销

2016 年 1 月第 1 版　2016 年 1 月北京第 1 次印刷
开本:710 毫米×1000 毫米 1/16　印张:14.5
字数:280 千字

ISBN 978－7－01－016192－1　定价:48.00 元

邮购地址 100706　北京市东城区隆福寺街 99 号
人民东方图书销售中心　电话 (010)65250042　65289539